U0139838

浙江文化艺术发展基金资助项目
舟山市社会科学著作资助项目

OPIUM

WAR

中英第一次血战

鸦片战争 1840 年浙东抗英全景记录

The First Bloody Battle
Between China and Britain

Panorama Record of East Zhejiang
Anti-British Opium War in 1840

夏 重　邱妤玥◎著

ZHEJIANG UNIVERSITY PRESS
浙江大学出版社

图书在版编目（CIP）数据

中英第一次血战：鸦片战争1840年浙东抗英全景记录 / 夏重，邱妤玥著. —杭州：浙江大学出版社，2021.1（2022.3重印）

ISBN 978-7-308-20709-6

Ⅰ.①中… Ⅱ.①夏… ②邱… Ⅲ.①鸦片战争（1840-1842）－史料－浙江－1840 Ⅳ.①K253.06

中国版本图书馆CIP数据核字（2020）第209505号

中英第一次血战——鸦片战争1840年浙东抗英全景记录
夏　重　邱妤玥　著

责任编辑　陈　翩　吴伟伟
文字编辑　陈　杨
责任校对　丁沛岚　张振华
封面设计　雷建军
出版发行　浙江大学出版社
　　　　　（杭州市天目山路148号　　邮政编码　310007）
　　　　　（网址：http://www.zjupress.com）
排　　版　杭州林智广告有限公司
印　　刷　广东虎彩云印刷有限公司绍兴分公司
开　　本　880mm×1230mm　1/32
印　　张　11.625
字　　数　270千
版 印 次　2021年1月第1版　2022年3月第3次印刷
书　　号　ISBN 978-7-308-20709-6
定　　价　68.00元

前　言

1840年7月5日，传自浙东定海城的一声炮响震惊世界，东方古国掀开了百年伤痛、百年抗争的第一页。

英国自1600年成立东印度公司与东方各国发展贸易以来，虽偶与明清当局发生局部武装冲突，但从未发生过包括海陆多兵种协同的大规模战役。

这是中英两国历史上第一次血战。

这也是欧洲侵略者第一次以武力侵占我国领土，中国封建统治阶级在近代史上第一次丧师失地的战役。

遗憾的是，关于这场战役的经过却从未被详细披露。

我们有幸接触大量关于这次战役的英方史料，包括1840年侵华英军总司令懿律少将向海军部的汇报材料，侵华英军海军司令伯麦准将的作战记录，陆军司令布耳利准将和炮兵部队指挥官蒙哥马利中校向印度总督的战事汇报材料，侵华英军军事秘书乔斯林及一些一线作战的军官、军事运输船船员的回忆录，女战俘安妮·诺布尔在狱中的书信等。这些珍贵的原始文献和清朝文献互相印证，几乎能完整还原1840年那场令中国人痛彻心扉的战役的前前后后。

在解读这些史料时，我们也发现，许多困扰中国学者已久的难题，在英方史料中有着或详或略的解释，它们不一定是答案，但至少是接近真相的另一种角度。

定海战役是一场英军海、陆多兵种协同作战的战役，共由五个部分组成，即英军集结侦察、中英战前交涉、海战、陆战及攻城战、清方军民游击战。这方面，由英方高级将领记录和清当局的文献——加以印证，能使这段历史更为系统、完整。

比如，英军北犯舟山前的集结地，过去有人将定海水师发现英舰踪迹的南韭山洋面当成英军由澳门开拔至浙东洋面的集结地，并认为英军由此地开赴舟山发动定海战役。然而，在英军原始记录中，南韭山洋面只是英军途经之处，真正的集结地在象山东屿山岛，英军在该岛候风集结，作了充分动员并强行征募当地渔民当引航员后才开赴定海内港。

比如，定海镇总兵张朝发，长期被以罪臣论，但在英方史料中，这位老将军没有临阵怯战、畏葸不前，而是大义凛然、寸土不让！他保持着高度的民族气节，面对船坚炮利的对手，面对敌强我弱、敌众我寡的局面，表现出了血战到底、绝不退让的男儿血性。战后，许多英军军官在回忆录中向这位老将军致以崇高的敬意。这些来自敌对方的记录，凸显了中国军民对待外来侵略的态度。而英军的实录也证明，作为在鸦片战争中战死的第一位清军高级将领，张朝发蒙冤太久了。

再比如，英军占领定海后，"心腹实仆"布定邦被捕，这是此后7个月英军疫病暴发，死亡448人"灾难"的源头，英军曾出动海陆共4支搜救队约100人对全岛进行了地毯式搜索。这是一场在舟山本岛上演的惊心动魄的战斗，最终清方军民成功将此人押至宁波，这在某种程度上影响了鸦片战争初期的战局。

而关押于宁波长达5个月，总数约40人的战俘，是鸦片战争初期的另一个大事件。这些战俘最后不但成为清政府和英军讨价还价的重要筹码，而且成为英方两名全权代表懿律和义律同意英军撤离舟山的重要原因之一。这批战俘在狱中的遭遇，一直没有被完整披露。而我们从战俘们在狱中的书信以及出狱后的回忆录、英国媒体对获释后战俘的采访等文献中看到了战争的另一个侧面，它是人与人之间、东西方文明之间的一次交流和碰撞，闪现着中国人的文化精神和价值信仰，凸显出整个民族人性的光芒。

安妮·诺布尔是目前可知范围内鸦片战争时期唯一的女战俘，她本来拥有美满的家庭，呵护着诞生不久的小生命，但是她误入战争，人生从喜剧走向了悲剧。围绕着她所发生的一些悲伤、离奇的故事，则让人为一个家庭破碎于战争之中而唏嘘不已。

可以说，定海战役是一场血战，由此翻开的晚清历史，是一本血书，站在中国近代史开端的浙东军民，用血性捍卫着一个民族的尊严，但他们对待放下屠刀、手无寸铁的俘虏的方式，却又闪耀着人性的光辉。

当然，英方史料不是历史的全部，它只是从另一个视角记下了可以供后人深入分析的线索。但无论从哪个视角切入鸦片战争，都会发现，浙东军民同仇敌忾抵御外侮、保家卫国的决心是如此坚定！这些，在双方的记录中是基本一致的。

1840年底，因病返回英国的侵华英军军事秘书乔斯林在由孟加拉转船途中，感慨地写下："'中国原住民对清统治者的仇恨和厌恶在印度广为流传'，这是一种虚构的说法"，"那种认为这个民族只等待以外国人的标准来摆脱令人厌恶的暴君枷锁的想法是多么的错误"。

英军在付出四五百个鲜活生命的代价后，仍无法征服这块土地，乔斯林的悲叹，在不少英国人的笔下都可以见到。民心，才是英军真正的对手。

将中英史料相互比照，以客观的态度尽可能接近历史真相，这是本书的立足点。

本书中的英方史料，主要来自亲身参与战斗、亲历占领定海的官兵和被关押于宁波监狱的战俘的记录和回忆，以及离战争不远的英文报纸期刊的一手资料。比如对定海战役详情，我们采用指挥战役的侵华英军海军司令伯麦、陆军司令布耳利、军事秘书乔斯林这三位高级将领的战果汇报材料、回忆录，以及亲历此次战役的将士如炮兵中校指挥官蒙哥马利、中校军官芒廷，工兵部队中尉军官奥克特洛尼等人的记录，以确保其真实性、亲历性，其他非亲历人员根据他人转述的记录，或予以舍弃，或作为旁证出现；而英军战俘被俘后的情况，则只采用炮兵上尉安突德、船员斯科特、船长夫人安妮·诺布尔等人在狱中的书信及被释后的回忆录。

对这方面史料，我们也并非照录现成，而是在细心梳理、仔细甄别之后取其可信之处，对一些双方记录有矛盾的较重要事件，则用两方原文呈现的方式，供读者比对、判断。

目　录

第一章 巴麦尊之问

第一节 "鸢号"启航

1839年10月16日。

法国波尔多港。

一艘载重量281吨的英国双桅帆船，满载着闻名遐迩的波尔多葡萄酒缓缓驶离港口，前往毛里求斯。

这艘双桅帆船名为"鸢"，经验丰富的船长约翰·诺布尔对这趟航行充满了信心，他甚至带上了自己已怀有4个月身孕的妻子——安妮·诺布尔。

安妮是船上唯一的女性。

她原名安妮·沃森，是英国威尔特郡人，25岁。或许，她认为能干、勇敢的丈夫完全可以在六个月的时间里返回英国赶上产期，那样，他们的孩子一出生就充满着传奇色彩；或许，她认为将孩子生在海外英皇家属地，也是个不错的主意。

船上，还有约20名船员，包括大副维特、二副亨利·特维泽尔、佩尔·韦伯、沃姆威尔以及约翰·李·斯科特等人。

斯科特7月8日星期一离开英国希尔兹，前往"鸢号"停泊的法国波尔多港，跨洋过海用了三个星期，又在波尔多港等待了两个月，这才等到帆船启航的那一天。①

地处欧洲大陆西岸外大不列颠群岛的每一个岛民，血液里天然地融合着冒险的细胞，向海而生，这是他们的信念，因为，茫茫大海里，充满了无穷的希望。

这种个性，和万里之遥的东方古国浙江、福建、广东等省沿海的人民十分相似。无论命运带给他们多大苦难，只要面向大海，生活便充满了生机。

就在"鸢号"劈波斩浪驶向大西洋那一年，有位年已六旬的福建人正志得意满地从中国第一大岛走向中国第四大岛。

他叫张朝发。

他去的地方，英国人称之为"Chusan"，中国人叫"舟山"，时为宁波辖下的定海县。

张朝发本是台湾水师的一员副将，因有战功，擢升为浙江定海镇总兵，官至二品。

而此时，另一个福建人正在仕途中勤勉地奔波着。他叫姚怀祥，57岁，和张朝发是同乡。姚怀祥的仕途并不太顺，36岁时才中举人，此后6次进京会试均名落孙山，直至1835年才在北京大挑中考中一等，随后以知县身份被派往浙江候补，历署象山、龙游、新昌、嵊县。

再过几个月，姚怀祥会被任命为定海县署理知县，和张朝发在同一个地方任职，两人的官衙，也就隔了几百米远。或许，是冥冥中的一种安排，两位福建同乡文武相配，静静地在浙江定海城等候着英国帆船到来。

当然，中国人和英国人都无法预料接下来会发生什么事，更

---

① John Lee Scott.Narrative of a Recent Imprisonment in China after the Wreck of the Kite[M]. London:W.H.Dalton, 1841:1.

不会知道，他们迈出的每一步，都在接近中国历史的分水岭——那是他们悲剧开始的地方。

战争的阴云，也在接近这个东方古国的历史分水岭。

张朝发、姚怀祥，两位福建同僚，将用他们的血肉之躯，在中国近代史的开端、在浙东舟山群岛，站成中国人不屈的脊梁。

"鸢号"——这艘无辜的商船，在驶抵舟山群岛后，永远也不可能返航。它本来只是个过客，却被征用成为英国远征军舰队的一员，为撕裂东方古国而效力，最终沉没于异国他乡的水底。这些船员，有的人将死去，有的人会活着归来。活着的人，目睹了战争强加给中国人的痛苦，也亲历了战争带来的灾难。最后令他们咀嚼一生的，却是浙江军民给予的温情——那是人性散发出的光芒，也是中国人对待放下屠刀的俘虏的态度。

安妮·诺布尔，这位船长的妻子，"鸢号"上唯一的女性，也将成为鸦片战争初期唯一的英国女战俘。

安妮幸存了下来，但她失去了至爱的丈夫和孩子。她一度被中国人认为是英国女王的妹妹，得到了离奇的关爱。而关押她的一个中国囚笼，却引发了整个英国社会的愤怒，英国人认为中国人虐待战俘，要求远征军迅速进攻，解救同胞，英国新任全权大臣亨利·璞鼎查在发动第二次定海之战前甚至说，他"十分期待夺取宁波，以报复那里人们对英国囚犯的虐待"[1]。在占领宁波后，英军将关押战俘的监狱夷为平地以泄愤。

这是一场完美的复仇行动，却从开始就陷入了道义背离的漩涡，因为中国人根本就没虐待他们。

---

[1]　W. Travis Hanes Ⅲ, Frank Sanello. The Opium Wars: The Addiction of One Empire and the Corruption of One Another[M]. Illinois: Sourcebooks, Inc., 2002:183.

■ 19世纪英国的帆船

　　其他人，会在关押期间被反复提审，问一些看起来无关痛痒的问题，英国战俘称这些问题是无知而愚蠢的。然而，坐在另一端的一位东方中年人，却在这些"无知而愚蠢"的问题中紧皱双眉，他的目光穿透大清帝国的傲慢和无知，细细搜寻着完成工业革命后英国社会的每一个角落，最后形成了在中国历史上振聋发聩的声音：师夷之长技以制夷。

　　他叫魏源。

　　包括"鸢号"船员在内的约40名战俘，会成为穷途末路的大清王朝向大英帝国讨价还价的重要筹码，并成为英军撤离的一个重要原因，某种程度上改变了鸦片战争初期的战局。

　　而让英国人恐惧的是，在远征军占领定海的7个多月时间里，四五百个鲜活的异国生命因疫病而永远葬在了这片陌生的土地上，因病致残的更不知凡几。瘟疫，成为活着撤离的将士一生的噩梦。

　　这一切，要到1840年7月5日才开始发生。

　　现在，驶离大西洋海岸的"鸢号"上的船员正借着季候风扯帆。船向西偏南方向航行数百公里后，离开比斯开湾，转舵正南，进入了大西洋通往非洲南端的航道——90天后，可以抵达印度洋的目的港。

旅途，看起来很是惬意。

不过，有个惊人的消息，也正通过这条航道从大清帝国传向大英帝国。

这是一个注定将震惊世界的消息：虎门销烟！

第二节　密件

此时，离东方古国广东虎门销烟已经过去了4个月，但从中国到英国的航路通常需要约半年时间，销毁鸦片——这个震惊整个世界的消息显然还没传到英国本土。

已经传过来的消息，是1839年春季，钦差大臣林则徐在广州的一系列禁烟措施。自当年5月以来，英国在华首席监督、皇家海军上校查理·义律在澳门连续多封书信，将这一变局传递给了英国外交大臣巴麦尊。其中一封，写于5月29日，随信还附上了英国在华的42家洋行的请愿书，义律在信中说："阁下，附上最近住在广州的女王陛下臣民中的大多数人签名的一份请愿书，他们把它送给我转呈阁下；请允许我恭敬地建议女王陛下政府对这个问题早日作有利的考虑。"[①]

商人们在请愿书中说，"……最后，我们只需要再次强烈要求阁下和女王陛下政府，早日承认我们关于为女王陛下交出那些鸦片的要求是十分重要的，而且把英国臣民的一般贸易置于安全的和永久的基础之上是具有迫切的和极大的必要性的"。[②]

---

① 胡滨.英国档案有关鸦片战争资料选译（上）[M].北京：中华书局，1993：419.

② 胡滨.英国档案有关鸦片战争资料选译（上）[M].北京：中华书局，1993：422-423.

这封信，于1839年9月21日送达，英国政府陷入了激烈的辩论之中。

就在"鸢号"离开法国波尔多港两天后，即10月18日，英国政府已经考虑成熟，当时的外交大臣、鸦片战争后当选为英国首相的巴麦尊在这天提笔给义律写了封密件：

先生：

我趁一艘快速帆船驶往中国的机会，写信表示收到您迄至5月29日第23号的所有函件，并且秘密告诉您关于女王陛下政府对今年春天广州所发生事件迄今已经作出的一些打算；由于它们对指导您的行动是很重要的，所以您必须尽早知道此事。

女王陛下政府觉得，英国不可能不怀恨中国人对英国臣民和女王官员所犯下的暴行，并且他们认为，把今后英国与中国的关系置于明确而又牢固的基础之上，是绝对必要的。为了达到这些目的，女王陛下政府打算派遣一支海军部队前往中国海面，而且很可能还派遣一小支陆军部队前去。

……女王陛下政府目前的打算，是立即封锁广州和白河或通往北京的水道以及可能认为方便的其他中途地方，还要夺取并占领舟山群岛的一个岛屿，或厦门城，或其他岛屿，它可以作为远征队的一个集结地点和军事行动的根据地，而且以后将作为英国贸易机构的牢固基地，因为我们想要保持永久占领。……我将通过"艾里尔号"寄给您更详尽的指示。

巴麦尊

1839年10月18日于外交部[1]

---

① 胡滨. 英国档案有关鸦片战争资料选译（下）[M]. 北京：中华书局，1993：521-522.

中英两国，离战争如此之近，却并无多少人知道。

出现在巴麦尊信中的"舟山群岛"，是整个军事行动中核心的一环。

正随"鸢号"沿着非洲西岸南下的船员，不太可能知道舟山这个地名，但听说过Chusan或Liampo群岛的可能性是存在的，因为这两个地名，在由葡萄牙人开辟的欧亚海上航线中名气很大。无论是Chusan还是Liampo群岛，指的都是同一个地方——舟山。Liampo群岛是葡萄牙人的称法，Chusan则是英国人对舟山的叫法。

15世纪末，葡萄牙人在发现好望角后，便将航线延伸到了梦寐以求的东方。那时，中国的沿海正处于明朝海禁时期。16世纪上半叶，葡萄牙人毫不费力地占据了舟山的一个岛屿，将它定名为Liampo岛，那里就是双屿港所在。

与意大利威尼斯等港口受区域局限相比，双屿港连接着亚、欧、非甚至美洲大陆的贸易，已经是世界自由贸易港的雏形。但明朝政府尚没有那么远的眼光，也懒得打量蛮夷遍布的世界，它所想到的，只是如何让朱家江山永固。

不管怎样，舟山事实上都已站在了世界经济大融合的制高点，成为地理大发现中自由贸易港的先行者，后世的日本史学家藤田丰八将双屿港誉为"十六世纪的上海"。可惜的是，因与明朝海禁政策相悖，明军于16世纪中叶进击双屿，填塞港口，驱散私商。葡萄牙人回到南方开始经营澳门，世界上第一个自由贸易港，也由此落到了意大利热那亚湾的里南那港头上。

偏处东海一隅的舟山，似乎带着海上贸易、文化交流的天然属性，在中国历史的几件大事上留下过身影，最早可追溯到春秋战国时期。

吴越争霸之后，越王勾践欲将战败者吴王夫差流放到"句甬东", 后人认为舟山的"甬东"地名由此而来; 而早在秦汉以前, 来自海外东北亚的商人就有到鄞县贸易的记录, 作为宁波重要海上屏障的舟山群岛, 自然是避风候潮、补充给养的首选之地。

唐宋时, 舟山是东北亚海上丝绸之路连接宁波和日本、高丽等国的重要枢纽。唐时的日本遣唐使、私商, 鉴真东渡, 李白海上访道乃至浙东唐诗之路, 都曾将或有可能将足迹延伸到这里。

相传唐咸通年间, 日僧慧锷携带从五台山求得的观音像经舟山归国, 不料在普陀山洋面遇风而不得前, 遂将观音像供于普陀山一隅, 观音道场由此逐渐兴盛。文化和经济的交流, 从此变得频繁。北宋末期, 一位叫成寻的日本僧人乘坐宋商船只经舟山抵达杭州, 留下了日本至舟山详细而稳定的商业航行记录。

南宋建炎三年 (1129 年), 金兵奔袭扬州, 宋高宗赵构仓皇南逃, 依靠舟山的海上天险躲过灭顶之灾, 迁都杭州后为摆脱财政困难而大力提倡海外贸易, 舟山遂成海上渊薮。

此时, 普陀山佛教大盛。南宋嘉熙二年 (1238 年), 有"翁洲第一古禅林"之称的祖印寺迁至定海, 与普陀山接待寺合二为一, 成为去普陀山朝圣僧俗之众转驻的必经之地。

不知算不算缘分, 在"翁洲第一古禅林"迁址的 1238 年, 英国才第一次听说东方有中国这个国家。

那正是蒙古远征军横扫欧洲之时。

成吉思汗这个名字, 一度让欧洲人非常郁闷, 13 世纪上半叶, 他指挥蒙古大军西进, 一路攻城拔寨, 所向披靡。成吉思汗于 1227 年去世后, 欧洲人总算松了口气。不料, 1236 年至 1237 年, 蒙古的主力部队在成吉思汗孙子拔都和名将速不台的指挥下, 再次出现在了欧洲人的视线中, 英国人这样记载, "1237 年 12 月, '鞑靼人派遣使节数人到梁赞城 (Riazn) ——一个女巫, 两个男人陪着他'，他们要求当地公爵们献出'男子、公爵、马匹等所有财务的十分之一———一切财物的十分之一'。当俄罗斯公爵们拒绝了这些条件以后，蒙古人就开始按次序一个一个地包围并摧毁了俄罗斯的城市——梁赞和莫斯科、苏兹达勒（Suzdal）和弗拉基米尔（Vladimil）、雅罗斯拉夫（Yaroslav）、特维尔（Tver）——把居民统统杀掉。在两个多月时间里，欧洲北部的诺夫哥罗德（Novgorod）成了一片'屠宰场'"。这个危险的消息，是信奉伊斯兰教的叙利亚亦思马因人派出的使节传到欧洲西部的，他们于1238年向法兰西和英格兰的国王建议，基督教徒和穆斯林应结成大同盟，以反对文明的共同敌人。此时，英王才听说了东方中国。①

大航海时代开启后，英国紧随葡萄牙、西班牙等国的步伐，不断探索由海路航行至中国的航线。1600年12月31日，在东印度公司获得特许后，英国对华海上贸易掀开了辉煌篇章。

谁都没有想到，自此而后的舟山，对于英国来说会显得那么重要。它历两百余年想占据舟山而不得，以至于巴麦尊曾如此发问："在英国与中国早期接触的历史中，舟山的地位为什么如此突出？"②

第三节　舟山为何如此突出

英国意图打通与中国海上航路的想法由来已久，早在1553年，就有一家名为"莫斯科"的公司开始探索与东方的航路。遗憾的是，当时的葡萄牙、西班牙为海上霸主，实力远远超过英国，垄

---

① 刘鉴唐，张力. 中英关系系年要录（公元13世纪—1760年）：第1卷[M]. 成都：四川省社会科学院出版社，1989：7.
② Robin Bridge. Chusan's Position in the China Trade[J]. Journal of the Royal Asiatic Society Hong Kong Branch. 2009(49): 219.

断着通往东方的航线。

莫斯科公司转而向东北方向探险，绕行挪威以北海道，进入北冰洋，希望找到东方大陆，但是，这艘商船再也没能返航。

其时，葡萄牙人、西班牙人的足迹遍布世界各地，他们和其他欧洲人，将大量关于中国的信息带回欧洲，在英国，介绍中国的出版物层出不穷。"中国热"的兴起，是伊丽莎白时代英国社会的一大特征。同时，在伊丽莎白时代，英国的资本主义正在迅速发展，殖民扩张的思想也在社会上广泛传播，当时大量出版的关于航行与地理发现的文章，刺激了英国各阶层，航海家及商人们为如何开拓通往中国的新航路问题争吵不休。1566年，伦敦商人哥尔伯特甚至毛遂自荐，要求女王给予他特殊权力，他愿前往中国开辟一条通商之路。

1578年，弗郎西斯·德雷克奉女王之命，开始了著名的"海盗式环球航行"。1579年底，德雷克率领的舰队到达马六甲海峡的马鲁古群岛，在底那丹岛上，德雷克遇见了一位叫包少师的中国人，此人自称"来自中国安徽省，出身于洪武家族。这个家族在中国已经统治了11代，当时的皇帝是第12代。这个皇帝是在自己的哥哥落马摔死后登基的"。包少师说他自己的年龄是22岁，有母亲、妻子和一个儿子，因被人诬以重罪，将被处死时，万历皇帝准许他流亡海外，并称如果他能够在海外搜集到对中国有益的知识，就可以免罪回国。包少师说他在南洋已经待了3年，当他听到有关英国将军有趣的事迹后，特地从第脱尔岛赶来见他。德雷克详细地向包少师叙述了自己的旅行经过，包少师听了非常感兴趣，他建议德雷克率探险队前往中国，但德雷克因犹豫而未能成行。[①]

① 刘鉴唐，张力. 中英关系系年要录（公元13世纪—1760年）：第1卷[M]. 成都：四川省社会科学院出版社，1989：55.

这段离奇的记录未必可信，但英国人开辟东方航路的急迫心情却是真实的。

此时，距离葡萄牙人撤离舟山才过去了30年，它依旧是海禁之地，依旧被日本等国的私商看成海上贸易之地。只不过，它就像世界融合之中的一朵浪花，在30年前大航海开启不久突然跃起，之后便又沉入海底。

但就是那么凭空一跃，世界已经看清，舟山的地理位置是何等优越。

1580年，德雷克从马六甲海峡继续西行，沿非洲东海岸南下，绕过好望角，于当年回到了伦敦。他是继麦哲伦之后，又一位完成了环球旅行的航海家，但是，麦哲伦没能活着回到欧洲，德雷克却不仅安然无恙地返航，还带来了令人咋舌的财富。他们这次航行的投资仅为5000英镑，返航时却带来了60万英镑的财富。不管它是交易而来的，还是抢来的，高达120倍的投资收益，使得女王亲自登船，赐给他皇家爵士头衔。这是大航海时代、更是海盗史上一个依靠掠夺成为贵族的传奇。偏重于实际的英国社会从海盗的掠夺中，开启了所谓的"11年的大繁荣"。

舟山对于英国的地位为何如此突出的"巴麦尊之问"，答案之一是舟山的优越地理位置，同时和英国优势工业产品也有着莫大的关系。

第一次让英国人感到舟山的地位如此突出，是在17世纪的最后几年。

在1600年12月31日"伦敦商人对东印度贸易公司"（The Governor and Company of Merchants of London Trading into the East India）成立后，英国对华贸易迈出了第一步。

但是，整个17世纪，英国人都未能真正打开中国的大门。头十几年，由于海上有葡萄牙、西班牙、荷兰的势力阻挠，中国又处于明末，东印度公司举步维艰，不得不于1613年前往日本建立商馆，与前往日本贸易的中国商人建立贸易关系，间接从事着对华贸易。然而，日本商馆的运作成本极其高昂，连年亏本，以倒闭告终。

1635年，英王查理一世对东印度公司糟糕的经营情况十分不满，怒而以一万英镑入股一家名为"科尔亭"（Courteen）的私商公司开展对中国的贸易。在给船队指挥官约翰·威德尔的委任状中，查理一世抱怨道："（东印度公司）既没有在那些地方建立贸易，也没有设立任何要塞为将来的贸易提供安全保障的援助"，而"葡萄牙和荷兰却在这些地方建立了一个经久不衰、前途似锦的贸易基地"。①

种种举措，未能扭转对华贸易不利的局势，在整个17世纪80年代，东印度公司对华年平均贸易额不到亚洲进口额的4%。这种失败的投资带来的另一个不利因素，便是国内的不满情绪正在累积。因为东印度公司希望将英国的优势工业产品（以呢绒为代表的毛纺织品）销售出去，然而其长期在东南亚一带活动，炎热的气候使毛纺产品很难找到销路。即便是立足于台湾、厦门、广州等地，由于南明和清人斗争的持续，东印度公司也难以打通将毛纺产品运往寒冷的北方的商路。

来自东方的产品源源不断地运往英国，流失的是英国人的白银，本国的产品却难以换成白银流回英国。越来越大的贸易逆差和印度纺织品挤压英国产品生存空间，使得国内对东印度公司独占东方贸易的不满情绪愈加浓重。早在1685年，反对东印度公司

---

① 刘鉴唐，张力. 中英关系系年要录（公元13世纪—1760年）：第1卷[M]. 成都：四川省社会科学院出版社，1989：111-112.

的人，特别是一些工业资本家，就不断地要求国会取消东印度公司对东方贸易的独占权。

危机重重之下，英国商人作出了一个决定：将战略重心转移到由清朝控制的"中土王国"，在舟山群岛建立一个永久性的贸易基地，以便把英国呢绒产品经舟山中转，北可销售至中国北方地区，东北方向可以销售至日本、朝鲜等国。而舟山靠近中国盛产丝绸的江南一带，返航时又可将大量丝绸、陶瓷带回英国。"事实上，舟山……应该是英国贸易的主要交易场所，地理位置比厦门和广东都要优越。"①

17世纪下半叶，英国人已经认识到了舟山的区位优势，也曾在舟山开展过贸易。目前已知最早到舟山贸易的英国商船，是东印度公司所属的"凯旋号"：1674年9月5日，它离开澳门锚地，14日穿过台湾海峡之时，接到命令——驶向舟山群岛；在舟山交易过的西方人，都说舟山是这一带岛屿中唯一可以进行自由贸易的地方。"凯旋号"在舟山停留了两个月，"在交易中卖掉了胡椒"，英国货"在交易中仅以低价卖了11匹布，同时不得不以高价购进一些货物"②。1674年11月26日，"凯旋号"离开舟山群岛驶往暹罗曼谷。③

自此而后，英国商船来往舟山的记录不绝于两国。

1698年9月5日，英国成立了一家新的东印度公司——英格兰东印度公司（The English Company Trading to the East Indies）。从此，

---

① Robin Bridge. Chusan's Position in the China Trade[J]. Journal of the Royal Asiatic Society Hong Kong Branch. 2009(49): 221.
② 刘鉴唐，张力.中英关系系年要录（公元13世纪—1760年）：第1卷[M].成都：四川省社会科学院出版社，1989：168.
③ 马士.中华帝国对外关系史（第1卷：1843—1860年冲突时期）[M].张汇文，等，译.北京：商务印书馆，1963.也有人质疑马士书中所记"Lampacau"并非指舟山，它和"Liampo"发音相近，是指离澳门不远的浪白澳，由此认为"凯旋号"当时并未去舟山。

英国出现了新老并存的两个东印度公司。老公司在无可奈何中，以投资新公司31.5万英镑为代价（约占新公司六分之一股份），换取了以同额资本（即31.5万英镑）继续参与对东方贸易的权利。[①]

新公司成立伊始，就把对华贸易的战略重点放在了以舟山为核心的浙东一带，他们成立了一个管理会负责公司在中国的事务，艾伦·卡奇普尔为第一任主任。董事会于1699年11月23日发给卡奇普尔的训令说："前往Liampo群岛，Liampo在中国北部，我们指令你如有可能就居留该处——或者你可以得到政府许可在它的附近口岸开展贸易……"[②]

如果要形容舟山贸易基地在英国对华贸易中的重要性，没有比国王的任命更能说明问题的了。国王在任命卡奇普尔为管理会主任的同时，还"任命他或他的任何继任者为大臣或领事……这是英国政府第一次向中国政府发出信号的措施之一，表明中国与西方国家之间的外交关系会随着商业往来的发展而发展"[③]。

1700年10月11日，卡奇普尔一行抵达舟山，不久便顺利与清朝地方当局签订了建立英国商馆的协议及贸易合同，标志着基地正式成立。但好景不长，由于英国商人内部倾轧及清朝官员的勒索等，在舟山的英国商馆难以为继，卡奇普尔愤而出走越南，寻求建立新的商馆。此后几年，新老东印度公司开始合并，至1710年左右合并完成。18世纪中叶，由于清朝实行一口通商制度，英国对华贸易重心重新转向广州。

---

① 汪熙.约翰公司：英国东印度公司[M].上海：上海人民出版社，2007：80.
② 马士.东印度公司对华贸易编年史（1635—1834年）[M].区宗华，译.广州：广东人民出版社，2016：109.
③ Demetrius Boulger. The Asiatic Quarterly Review: Vol III[M]. London: T. Fisher Unwin, 1887: 294.

此后，虽然不断有英国商人前往舟山、宁波交涉，要求开放口岸，但无人如愿。

1793年，英国派出第一个外交使团，又一次为"巴麦尊之问"作了注解。使团团长乔治·马戛尔尼共向乾隆皇帝提出六项请求，其中两项直指舟山：第一项，"请中国准许英国商人在珠山（系舟山，英文Chusan）、宁波和天津等处登岸，经营商业"；第三项，"请在珠山附近海域指定一个未经设防的小岛，给英国商人使用，以便英国商船到彼即行收歇，存放一切货物，且可居住商人"。①

在外交使团离京前，乾隆皇帝毫不留情地驳回了英国人所有的请求："以上所谕各条，原因尔使臣之妄说，尔国或未能深悉天朝体制，并非有意妄干……尔国王当仰体朕心，永远遵奉，共享太平之福。"②

马戛尔尼走了，留下了一大堆值得思考的问题，清朝与西方第一强国的差距，就摆放在外交使团为乾隆皇帝准备的600多箱礼物中，其中有蒸汽机、棉纺机、迫击炮、连发手枪等代表了当时英国最高科技的产品，但是，没有人愿意多瞧几眼。甚至当马戛尔尼想给乾隆最器重的将军福康安展示一下欧洲最先进的火器装备时，这位将军只是轻蔑回道："看不看都行，没什么稀罕的！"

50年后，天朝上国依旧会是这副蔑视蕞尔小国的自大表情。

英国人却会用这些"没什么稀罕的"火炮，摧枯拉朽般扒下天朝上国最后一块遮羞布，大清王朝的大门轰然洞开。

---

① 秦国经，高换婷. 乾隆皇帝与马戛尔尼：英国遣使首次访华实录[M]. 北京：紫禁城出版社，1998：146-147.
② 秦国经，高换婷. 乾隆皇帝与马戛尔尼：英国遣使访首次华实录[M]. 北京：紫禁城出版社，1998：151.

第二章 航向：舟山

第一节 先揍一顿，再作解释？

造型漂亮的"鸢号"双桅帆船沿着非洲西海岸顺风而下之时，巴麦尊向商务监督、皇家海军上校义律发出了新的指示，这封信写于1839年11月4日，战争的硝烟越来越浓：

> 女王陛下政府在这件事情上对中国人打算采取的行动方式，多少有点类似中国人自己惯于采取的，那就是：先揍一顿，然后再作解释。

> 因此，第一个措施将是封锁珠江。当两广总督询问进行封锁的原因时，便可以交给他打算送往北京的那封信的副本，并要求他将该副本转交他本国政府。下一个措施将是占领舟山群岛，并拦截沿海航行的船只。最后一个措施则将是舰队司令官在北直隶湾和白河口出现。

> 女王陛下政府打算占有舟山群岛，直到中国政府对一切事情作出令人满意的解决为止。撤出舟山群岛的一个条件，很可能是给予英国臣民在那些岛屿上一块像澳门一样的殖民地，并且还要通过条约允许他们在中国东部沿海所有的或某

些主要的口岸进行贸易。①

同一天，巴麦尊对海军部各长官下达了指令：

关于中国政府最近对女王陛下驻广州商务监督以及对许多作为商人侨居该城的女王陛下臣民采取行动一事，女王陛下政府作了最严肃认真的考虑，已经做出决定，即英国的商业利益和女王陛下的国家荣誉需要采取措施，要求并强迫中国政府对女王陛下官员和女王陛下臣民被迫遭受的侮辱及伤害进行赔偿和补偿；为了此项目的，女王陛下很高兴地下达命令，派遣一支海军和陆军部队前往中国沿海。

女王陛下政府的打算是，该远征部队抵达中国海面后，便着手占领中国沿海的某个岛屿，用来作为一个集结地点和军事行动基地。……女王陛下政府倾向于认为，舟山群岛中的一个岛屿很适合于达到这个目的……

……采取这些军事行动具有双重目的：首先，通过截断沿海贸易使中国政府感到苦恼；其次，尽量占有中国的财产，用来作为使中国政府接受对它提出的各项要求的担保品。……

女王陛下政府有理由认为，中国政府的水师在数量上是很少的，而且在性能和装备方面是极差的；因此，上述军事行动可以由一支很小的部队顺利完成……

各位长官阁下将从我在此信中所说的话看出，女王陛下政府将向中国政府提出某些要求，很想对该政府施加必要的压力，以便强迫它接受那些要求……

---

① 胡滨. 英国档案有关鸦片战争资料选译（下）[M]. 北京：中华书局，1993：525.

现在，我必须向各位长官阁下表示女王陛下的意愿，即你们应把上述指示传给负责指挥印度基地的舰队司令官，并采取措施将我在上面所说的那样一支海军部队置于他的指挥之下，以便在中国海面服役。[①]

这两封信用词强硬，语气中胜券在握，总让人有种如鲠在喉的感觉：先揍一顿，再作解释？

英国人很清楚，清政府是禁止鸦片贸易的，在义律寄给巴麦尊的商人请愿书上，也写着"中方先允许鸦片在纳税后输入，但已于1796年停止"。明知不可为，很多英商却通过种种渠道或走私或贿赂，明着暗着将巨量的鸦片输入中国，借此获得高额利润。他们的这种行为，幕后有着强大的支持力量，商人们在请愿书中如此写道："我们以为，阁下将会因此承认，英国臣民进行这种贸易是得到他们本国政府赞许的，这种赞许如果不是公开地表示，也是默许的；同时，进行这种贸易有利于英属印度的岁入，近年来该岁入自一百万英镑至一百五十万英镑不等。"[②]

商人们也承认，中国政府禁止鸦片是正当的，"我们不试图否认中国政府享有制止鸦片的无可非议的权力；当该政府初次提出关于那方面的正式要求时，我们便已欣然签署一项协议，不在广州进行该贸易"。

但英国人是否真的会放弃鸦片贸易？ 1839年11月2日的一封信很能说明问题，这是伦敦鼓吹军事打击中国的核心人物拉本

---

① 胡滨. 英国档案有关鸦片战争资料选译（下）[M]. 北京：中华书局，1993：526-530.

② 胡滨. 英国档案有关鸦片战争资料选译（下）[M]. 北京：中华书局，1993：420-421.

德、斯密斯、克劳复写给巴麦尊的："我们又知道，上、下两院的小组委员会都曾仔细地调查过鸦片的种植以及鸦片对于印度岁入的贡献问题，他们对于鸦片的最后目的地充分了解。同时，却也毫不犹疑地得到这样的结论：放弃一项如此重要的岁入来源是不适当的。……不过我们希望要是为了清楚、明确而公正的目标，刚柔并用，示以武力，甚至动用武力，也是可以得到最大成就的。"在建议军事打击时，这三人这样说道："舰队包括一艘英国海军的最大战舰，教中国人认识可以用来进攻他们的海军威力是怎么回事。"①

显然，清政府禁绝鸦片贸易时"乱世用重典"，不仅沉重打击了鸦片贸易商，同时误伤了正常贸易的英国商人，使他们的人身安全受到威胁。在多次交涉无果后，矛盾最终激化，到了无法妥协的地步。

或者，换句话说，蓄谋已久的英国人终于找到了一个借口，在英国一份档案——《汉得孙致拉本德私函》（1839年10月21日）中，我们可以找到这样的字眼："就不列颠的利益而言，中国政府的这次失当行为却是一件幸运的事情，因为这给了我们从事战争的正当理由，这把我们放到一个终必可以专断我们条件的地位上去，这样的机会是不可再得的。……所谓中国的国力，不过虚妄之谈，现今这乃是世界上最为孱弱的力量，只靠妄自尊大的上谕说着成套的谎话，并把广大人民闷在无知之中去支持罢了。"②

并不是每一个英国人都赞成战争，有良知的人不是没有，反

---

① 军事科学院战理部三处. 中国近代战争史资料选辑：第一次鸦片战争（第1册[M]. 1978：104-108.

② 军事科学院战理部三处. 中国近代战争史资料选辑：第一次鸦片战争（第1册）[M]. 1978：110.

对派议员古拉多斯谷就以这样铿锵有力的声音反驳："（我反对的）原因是，我从不知道，也从未在哪一本书上读过有这样非正义的战争、这样会永远成为不名誉的战争。刚才和我意见不同的一位绅士谈到广东飘扬着光荣的英国国旗。可是，这面旗子是为了保护臭名昭著的禁品走私而飘扬的。如果现在要在中国的沿海升起这样的旗子，我们一看到它都不能不感到恐怖和颤栗！"①

英国人决定动武。

清政府如何应对？

林则徐的两次表态很有代表性，1839年6月，他在接见《中国丛报》②编辑时，气定神闲地说了六个字："我们不怕战争。"③

同年9月，还是在接见《中国丛报》编辑时，他重申了3个月前的态度："我们不怕战争。"

这是一种凝练的民族气节。

但是，对手的实力，却被低估了。

早在1835年，和林则徐等人同样积极主张禁烟的黄爵滋就意识到了中英海军装备上存在的明显差距，他在当年10月30日的奏折中这样写道："臣闻沿海水师，率皆老弱无用。军器率多残缺，并不修整。又战船率用薄板旧钉，遇击即破，并不计及夷器之凶利紧固，作何抵御。似此废弛，何以肃边威远？"④

中英海军的差距是显而易见的。

1839年秋，为了展示军力，震慑英夷，林则徐曾举行了一场

---

① 麦天枢，王先明. 昨天：中英鸦片战争纪实[M]. 北京:中央编译出版社，1996：200.

② 也被译作《澳门月报》《中国文库》。

③ 马士. 中华帝国对外关系史（第1卷：1843—1860年冲突时期）[M]. 张汇文，等，译. 北京：商务印书馆，1963：288.

④ 张晓生. 中国近代战策辑要（上）[M]. 北京：军事科学出版社，1993：5.

020

军演，广东水师可谓精锐尽出，共出动主力舰船10艘，平均每舰载炮约10门。

综合各方面资料来看，当时英国被称为巨型的战舰，其舰炮多达120门；大型舰船配备舰炮74门，船长达108米，载兵力五六百人；中型舰船装备火炮三四十门，长约90米，可载员320人左右；小型舰装备火炮一二十门不等，可载员160人。

从舰炮数量上来看，清朝水师的舰船仅能跟英国海军的小型舰船相比。再来看看两者火炮的威力。英国的舰炮大的重达4000千克，小的也有2000千克左右，且均为铜、铁（含碳低）铸成；瞄准装具先进，不仅装设瞄准星斗，而且配置炮规（象限仪、量天尺）；炮架坚固，有转轴，可以上下左右灵活转动。其有效射程达1000~2000米。而清朝水师的火炮，均为泥模铸造，炮身多蜂眼，极易炸裂，且点发火炮相当复杂，前膛装弹药，由后膛引火绳引爆，装一次发射一次，频率低，攻击力弱。舰炮射程仅三四百米。在沿岸炮台多装备红夷大炮，这是一种弹道低伸、以直瞄射击为主的加农炮，重250 ~ 3500千克不等，最大射程不过1000米，已是清军装备中射程最远、威力最大的武器了。《道咸宦海见闻录》载："炸弹（射程）不过一二里，亦不能及其（英军）船只；且炸弹有炸有不炸，或掷出而终不炸，或甫燃而即炸，分寸时刻最难定准。"[1]而英军同级别的加农炮，有效射程达到了1500米。

从射速上看，由于铸造技术落后，红夷大炮在发射后需要长时间的冷却，平均每6分钟才可以重新发射一次。而且由于拙劣的造炮技术，经常会发生火炮炸膛事故。英军则能维持每分钟发射2发炮弹的射速，是清军火炮射速的10多倍，可形成压制性的火力。

---

① 张集馨.道咸宦海见闻录[M].北京：中华书局，1981：61.

从舰体防护来看，英国舰船船体坚实，外表用铜皮包裹，防护能力较强，抗沉性较好；清朝水师船体则无白铁皮或铜皮包裹，防护性极差。此外，英军当时配备有能"逆流而上"的蒸汽船，但由于其机器和划水轮都暴露在外，易被敌方炮火攻击，因此，只用于巡航、侦察、通信和短途运输。

步兵武器上，清军为冷兵器和轻火器混用。冷兵器即弓箭、长枪、藤牌和大刀；轻火器包括鸟枪、抬枪，都属于前装滑膛燧发枪。而英军装备的则是标准的前装燧发滑膛枪和刺刀，相较清军装备更为精良。[①]

综合来看，清军的武器装备已经大大落后于英军，而从单兵、团队作战的素质上讲，英军长年征战，积累了丰富的作战经验，清军却"承平已久"。

有研究者曾形象地将清英之战比喻成一个儿童和一个成年壮汉在干架。

……

经过93天的海上航程，"鸢号"于1840年1月中旬顺利抵达毛里求斯。

毛里求斯，先后被四个国家占领。1505年以前，岛上荒无人烟，当葡萄牙航海家马斯克林踏上这片土地，见到一群群蝙蝠，干脆把这里称为"蝙蝠岛"；1598年，荷兰人来到了这里，以莫里斯王子的名字将其命名为"毛里求斯"。1715年，法国人占领了这里，将它改名为"法兰西岛"；100多年后，英国人打败法国，将它的名字改回"毛里求斯"，并于1814年正式将它划归为英国殖民地。

---

① 刘鸿亮. 第一次鸦片战争时期中英双方火炮的技术比较[J]. 清史研究，2006（3）：31-42.

　　年轻的船员约翰·李·斯科特等人忙着将闻名世界的波尔多葡萄酒等货物卸下，憧憬着返航时获得可观收入。与此同时，安妮·诺布尔的肚子日隆，开始思考孩子出生的问题。

　　斯科特这位性情开朗的年轻人，压根就不会想到，航线前方，正有一道生死之门在等着他和他的伙伴们。两年后，当他从生死关闯出来回到英国后，他会写下一本回忆录，详细记录他在鸦片战争中的经历。在这本书里，他将给中国人一个客观公正的评价。

　　而在被释回国途中，他也会再次停留在毛里求斯，百感交集地在回忆录中特意记下一笔：1841年3月29日，我们离开澳门，在毛里求斯靠岸。

　　去时，这里留有"鸢号"所有船员生龙活虎的身影。

　　归程，却只有孤零零几个惊魂。

　　斯科特一年半后才会明白，1840年风景旖旎的毛里求斯，实际上是在见证着一个悲剧的开始。

　　"鸢号"双桅帆船在毛里求斯待了一个月，将葡萄酒卸下船，又购买了一批压舱货物，便起航前往坐落于孟加拉湾的南印度东岸之城——马德拉斯。

　　英国皇家炮兵团在印度三个城市设有炮兵连，分别是孟加拉、马德拉斯和孟买，当时负责马德拉斯炮兵连的上尉军官叫安突德[1]。

■ 19世纪中叶英军马德拉斯炮兵连设计的大炮及炮架

————————

[1]　也被译为安斯特鲁瑟。

不知安突德此时在干什么，然而他和舟山、宁波的缘分，却即将被记录在历史上。从某种意义上来说，安突德改变了鸦片战争进程，甚至更夸张地说，在大清帝国腐朽而可笑的车轮向前滚动时，他曾出手推了一把——魏源根据安突德等人

■英军马德拉斯炮兵连设计的手枪

口述而提出的"师夷之长技以制夷"，差一点改变了大清历史。遗憾的是，英夷的所谓力量，天朝上国哪怕数次战败，却依然颇为不屑——屡战屡败，令人叹惜，并不可怕；可怕的是，败得惨不忍睹，却依旧一副"我天朝上国不屑与尔等计较"的自大狂表情。

更可怕的在于，当魏源的主张传到日本，掀起的是整个西太平洋的狂风巨浪。

"鸢号"驶抵马德拉斯不久，船长约翰·诺布尔接到一个意外的消息，因为战争需要，"鸢号"被军方接管，命令他们前往指定地点集合，等候命令，然后随舰队驶往中国，为英国远征舰队运送货物。

船员们这才知道，东西方两个帝国真正的较量即将开始。

第二节　帝国的捷报

摩擦，其实早就发生了。

中国离印度的航程也就两三个月时间，英军和清军最大的一次海上摩擦，发生于 1839 年 10 月，差不多是"鸢号"驶离法国波

尔多港的时候。

在此之前，双方围绕鸦片的矛盾持续升级，在华英人感到生命财产受到严重威胁，在义律请求下，英舰"拉呢号""窝拉疑号"等舰船由印度军事基地启航，1839年8月30日抵达澳门附近，为在华英国人提供保护。

9月开始，双方不断发生局部摩擦，终于在10月酿成了一次严重的海上冲突。然而，在向上呈报这场冲突结果时，中英两方出现了完全不同的描述。

《钦差大臣林则徐等奏为英兵船阻挠该国商船具结并到处滋扰叠被击退折》中，这样记录战斗场景及战果：

> ……讵有该国兵船二只，于午刻驶至穿鼻洋，其一即七月内向九龙滋扰之士密[1]，其一则近来新到之华伦[2]……提臣关天培闻而诧异，正在查究间，士密一船辄先开放大炮，前来攻击。关天培亟令本船弁兵开炮回击，并挥令后船协力进攻。该提督亲身挺立桅前，自拔腰刀，执持督阵，厉声喝称：敢退后者立斩！适有夷船炮子飞过桅边，剥落桅木一片，由该提督手面擦过，皮破见红。关天培奋不顾身，仍复持刀屹立，又取银锭先置案上，有击中夷船一炮者，立刻赏银两锭。其本船所载三千斤铜炮，最称得力，首先打中士密船头。……关天培督令弁兵，对准连轰数炮，将其头鼻打断，船头之人纷纷滚跌入海。又奏升水师提标左营游击麦廷章，督率弁兵，连击两炮，击破该船后楼，夷人亦随炮落海，左右舱口间有打穿。华伦船不甚向前，未致受创。接仗约有一时之久，士

---

① 士密为英舰"都鲁壹号"舰长。
② 华伦为英舰"窝拉疑号"舰长。

密船上帆斜旗落，且御且逃，华伦船亦随同遁去。我军本欲追蹑，无如师船下旁灰路多被夷炮击开，内有三船渐见进水，势难远驶。而夷船受伤只在舱面，其船旁船底皆整株番木所为，且全用铜包，虽炮击亦不通遽透，是以不值追剿。

收军之后，经附近渔艇捞获夷帽二十一顶，内两顶据通事认系夷官所戴，并获夷履等件，其随潮漂淌者，尚不可以数计。我师员弁虽有受伤，并无阵亡。惟各船兵丁，除中炮致毙九名外，有提标左营二号米艇，适被炮火落在火药舱内，登时燃起，烧毙兵丁六名，继已扑灭。又有烧伤之额外黄凤腾，与受伤各弁兵，俱饬妥为医治。[①]

堪称大捷！清军以战亡15名（其中6名系火药舱起火而亡）、伤若干的代价，获取了英军21顶帽子，其中两顶还是军官所戴，至于英军官兵落水的，"尚不可以数计"。

然而比较遗憾的是，这份奏折里找不到战死的英军官兵名单，无法确定这21顶帽子是被毙者所戴，还是逃遁者所掉落，抑或……

在英国人的记录中，出现了截然相反的描述。

《英国陆军史》载："事态发展到了高潮，中国舰队攻击了两艘英舰，结果中国人大败。"[②]

1839年11月号的《中国丛报》报道说："士密船长随即向中国水师开火，迫使它们撤退。在此后的行动中，英国方面损失很轻

---

① 中国第一历史档案馆. 鸦片战争档案史料（第1册）[M]. 上海：上海人民出版社，1987：731.

② 转引自：中国第一历史档案馆. 鸦片战争档案史料（第1册）[M]. 上海：上海人民出版社，1987：104.

微，但中国方面却有四艘师船被炸沉，其余的船只也受伤退回。"

《对华作战记》的记录较为详细：

> 十六只沙船列了一排，自穿鼻洋往南，外边又排列着
> 十三个火船，每船悬挂黑旗。……第一个遭受我们的火力攻
> 击的，是一个火船。当这船移动时，我们给它打了几炮，数
> 分钟之内，但见它转了几个圈，就沉入海底了。一个沙船跑
> 到"窝拉疑号"的船舷附近，向船上放炮，但炮弹飞过了，
> 未能击中。它马上遭到回击，不久就着了弹。我们立刻听到
> 轰炸的声音，等到烟云散后，才见船已炸碎，木片在天空飞
> 扬，有三个水手抱着碎木若沉若浮，炸毁的船离"窝拉疑号"
> 不过五十码，有些碎木直飞到"窝拉疑号"上，附属军舰的
> 上层甲板也着了火，我方派一小船去营救，但中国炮火不停，
> 只好作为罢论了。
>
> "海阿新号"军舰开向"窝拉疑号"的后边，经过"窝拉
> 疑号"绕到了后边，奔入沙船群之中，以这船的威力，对于
> 这些船，自然是一个警告了。这舰向沙船群众炮齐发，而中
> 国水师提督的船，尤是火力集中之地，受自"海阿新号"舰
> 的火力尤多。因为这舰在北边，离它较近。多杀人倒不是这
> 次作战的目的，目的在于给予一个整个的惩罚。"窝拉疑号"
> 在南面停留，以免沙船向那方面逃窜，而逼它们仍回原地停
> 泊，在上午它们本不愿逃归原处，这时反而竭力逃归原处了。
>
> 中国船普遍放一二炮，就急行离去。只有水师提督的战
> 船和其余几个船，据着原地，猛力对我方进攻，实在出乎我们
> 的意料之外。从距离看来，中国的炮和火药是很好的，只不能
> 自由地上升下降，炮弹太高，多无效果，只有少数落于船桅或

上层甲板之上。"窝拉疑号"船帆上中了几弹,"海阿新号"的船梎上层甲板,也中了炮弹,一个十二磅的炮弹,击中了"海阿新号"的船梎,又一弹正中了主要横帆,帆桁需要修理。此时"海阿新号"正与提督的舰船相近,不久就要将它击沉,我方认为惩罚已够,即时收兵。这次战役的结果,是沉了三只沙船,炸毁一只,许多被遗弃,其余逃走了。[1]

这截然相反的战报,却有一个共同点:关天培的师船一直在战斗。

一位民族英雄,就这样沉稳地走向历史舞台。

之所以特意记录双方的这份捷报,因为这是道光皇帝对战局误判的开始。如果道光一开始就能认清两国的真实差距,历史或许不会走向充满伤痛而又滑稽可笑的局面。

类似的情况多见于《筹办夷务始末·道光朝》(卷一)中。1839年下半年双方冲突,包括九龙山、官涌、穿鼻洋等6次军事摩擦,广东方面的奏折中,一直捷报频传,如九龙山冲突,"击翻双梎夷船一艘,在旋涡中滚转,夷人纷纷落水,各船始退。……连放大炮,轰毙夷人多名,一时看不清楚……查夷人捞起尸首就近掩埋者,已有十七具,又渔舟叠见夷尸随潮漂淌";又如在潭仔洋面,"守备黄琮等……当即上前查拿。该趸船水手数人即先跳入小艇,飞桨逃窜。其在船之人正欲开炮,经黄琮等先掷火斗火罐,船中火发……我兵以少胜多,足使奸夷胆落"。[2]又如官涌之

---

[1] 齐思和,林树惠,寿纪瑜. 鸦片战争(第5册)[G]//中国史学会. 中国近代史资料丛刊. 上海:神州国光社,1954:47-48.

[2] 中国第一历史档案馆. 鸦片战争档案史料(第1册)[M]. 上海:上海人民出版社,1987:679-680.

战，"夷船排列海面，齐向官涌营盘开炮，仰攻数次。我军扎营得势……官兵放炮回击，即闻夷船齐声喊叫，究竟轰毙几人，因黑夜未能查数。十月初三日，该夷大船在正面开炮……有百余人抢上山冈……被增城右营把总刘明辉等率兵迎截，砍伤打伤数十名，刀棍上均沾血迹，夷人披靡而散，帽履刀鞘遗落无数，次日望见沙滩地上掩埋夷尸多具。初四日，夷船又至官涌稍东之胡椒角，开炮探试。经驻守之陆路提标后营游击德连将大炮台炮一齐回击，受伤而走。……计官涌一处，旬日之内，大小接仗六次，俱系全胜……"①

但是，查阅英方资料，却发现这些冲突，无一例外是与清方相反的记载，而且，在英方的记录中，英军伤亡率极低。

毫无疑问，这些捷报，给了远在京城的道光强大的心理暗示——英夷并不可怕。无论是海战还是陆战，抑或贴身近战，英军都不是清军对手。

1839年下半年英军向广东增兵以来，道光的态度有一个转变的过程。

11月9日，魏元烺等在《严防英船片》中奏道："当官兵追逐之时，如其不知远遁，竟敢公然抗拒，自不能不示以天威，使其闻风震慑。"在这份建议对英夷用强的奏折中，道光这样批示："固不可孟浪从事，亦不可示弱贻讥，妥慎行之可也。"②

这说明，初始时，道光是慎重的，虽然他在10月就作出过"既已大张挞伐，何难再示天威"的朱批，但他还在根据广东方面

---

① 中国第一历史档案馆. 鸦片战争档案史料（第1册）[M]. 上海：上海人民出版社，1987：732-734.

② 中国第一历史档案馆. 鸦片战争档案史料（第1册）[M]. 上海：上海人民出版社，1987：722.

的奏折揣摩英军底细。当一道道英军海战不行、陆战不行、贴身近战也不行的捷报传来，道光由慎重转为强硬，因为，这一切，都印证了广东方面当初一份奏折的真实性——那是9月1日的《英人非不可制请严谕查禁鸦片》，认为英国人虽然船坚炮利，但其舰船笨重，吃水深，只能在外洋作战，无法近岸，"且夷兵除枪炮之外，击刺步伐，俱非所娴，而其腿裹足缠，结束紧密，屈伸皆所不便，若至岸上，更无能为"。①

民族英雄林则徐一生力抗西方入侵，对于西方的文化、科技和贸易则持开放态度，主张学其优而用之，他的历史地位不可撼动。然而，他是清朝的官员，他也有着时代局限性，不可避免地也带着某些弱点。对敌情、局势估计不足，便是其中一点。

12月13日，打了强心针般的道光作出强硬表态："著林则徐等酌量情形，即将英吉利国贸易停止，所有该国船只尽行驱逐出口……"②

这道圣旨，无异于决裂。

第三节　不祥的预兆

"鸢号"驶抵马德拉斯的时间是1840年2月到3月，此时驻扎印度的英国部队，正在等待最终指令。

印度总督奥克兰（Auckland）在接到英国方面指示后，于2月已经开始着手准备侵华事宜，英国档案《关于中国的文件（编号：

---

① 中国第一历史档案馆. 鸦片战争档案史料（第1册）[M]. 上海：上海人民出版社，1987：673.

② 中国第一历史档案馆. 鸦片战争档案史料（第1册）[M]. 上海：上海人民出版社，1987：742.

F0881/75B）》第3件《总督提出的备忘录》中有如下记录：

> 我们已经决定，地面部队将由女王的第十八团、第二十六团、第四十九团以及一个印度步兵志愿团、两个欧洲炮兵连和两个工兵连组成。……二月间，我们任命了一个委员会，以监督有关准备和装运工作的一切细节……①

起先，英国打算让英军驻东印度军事基地海军总司令马他伦爵士担任侵华英军总司令，然而不巧，马他伦意外去世。1月18日，英国方面紧急任命驻守南非开普敦的海军少将乔治·懿律为全权代表、英远征军总司令，并接替马他伦的职务，由印度军事基地承担对华作战的大部分军事任务。印度总督奥克兰勋爵随即做了最积极的准备。②

马德拉斯炮兵连的指挥官安突德和他的兄弟们摩拳擦掌，打算大干一番。

安突德是苏格兰人，出生于1807年9月12日，是亚历山大·安突德爵士的次子。由于父亲和亲戚都曾有东印度公司驻孟买机构工作的经历，因此他在威斯敏斯特学校接受教育后，也选择了到印度服役。1824年，他被任命为炮兵连中尉，1839年11月10日晋升为上尉。

安突德喜欢写写画画，在素描上有着超人的天赋。半年后，他会以几幅素描征服审讯他的清朝官员，中西方文明在监狱中以

---

① 胡滨. 英国档案有关鸦片战争资料选译（下）[M]. 北京：中华书局，1993：967-968.

② The Annual Register, or a View of the History, and Politics, of the Year 1840[G]. London: J. G. F. & J. Rivington, 1841:250.

一种艺术的形式惺惺相惜。虽然他不知道这些审讯者的名字，但其中一位审讯者，会从他和其他战俘的口中了解到大量关于英国工业革命后的情况，几年后，仿林则徐之言，提出著名的"师夷之长技以制夷"的主张。

这是影响近代中国至深的一个主张。

《马德拉斯炮兵部队的历史》一书记录下了这支部队集结、开拔的经过：清政府的傲慢态度迫使英国政府采取敌对行动，印度当局在执行从英国收到的指示时毫不耽误时间。一支来自孟加拉和马德拉斯的联合部队，约有3600人，配有一定比例的火炮；1840年5月初，两艘汽船在新加坡港集结。在月底之前，战斗人员的数量大大增加，舰队包括74门炮的"威里士里号"、28门炮的"康威号"、28门炮的"短吻鳄号"、18门炮的"巡洋号"、10门炮的"阿尔杰琳号"等。另外配备了3艘运兵船——"响尾蛇号""亚特兰大号"和"马达加斯加号"。此外，还有26艘运输船和储运船。[①]

在英国驻印度守军开始集结时，义律在澳门完成了他对中国采取军事行动的建议稿，4月9日，他将这封信寄给了英国外交大臣巴麦尊：

1. 由印度部队的一个营、欧洲人组成的一个团的连队作为侧翼以及驶入内港的一艘炮艇占领澳门。

2. 如果驻扎在那个锚地和城内以及驻扎在邻近栅栏最近匆匆修筑起来的野战工事的中国部队不立即撤退，那末，便把他们驱逐出去；用两三门长距离的大炮加强栅栏，而且由驻军中的一支卫队予以占领。

---

① P.J.Begbie. History of the Services of the Madras Artillery[M]. Madras: D.P.L.C.Connor, 1852:151.

3. 派遣其余部队以最快的速度驰往虎门。总司令官自该处递交一项要求，限他们在两小时内撤出所有的要塞，包括老虎岛在内。如果不接受这项要求，将对所有要塞进行攻击并予以占领，而且除王铜要塞外，将塞住所有要塞大炮的火门。

4. 派一连由欧洲人组成的炮兵占领王铜，并且在该处架设一门迫击炮和几门长距离的大炮。

5. 封锁珠江的部队由一艘巡洋舰、一艘装有二十八门大炮的军舰、两艘炮舰和一艘汽艇组成，可作如下的布署：……

6. 西兄弟岛，包括凯普新月锚地在内，应临时予以占领，并由澳门派五十名士兵驻守。

7. 这些布署和行动完成之后，主力部队应最迅速地开往舟山群岛。

8. 派一艘战列舰和一艘炮舰留驻厦门港……

9. 在舟山岛的旧商馆或该群岛上某个更合适的场所升起国旗；那个地方应成为今后军事行动的基地或永久的殖民地。

10. 封锁宁波以及通往杭州府的河口；并派一支部队沿扬子江而上直到镇江府，而且如果发现切实可行，尽量靠近南京。

11. 在该部队到达那个地点之前，不递交女王陛下政府的要求。

12. 这些军事行动一旦完成之后，总司令官应立即前往白河口……

13. 负责谈判的人决不能离开舰只的驻地，而且谈判应一直在英国大炮射程范围以内的地点进行。

义律 ①

---

① 胡滨. 英国档案有关鸦片战争资料选译（上）[M]. 北京:中华书局，1993：626-627.

在此后的信件中，义律还建议："在舰队司令官到达这个海岸外之后，'康韦号'军舰奉命同护航船队一起驶往看不见陆地的地方；鉴于今年的季节将近终期，以及尽快使运输船越过通常的台风路线之外具有很大的重要性，我极力建议伯麦爵士不失时机地派遣贝休恩海军上校前往舟山。……尊敬的郭士立先生是共同从事翻译工作的人员之一，伴随着远征部队；而里斯先生是这些水域内最有经验的引水员，对舟山港以及通往宁波和上海的航道都很熟悉，将乘坐'阿塔兰大号'汽艇接着前往。"①

在收到义律的信件后，巴麦尊这样回复："……女王陛下政府批准您在上述信件中所报告的全部行动。"②

《英国陆军史》载："1840年5月初，部队集结完毕。"③

在所有舰船中，英国皇家海军第26团的医疗运输船"马里恩号"差点沉没，船上的第26团上校司令官奥格兰德，将被任命为英国远征军陆军副司令。几个月后，传遍清王朝的"冥诛"事件，主人公就是他。

船上另一位要员是英军中校阿米恩·S.H.芒廷。芒廷是加拿大魁北克人，生于1797年2月4日，此时已43周岁，十分期待能升为上校，却已有些心灰意冷，不过在远征中他的升迁之路出现了转折，最后以准将的军衔退役，并写了一本回忆录，详细记录他在舟山的所见所闻。同时，他会在舟山执行一次极其重要的搜救任务。

---

① 胡滨. 英国档案有关鸦片战争资料选译（上）[M]. 北京：中华书局，1993：626-627. 658-659. "康韦号"今译"康威号"，"阿塔兰大号"今译"亚特兰大号"。

② 胡滨. 英国档案有关鸦片战争资料选译（上）[M]. 北京：中华书局，1993：671.

③ 转引自：中国第一历史档案馆. 鸦片战争档案史料（第1册）[M]. 上海：上海人民出版社，1987：104.

芒廷记下了从加尔各答起航后海上的惊险行程，也让人们明白奥格兰德上校在征途中就已染上重疾，几个月后的"冥诛"在征战途中就出现了征兆：

我们于4月10日晚上出发，希望大约3周后到达新加坡……船上有22名欧洲人，包括舰长、军官、士兵、杂役以及65名印度水手。"马里恩号"装载着所有的医疗用品，包括一部分军械，因此，这艘船对这次远征有一定的意义。

风和潮水对我们不利，当局给了我们一艘派不上什么大用场的拖轮，因此，4月19日我们才离开沙洲。

28日，刮起了大风，随着时间的推移，风力越来越大。吃晚饭的时候，一阵狂风把我们右舷船尾的小船卷走了。气压计上的数字正在迅速下降，我们的前帆收得很紧。

舰长立即命令放下帆桁，把船停好。大约下午5点，三张帆被收了起来，但船尾上桅，也就是那根光秃秃的桅杆，由于风力太大，已经弯得很厉害，很明显，它很快就要被风刮走了。

然而，前上桅却先被吹跑了。这时刮起了飓风。狂风将船尾几乎撕裂……佩吉先生、三副和詹姆斯带人正试图把船尾一些被风撕裂的碎片扔掉。杰勒德，一个优秀的年轻海员，被风带走了，再也没有出现……这条船的一根支柱被狂风抛向半空，它掉下去的时候，把一个当地的杂役和几只羊压死了。……风的力量如此之大，大副只能用手和膝盖在甲板上匍匐前进，才能找到舵。

收紧的主帆原来紧紧地卷在前桅上，现在却被风吹散，撕成了碎片。它们奋力挣脱时发出的猛烈的撞击声，桅顶可怕的砍劈声和撞击的砰砰声，以及飓风的呼啸声，大海的汹涌澎湃……索具、滑车和横木都挂在船舷上，军官们的嚎叫和水手们的叫喊，形成了一个难以用语言描述的恐怖场景。

晚上7点左右，出现了片刻平静，如此突然，如此彻底，与其说是有希望，倒不如说是有预兆。大约一刻钟以后，又听到了飓风的声音。风从东北方向吹来。

大约7点半的时候，风向突然转向了南方。

一个浪头打在船尾上……打破了天窗，奔涌而来的滚滚激流，把卡迪淹没了。

"马里恩号"的船身还能经受这场风暴多久？很难说，但上帝保佑，在晚上8点左右风的威力减弱了。大约在深夜11点，刮起了中等的大风。

飓风持续了大约3小时……在这段时间里，我们有3个人一直躺在各自的沙发上，还在睡觉，C.和H.都死于这场激烈的抗争。

奥格兰德上校由于长期患病，身体非常虚弱，他平静地坐着，用仅有的3根手指抓住绑着他椅子的那张桌子，而格雷厄姆、摩尔和我则注视着暴风雨的进展。

我在主甲板上的船舱完全被水淹没了，而且，下面的蒸汽和热气令人难以忍受。因此，我在卡迪的一张椅子上度过了当晚余下的时光。睡着是不可能的。我想到了我的小珍妮，上帝保佑斯各脱亚人不会遭遇这样的风暴。

29日清晨，可怜的"马里恩号"呈现出一幅悲惨的景象。她与海浪搏斗的证据到处都是……风的力量折断了直径16英寸①的柚木梁……3根桅杆，连同所有的索具、滑车和横木，

---

① 1英寸≈2.5厘米。

仍然悬挂在船的右舷上，当船左右摇晃的时候，它们也在可怕地摇摆着。

甲板上堆满了桅杆、木块和各种各样的碎片，船员们挤在一起，可怜巴巴地挤成一团……我们就这样度过了那一天，直到第二天晚上。因为海浪还是那么高，风又那么大，所以不可能有任何尝试。

至于回加尔各答方便与否，大家意见不一，如果回去，我们就没有机会在新加坡加入舰队了。

因此，我反对返回。幸亏上校也有兴趣让他的船继续旅程，所以他决定尽力维修，以便继续往新加坡航行。

我们在30日开始修船，花了10天的功夫才把船修好。5月8日晚上，我们已经在船头和船尾装好应急桅杆，在主桅上装上一根新的上桅，向安达曼群岛驶去。[1]

有一种出师未捷的悲壮和死里逃生的侥幸。

或许，这是一种不祥的预兆。在接下来的时间里，他们将会面临更加恐怖的一幕：不到4000人的英国远征军，超过十分之一的人，没有死在对手的枪炮下，却在一场大瘟疫中被埋葬于异国他乡，而绝大多数官兵，经历了生与死的挣扎，最后在听到"舟山"这两个字时，都会不寒而栗。

残破的"马里恩号"艰难地朝新加坡驶去，在5月22日那天，他们遇到了从后方驶来的"康威号"护卫舰。经历了生死考验的芒廷有些感慨，"在过去的9年里，各种各样的情况使我不时地期

---

[1]　Armine S.H.Mountain. Memoirs and Letters of the Late Colonel Armine S.H.Mountain[M]. London:Longman, Brown, Green, Longmans, & Roberts, 1858:154-158.

待着我的上校军衔……到这个时候，我应该已经很习惯失望了，而且，说实话……现在已经无关紧要了"。①

然而，事情却突然出现了转机，"晚上，'康威号'给我们派了两艘小船，其中一艘可以让我们保留到新加坡。……奥斯本和乔斯林勋爵出现了……一艘汽船驶近，把我们拖在后面，今天下午把我们带到岸上（新加坡）。舰队明天就要开航"。②

此时，奥格兰德上校被转移到另一艘舰上，病情更为糟糕，芒廷等人专程去探望了他。"昨天，我们上了奥格兰德上校的'罗霍曼尼号'——从准将那里听说奥格兰德上校情况更糟，昨天他的船快到的时候，我上了船，在那里待了一天。上校又好了一点，当我走进他的舱房，谈到要在澳门靠岸，履行他的职责时，他竭力装出健康的样子。但是他又倒了下去。前一天晚上派来的'威里士里号'牧师还在，贝尔医生和我为病人主持圣礼……"③

舰队一直在等待从好望角乘坐旗舰"麦尔威厘号"赶来的全权代表懿律等人，但始终没能等到他。

1840年5月30日，集结完毕的英国远征军按事先计划，决定不再等候，起航前往中国海域。

"鸢号"，也是迟到的舰船中的一艘。它被征用为英军舰队运输船后，本应奉令立即前往新加坡集结，却在中途拐到斯里兰卡

① Armine S.H.Mountain. Memoirs and Letters of the Late Colonel Armine S.H.Mountain[M]. London:Longman, Brown, Green, Longmans, & Roberts, 1858:158.

② Armine S.H.Mountain. Memoirs and Letters of the Late Colonel Armine S.H.Mountain[M]. London: Longman, Brown, Green, Longmans, & Roberts, 1858:158.

③ Armine S.H.Mountain. Memoirs and Letters of the Late Colonel Armine S.H.Mountain[M]. London: Longman, Brown, Green, Longmans, & Roberts, 1858:160.

的亭可马里，在那儿又买了几批货物，然后才匆匆赶往新加坡，不知船长约翰·诺布尔是怎么想的。

他们发现晚了一步，从各地赶来的英军主力舰队几天前已经驶离新加坡，前往中国澳门。

第四节　群舰毕集

不知何去何从的"鸢号"在新加坡待了几天，遇上了英军旗舰"麦尔威厘号"率领着从英国赶来的"布朗底号""卑拉底士号"等舰，"鸢号"跟随它们急赴澳门。

这时，已是6月初。

6月5日，远在京城的道光拟下一道调令：调浙江定海镇总兵官张朝发为福建海坛镇总兵官。以福建闽安协副将吴建勋为定海镇总兵官。

从北京至浙江省城，再由省城至舟山，这道上谕需要一段时间才能到达。如果早些天到，定海总兵张朝发或许会在福建沿海注视着这支英国舰队。

可是，他身不由己地留在了中国历史分水岭的最前沿。

6月9日凌晨2时多，历史的眸子蓦然紧缩——一艘装载着28门炮的英国军舰出现在了离澳门不远的急水门海域。

战争的气息，在这一刻陡然凝重。

如此紧张的时局下，清水师的哨探不会瞭望不到这艘来者不善的异国军舰。事实上，清水师确实作出了应急反应。

英国1840年年鉴如此记载："这批舰队首先到达急水门的是由海军上校库珀指挥的女王陛下'短吻鳄号'，抵达时间是6月9日凌晨2点到3点。"[1]

随即，清军调集火筏（由小船扎成），趁着有利的潮水和风向向英舰进攻。

差不多就是在"短吻鳄号"抵达的同时，近岸的中国小船中传来一阵喧闹声。英军随即进入戒备状态，他们发现，有几艘中国小船疾速驶来，袭击了英军小艇上的印度水手，导致几名水手受伤。

英舰立即开炮，并发出遇袭信号。炮弹在中国小船中爆炸，很快击退了中国人的进攻。袭击并未给英军造成多大的损失。[2]

6月下旬，英国远征舰队出现在了澳门海面。

《英国陆军史》载："1840年6月21日，舰队抵达澳门外海。"[3]

出现在澳门海面的英国远征舰队，虽然还不到英国海军规模的十分之一，但依旧十分豪华，《中国丛报》披露了英国远征军的阵容[4]。

军舰共16艘："麦尔威厘号"，载炮74门，海军少将、远征军总司令乔治·懿律乘坐于此舰；"威里士里号"，载炮74门，英国远征军海军司令戈登·伯麦乘坐于此舰；"布伦海姆号"，载炮74门；"都鲁壹号"，载炮44门；"布朗底号"，载炮44门；"康威号"，载炮28门；"窝拉疑号"，载炮28门；"短吻鳄号"，载炮28门；"拉呢号"，载炮20门；"海辛斯号"，载炮20门；"摩底士底号"，载炮20门；"卑拉底士号"，载炮20门；"巡洋号"，载炮18门；"哥伦拜

---

① The Annual Register, or a View of the History, and Politics, of the Year 1840[G]. London: J. G. F. & J. Rivington, 1841:250.

② The Annual Register, or a View of the History, and Politics, of the Year 1840[G]. London: J. G. F. & J. Rivington, 1841:250.

③ 转引自：中国第一历史档案馆. 鸦片战争档案史料（第1册）[M]. 上海：上海人民出版社，1987：104.

④ 英舰并非同时抵达澳门海域，如侵华英军总司令懿律迟至6月28日抵达。

恩号"，载炮18门；"阿尔杰琳号"，载炮10门；"响尾蛇号"，运兵舰。

武装汽船共4艘："皇后号""亚特兰大号""马达加斯加号""进取号"。

运输舰共27艘[1]。

兵力配备为3个团，总计约4000人：第18皇家爱尔兰团、第26苏格兰步兵团、第49孟加拉志愿兵团，以及一个孟加拉的工兵部队和一个马德拉斯的工程部队。[2]

海军司令为戈登·伯麦准将，陆军司令为乔治·布耳利准将。

但在义律于1840年5月20日写于澳门的一份回忆录中，兵力配置与《中国丛报》的记载有些许出入，也许这是计划与实际的差异："海上部队将由两艘战列舰、三艘装有42门或46门大炮的巡洋舰、六艘装有28门大炮的军舰、6艘炮舰、3艘（也许是4艘）武装汽艇等组成。陆上部队包括三团欧洲人组成的部队、两团印度人组成的部队、三连炮兵以及一支布雷和扫雷工兵的分遣队，总共约6000人。"[3]

在澳门出版的《中国丛刊》详细报道了英军来华的大事：从6月21日起，英国的军舰和运输舰陆续到达中国。6月22日，海军司令伯麦准将颁布两项通告：第一项通告确定自6月28日起封锁江面和海口；第二项通告指定急水门与澳门间的水路作为准许商船停泊的地点。同时，告知广州沿海居民，英国军队与百姓无涉，渔船白天出入不受阻拦，民间商船仍可往英国商船停泊处贸易。

---

① 也有资料称共28艘。
② Correspondent. Hostilities with China[G]// The Chinese Repository: Vol.IX. Canton: The Proprietors, 1840:221.
③ 胡滨. 英国档案有关鸦片战争资料选译（上）[M]. 北京：中华书局，1993：649.

6月24日，英海军司令伯麦、陆军司令布耳利率领主力舰队和3艘武装汽艇、20余艘运输船离开广州海口，大摇大摆地向中国中部海岸挺进，他们的目的地是舟山。

一个叫布定邦的中国人，在这里登上英军军舰，前往舟山，这是他的不归路。这个被义律称为"心腹实仆"的买办，担任着英军翻译一职，抵达舟山后，他将对整个军队起到极其重要的作用——负责在舟山本地采购军需。在他被愤怒的中国军民捕获之后，英军陷入了一场"灾难性"悲剧中。

远征军总司令懿律少将迟至6月28日才乘坐着74门炮的"麦尔威厘号"，在其他舰船护航下抵达澳门；7月1日凌晨，他和他的堂兄弟、英国驻华第三任商务监督义律一起挥师北上。

主力舰队离开后，封锁广州海口的，只有4艘中小型军舰和1艘汽船，分别为"都鲁壹号""窝拉疑号""海辛斯号""拉呢号"，汽船为"马达加斯加号"。

面对上百艘战船严阵以待的中国军方，英军采取了一种视若无睹的态度。

这是对大清水师的彻底蔑视。

义律，这个在广东饱受屈辱的英国皇家海军上校，终于决定大干一场，"先揍一顿，再作解释"。

和马德拉斯炮兵连指挥官安突德一样，义律也是苏格兰人，巧合的是，两人都有画画的爱好。义律也喜欢涂抹水彩画以消磨空闲时光。

义律14岁加入皇家海军，征战过大半个地球，战功赫赫，1828年以海军上校的军衔退役。

东印度公司垄断权被解除后，英国派出商务监督以协调对华贸易，威廉·约翰·律劳卑担任第一任驻华商务监督，闲不住的义律以随员的身份来到中国。

英国政府中，外交大臣巴麦尊是位鹰派人物，长年征战的义律，对东印度公司为了维持与中国贸易而事事退让、忍气吞声，并且全盘接受清朝种种有辱人格、国格的要求的行为极其不满，他极力主张对华外交中两国应享有"平等地位"。

义律的态度，赢得了巴麦尊的欢心，两人保持着密切通信。

对于东印度公司在华事务上的苟且，参与了这场战争的英军军官宾汉在《英军在华作战记》一书中有过分析，他认为鸦片只是这场战争的一根导火索：

> 我的许多读者可能不知道，由于清朝官员的严重无知和傲慢，英国饱受侮辱。因此，我认为有必要简述在我本人到达行动现场之前大约4年内发生的中英间的交涉情况。
>
> 鸦片战争，顾名思义，是中国人在这个问题上的立场，声称要拯救人民的道德，必须断绝毒品贸易，这使许多人怀疑我们现在对中国采取行动是否公正。但是，道德和健康都不是真正的原因，其根源在于"白银从中国外流"。
>
> 必须记住，在东印度公司垄断贸易期间，他们和中国人之间产生了许多分歧和争吵，但在所有问题上，东印度公司都让步了，他们害怕丢掉他们所享受的东西，不敢力争。在贸易开放以及与中国的交易扩大到全国之后，这种情形就再也不能被继续了；但中国人从未考虑过这种立场上的差异。
>
> 因此，我们受到了一连串的侮辱，其中包括我们的国旗被烧毁；我国政府的代表、我们的商人被监禁，他们的财产被查封、没收和销毁，他们的记录和陈情被粗暴处理，他们带过去的人被逐出广州。但是，中国当局非常清楚对外贸易

给自己国家带来的巨大利益，我想，如果他们（中国人）在行动中会考虑到将会引起战争，他们就不会采取任何可能导致两国冲突的措施。我们以前的让步，使他们以为我们会永远让步。①

1838年6月，与巴麦尊立场一致的义律，被英国首相任命为第三任英国对华商务监督。

英国早在1834年就想向中国派遣军队，当年1月25日，巴麦尊在给首任驻华监督律劳卑的信中就指出："很需要对中国沿海进行勘测；因此，您应注意这个问题……您还应注意进行调查，如果在中国海域发生战争行动，船舰是否可以有任何地方并在什么地方找到必需的保护。"②

同年8月，律劳卑也提到了军事威慑，他在给当时的英国首相格雷伯爵的信中写道："派遣一名信差经陆路前往加尔各答，命令一支英国军队率领一些小艇在沿海一带活动，那末，我们很快便将使事情告一结束。他于5月间抵达加尔各答后，将有充裕的时间准备一小支军队，随着西南季风的开始进入中国海域；它到达后应占领珠江东部入口的香港岛……"③

对于一小支军队如何能威慑整个大清王朝，律劳卑显得十分自信，他在信中说道："一支使用弓、箭、矛、盾的军队怎么能够对付少数经验丰富的英国士兵？我确信，他们一刻也决不敢显示

① J. Elliot Bingham. Narrative of the Expedition to China: Vol.I[M]. London:Henry Colburn, 1843:1-2.
② 胡滨. 英国档案有关鸦片战争资料选译（上）[M]. 北京：中华书局，1993：2-3.
③ 胡滨. 英国档案有关鸦片战争资料选译（上）[M]. 北京：中华书局，1993：24.

出对抗的态度。"①

义律于1838年被任命为商务监督后，正值广东禁烟风暴刮起。起先，他采取了克制态度，在局势僵化之时，他甚至以政府的名义要求英商交出鸦片。但在清政府驱逐在广州的英国人等事件爆发后，他陷入了绝望。

1839年4月3日，他在广州给巴麦尊写了一封信，表明他的忍耐已到了极点："……无论是单纯的谈判或在武力支持下进行的谈判，都不能够为在广州进行的贸易重新获得这样一种信任……所有的安全感已经被打得粉碎。……我非常担心，震动之大将是难以估量的。"②

4月6日，他的态度更加坚决，再次给巴麦尊写了一封信："……事实上，我确信，使这个帝国沿海避免遭受国内外战争震动的唯一方式，将是由女王陛下政府迅速进行有力的干涉，以便正当矫正所有的冤屈，并通过建立永久的居留地有效防止犯罪和悲惨的事情。全面地加以考虑，这项措施已成为对中国政府以及对英国的公共利益和声誉的崇高义务。在女王陛下的旗帜牢固地飘扬在这些海岸之前，对中英两国的任何一个政府来说，既不可能有安全，也不可能有荣誉。"③

4月13日，他又去信求助："无论如何，女王陛下政府必须同意中国政府方面关于对外交往采取迅速增加缓和或限制程度的时刻已经到来了；目前该政策更大的灾难已普遍存在，而且实际上

---

① 胡滨.英国档案有关鸦片战争资料选译（上）[M]. 北京：中华书局，1993：25

② 胡滨.英国档案有关鸦片战争资料选译（上）[M]. 北京：中华书局，1993：386.

③ 胡滨.英国档案有关鸦片战争资料选译（上）[M]. 北京：中华书局，1993：391.

处于最严厉的实施之中。"①

4月16日，义律向印度总督奥克兰求援："无疑地必须要求女王陛下政府予以批准，但为了生命财产的安全，立即采取支持和保护行动是必要的……尽可能派遣许多军舰和武装船只……似乎是目前可采取的最适当的保护办法。……同时，我还建议装备足够数量的小武装船只以保持海岸的畅通，并吁请马尼拉方面提供适当的增援部队以及安排定职的供应"②

在经过近一年的等候后，义律终于等来了巴麦尊的回信：战！

---

① 胡滨.英国档案有关鸦片战争资料选译（上）[M]. 北京：中华书局，1993：394.
② 胡滨.英国档案有关鸦片战争资料选译（上）[M]. 北京：中华书局，1993：411-412.

第三章 我不能退

第一节 英军集结地

1840年的舟山，成为一场史无前例的大风暴的风暴眼，它显得那么安静，整个世界却已处于风雨飘摇之中。

6月24日，英海、陆军司令率领主力舰队先行，总司令懿律迟至7月1日凌晨才启程。而此时又恰逢东海台风季节，除了武装汽船具备动力外，其余战舰皆为帆船。一旦被风吹散，英舰到何地集结？

我们似乎很难通过公开资料找到历史中英军的集结地，英军在集结地的战前动员、征募引航员、航道选择、战前侦察等史实，也都湮没于茫茫的史海中。

战前集结是发动战役必不可少的一步，尤其对于海上作战且又处于台风季节长途奔袭的舰队来说，这一步更显重要。这支远征军由海陆两个军种组成，陆军部队包括步兵部队、炮兵部队、工兵部队等，其作战计划更是包括了海战、登陆战、陆上抵抗战、攻城战在内，英国人意欲打的，是一场多兵种协同作战的战役。战前集结，自然是其周密计划中必不可少的一环。

查英远征军海军司令伯麦、陆军司令布耳利的作战记录以及远征军军事秘书乔斯林等人的回忆录，英军北犯舟山的集结地，在今宁波象山半岛东北向的东屿山岛。

实际上，英军由澳门北犯舟山时，就定下了集结地，英军马德拉斯工兵部队约翰·奥克特洛尼中尉在回忆录中称："6月24日，在'康威号'的指挥下，舰队接到信号，开始向北航行。途中接到指示，舰队一旦分离，就驶向舟山群岛最南端的岛屿，在那儿等待准将率领着舰队抵达。……气氛很平静，风也刮得很稳，整个舰队都很团结，按时抵达并停泊在牛鼻山的背风处。"[1]

海军司令伯麦7月6日写给英国海军部的汇报函中，进一步确认了集结地的名称："我在女王陛下战舰'布朗底号'和4艘运输船的陪同下从澳门起航，第一时间到达牛鼻山锚地。在那里，我找到了'康威号'和其他一些战舰和运输船……'亚特兰大号'和'皇后号'也在半路与我会合。"[2]

远征军军事秘书、和伯麦同乘"威里士里号"指挥舰的乔斯林在回忆录《在华六月记》中也有记录："……我登上指挥舰前往牛鼻山，它以前是进入舟山港的起点，现在是舰队集合地点。"[3]

英运输船"鸢号"船员的回忆录也证实了英舰集结地是牛鼻山。它驶抵澳门时，英主力舰队已经离去，"鸢号"随英军旗舰"麦尔威厘号"等于7月1日凌晨北上，"我们接到命令，要跟着它去牛鼻山，那里有一艘巡洋舰，会给我们指引更远的方向"[4]。

牛鼻山即今东屿山岛，位于宁波象山半岛东北方，南北长约

---

① John Ouchterlony. The Chinese War[M]. London:Saunders and Otley, 1844:41.
② London Gazette of December 15, 1840[G]// Bulletins of State Intelligence. London: F. Watts, 1841:664.
③ Jocelyn. Six Months with the Chinese Expedition[M]. London: John Murray, 1841:43.
④ John Lee Scott. Narrative of a Recent Imprisonment in China after the Wreck of the Kite[M]. London: W.H.Dalton, 1841:2.

2公里，东西最宽约1.3公里，离象山海岸约3公里。在当时欧洲人的海图注释中，牛鼻山可以给航船提供补给："这里可以获得新鲜的食物和水……岛上有3座山峰，中间是最高的，海拔约500英尺[1]。在靠近岛北端的地方有个孔洞，它的本名应该是由此而得。"[2]18世纪末在荷兰阿姆斯特丹出版的航海图，则清楚地标明了牛鼻山的位置及进入舟山定海港的航道。

6月30日，"康威号"等舰驶抵距东屿山岛不到30公里的南韭山洋面即被清军发现，"……本年六月初二日，有英夷火轮船二只，兵船二十四只，在定海县南韭山外洋游奕"。[3]后世不少人误以为英军由此集结后开始攻击定海。

事实上，南韭山洋面不过是英军的经过处，集结点并不在此，《中国丛报》随军记者对此有详细记录：

当所有的船只聚集在牛鼻山边，战争的气氛开始紧张，舰队里所有人的心都怦怦直跳。这个岛以有孔岩石而闻名，它形成了一个巨大的洞穴，当你从海上进来的时候，能见到显得如此巨大的它。

这个地方本身是丘陵地带，只生产少量的蔬菜，只有少量的大米足够它贫困的居民食用。……山涧溪水不断，清澈如水晶。……只要在小溪上筑起堤坝，就能得到任意数量的水。在主河道的正面，还有另一个水源地……由于岛上的土

① 1英尺≈0.3米。
② J.R.Morrison. A Chinese Commercial Guide[M]. Canton:The Office of The Chinese Repository, 1848:81.
③ 炎明.浙江鸦片战争史料（上）[M].宁波：宁波出版社，1997：147.

著居民很少，所以在这里取水总是很容易，无被扰之忧。[①]

侵华英军海军司令伯麦半路上和"亚特兰大号""皇后号"两艘武装汽船会合，于7月1日一同抵达牛鼻山所在的岛屿——东屿山岛，"康威号"等战舰和运输船已在此岛背风处集结，该舰舰长贝休恩向部队作了战前动员，"提醒官兵们战争的目的是获得赔偿，但赔偿不是来自人民，而是来自政府，并敦促官兵们在与前者的交往中，采用一切可能的手段来释放善意，调和与他们的关系"。[②]

7月2日，英舰队在伯麦指挥的"威里士里号"率领下朝北进发，进入舟山港的一个锚地停泊。

伯麦派分遣队前去侦察舟山防卫情况并勘测航道，"第二天，舰队驶往舟山群岛的一个锚地，我派'康威号'的贝休恩舰长在'威里士里号'副舰长陪同下，乘坐'亚特兰大号'蒸汽单桅船前去侦察港口，并探测航道"[③]。

然而，接下来发生的事却给历史留下一道谜题：英军进入定海内港的航道，到底是他们自己选定的，还是被人挖了坑？——此后，英舰接二连三在舟山海域搁浅触礁，连英国人自己都感到百思不得其解：舰队强大到都能从地球西半球绕到东半球了，怎么就在阴沟里翻了船呢？

事情的起因，不知和英国人在集结的过程中抓了两个渔民当

① Correspondent. Reminiscences of Chusan, During its Occupation by the British in 1840-41[G]// The Chinese Repository: Vol.X. Condon: The Proprietors, 1841:481.

② John Ouchterlony. The Chinese War[G]. London:Saunders and Otley, 1844:41.

③ London Gazette of December 15,1840[G]// Bulletins of State Intelligence. London: F. Watts, 1841:664.

引航员有没有关系。

英军主力舰队集结后停泊于牛鼻山附近港湾，军事秘书乔斯林等人发现，"威里士里号"等舰停泊的位置，是渔民捕鱼处，方圆几里的渔网将大海密密覆盖。不久后，遭受渔网被破坏这一重大损失的渔民们驾船而来，一些渔民上船交涉。

英军发现了一个严重的问题：他们的翻译，无法和当地渔民进行沟通。

英国人带的翻译并不多，从记录上来看，非中国籍的有马礼逊[①]、郭士立、罗伯聃等人，中国籍的似乎只有布定邦。然而不管哪个翻译，他们听得懂粤语，却听不懂宁波方言。

幸好，渔民们能识一些字。

乔斯林在他的回忆录中记道："他们中有些人上了船，不同省份的方言使口译员无法履行职责。由于他们一般都能写字，正字法也没有什么不同，因此我们得以交流。"英军强迫其中两个渔民做引航员，听说英国人是来入侵自己的家园时，他们表现出了反抗："……他们中有两个人被我们选为领航员，这使他们非常恼火，但当他们穿上水手的衣服，看起来似乎又很高兴，而且，他们的长辫子和响亮的'哈呀'声，让水手们觉得很有趣。起初他们以为我们只是商人。听说南方发生的事后，在被问及官吏和他们岛上的势力时，他们向我们保证，官吏应该会对我们宽大处理，也许还会允许我们做一点买卖。但是，当他们被告知我们要占领这里并赶走他们的官吏时，他们摇起手来，喊道：'Pont-kung, Pont-kung'——不能，不能。"[②]

---

① 又译马儒翰、小马礼逊。

② Jocelyn. Six Months with the Chinese Expedition[M]. London: John Murray, 1841:44-45.

这两名被征为引航员的渔民就在英军指挥舰"威里士里号"上，但遗憾的是，此后乔斯林等人的回忆录中，再也找不到这两人的踪迹。

侦察舰队由"亚特兰大号""马达加斯加号"武装汽船、"短吻鳄号"护卫舰及3艘运输船组成。

对英舰进入舟山海域及此后的侦察活动，定海水师是有所察觉的。定海总兵张朝发接获关于发现英夷舰船的报告后，即"统带兵船，配足炮火，出洋防堵"，随后又见"该夷船驾驶如飞，至旗头洋面，分作两帮，一帮窜入定港，一帮由猫港横水洋向西行驶，恐其窜入镇关。该镇因定海孤悬海外，恐有疏虞，只得驶回定港，严守炮台港口。至西行一帮，势难兼顾，就近函商提督派兵防范镇海，并请飞调黄岩、温州两镇，督带兵船飞驶前来，会同堵逐等情"。[①]

但对于英军的侦察过程和结果，伯麦在向英国海军部的汇报文件中并未提及，布耳利在向印度总督的汇报函中也未提及。

在澳门出版发行的英文报纸《中国丛报》派了记者随军前往，其记载较为详细。英侦察舰出现后，不仅知县姚怀祥有反映，清军军官还驱逐了想接近海岸测量的英军军官，而且，英侦察汽船曾在浅滩上搁浅：

> 为了知道到舟山港的航路——我们所有的水手还没有一个人知道——"亚特兰大号"被派去侦察。一进港，就在近岸发现了几艘军舰，中国人对我们的到来毫无预警。
>
> 但一旦确定英国舰队停泊在舟山港附近，姚知县就发出

---

① 炎明. 浙江鸦片战争史料（上）[M]. 宁波：宁波出版社，1997：96.

了一条愤怒的命令——他在紧急情况下可以发布这类命令。然而，这命令只提到禁止鸦片买卖，从来没有提到野蛮人的任何敌对意图……

第一艘汽船的突然出现，在居民中引起了巨大的轰动，成千上万的居民来到海滩上，想看看这艘奇怪的船。他们有足够的时间来做这件事，因为它已经在一个沙洲上搁浅了，在水位上升到相当的高度之前，它无法移动。虽然港口内战船上的火枪手发生了很大的骚动，但是没有本土船只靠近。

"威里士里号"副舰长沿着海岸测量水深，靠近宝塔山时，一个凶悍的清军军官用扇子示意他走开。[1]

参与作战的工兵部队中尉奥克特洛尼从另一角度观察到了岸上动静，他称清军在海上"对他们受到威胁的敌意访问完全没有准备"，进入定海港侦察的舰船并未受到任何骚扰。但见陆上有一些士兵正在用麻袋或装粮食的粗帆布袋构筑两三个炮兵位。然而，当战舰驶近时，没有人向它开火，甚至连它的小船也被允许在舢板中间划来划去，为战船寻找位置而不受任何骚扰。[2]

英国人又是战舰，又是武装汽船，还有规模庞大的运输船，一路前呼后应、大摇大摆，浩浩荡荡地从广东海域直驶舟山群岛，最后集结于离象山半岛不远的牛鼻山，按理来说，这么大的动静，应该沿海皆惊才是，舟山怎么可能没有准备？

自一年前虎门销烟后，英国人的一举一动都没逃过沿海的视

---

[1] Reminiscences of Chusan, During its Occupation by the British in 1840-41[G]// The Chinese Repository: Vol.X. Condon: The Proprietors, 1841:482.

[2] John Ouchterlony. The Chinese War[M]. London: Saunders and Otley, 1844:41-42.

线。获知英军调军消息后，沿海更是加强了防备，闽浙总督邓廷桢接连收到属下禀报："五月十七日，据西洋夷目遣番通向该处文武禀称：'英夷有兵船四十只，于四月十九日自新加坡开行来粤，约一二日可到；大兵头所驾兵船，约迟数日始为开行。'"，"五月十九日，有英夷火轮船一只，由南澳外洋驶向东北而去"。他在给皇帝的奏折中写道："臣当以英夷兵船如果有四十只之多，其意甚为桀骜；虽据称来至粤东，而现当南风司令之时，窃恐其分赴闽、浙各洋滋扰。且厦门已有夷兵船一只前来窥伺，是西洋夷目所禀，信而有征。当即严饬闽省各镇协营加意防范，并飞咨浙江提镇一体巡防去后。"①

邓廷桢1835年任两广总督，因积极配合林则徐禁烟有功，1839年12月任云贵总督，随即调任两江总督，又改任闽浙总督。他在广东任职期间，对英国人的底细是了解的，当获知大批舰船进犯中国，他不可能不明白将会发生什么事。既然英军有分赴闽浙滋扰的迹象，作为闽浙总督，他"飞咨"各地的真实性无须质疑。虽然属下的禀报到他手里的时间都比较晚，但他对于沿海防御的重视，还是能从中窥见一斑。

从《中国丛报》随军记者以及英军中尉奥克特洛尼等人的记录来看，清军海上无准备，陆上有准备，这是符合当时实际的，也符合中方文献记载。英舰自澳门北上，由于在厦门投递外交照会被拒，因此清廷上下无人知晓英军目的。远在福建前沿的闽浙总督邓廷桢接到属下禀报时已是六月十五日（7月13日），即使"飞咨浙江提镇一体巡防"亦为时已晚。定海水师又如何能作出针对性更强的海上防备？

---

① 炎明.浙江鸦片战争史料（上）[M].宁波：宁波出版社，1997：96.

这就难怪定海署理知县姚怀祥将英舰当成北上进行非法贸易的鸦片船了。

7月4日上午，在伯麦指挥下，"威里士里号"向定海港开拔。进入定海港，有东、西两条开阔的水道，西水道略远。英军选择了东边那条，即吉祥门水道。

但这条水道给英军带来了巨大的麻烦，《中国丛报》随军记者称："这次进港持续了一天时间，许多船只搁浅，交通变得极其困难。"乔斯林则记录下"威里士里号"差点和牵引它的汽船相撞的惊魂一刻："第二天我们就进去了。航道很窄，当汽船把我们拖到前面一个小岛和一块岩石之间时，撞上了一个沙洲。此时，'威里士里号'借着惯性前行，眼见就要撞到汽船高高的尾部，幸运的是，'威里士里号'的速度被潮水所阻挡，前冲力已大大减弱，只擦着汽船船舷而过，把汽艇右舷的桨箱撞落。"7月6日，当侵华英军总司令懿律沿同一条航道进港时，旗舰"麦尔威厘号"在那里因撞上一块礁石而报废。①

战后，"麦尔威厘号"曾搁浅的那条航道，被英方命名为"麦尔威厘海峡"——这是一种十分无礼的行为，它留下了历史印记，也留下了侵略铁证。

之前被英军强征为引航员的两个渔民，此后再未在乔斯林等人的记录中出现。他们跟英军所选择的那条诡异的航道究竟有什么神秘的关系呢？也许，这个谜永远也无法解开了；也许根本就没有任何关系，只是英舰船体高大，英军又不熟悉进入定海的航道而已。

而英军驶进定海内港后所发生的一切，至今仍笼罩着层层谜

---

① 炎明.浙江鸦片战争史料（上）[M].宁波：宁波出版社，1997：96.

■ 暴风雨期间的
定海港

团。关于鸦片战争第一次定海战役的详情，如双方谈判、海战经过、陆战及攻城情况、英军占领等等，现今的中文公开资料大多语焉不详。

1840年7月的定海之战，是鸦片战争首次战役，在鸦片战争全史中占有极其重要的地位，在这场战役中，到底发生了哪些事呢？

我们通过查阅英海军司令伯麦、陆军司令布耳利、军事秘书乔斯林、中校参谋芒廷以及参战官兵的详细记录，并和已有的中文文献做比对，力求客观、真实地还原当时的场景。

第二节　谁登上英舰交涉？

7月4日上午，"威里士里号"舰率领"康威号""短吻鳄号"，大摇大摆地驶进定海内港。下午时分，"响尾蛇号"和几艘运输船也驶进了港口。

乔斯林在"威里士里号"上久久地凝视着远近风光，发出了

■ 此为1815年建
造并到孟买服役
的"威里士里
号"。1840年第一
次定海战役，此
舰为侵华英军指
挥舰

"进入这个美丽的港口——它是美丽的，不管那些讨厌它的人怎么说"的感慨。他看到，海滩边、高地上，挤满了密密麻麻的人群，他们对庞大而奇形怪状的舰队充满好奇。沿岸形成了一个码头，各式各样的船只，特别是众多的商业船只，挨着码头停泊着。

在勤劳而善良的舟山人的记忆中，是有英国帆船影子的，甚至在17世纪下半叶至18世纪上半叶，人们对这些异国的帆船还很熟悉。自1700年起，为了打开中国贸易市场，卡奇普尔就开始了在舟山的努力；1793年，英使马戛尔尼率领外交使团，曾驻扎于舟山，其后向清廷提出了租借舟山的要求。而从19世纪初开始，以阿美士德为首的英团再抵中国，说明英国人对舟山的觊觎仍不绝于文献中。

此时，舟山的清水师战船突然从前、后两个方向出现。

这是一个两面包抄的战术。

对于7月4日英军进入海港的情况，清朝史料中难以找到更详细的描述，但英国远征军中的一些官兵，却记录了当时的场景。

作为军事秘书，乔斯林本能地进行了细致观察：

一进港，11 艘战船就向我们驶来。但当我们前进时，他们后退占据了不同的位置，最后在商船队前面排成一条线，以保护海岸不受入侵。这些粗糙的战船很容易认出来，因为它们有飘扬的战旗、红色的枪口和涂了颜色的船尾，每艘船可载 50 人左右。

在我们的右边有一座 200 英尺高的小山，山顶上有一座寺庙。在那里，士兵们已经占据了他们的阵地，防御工事是粗糙的，守卫方式是落后的，可能会给我们带来一些麻烦。

这座山上的部队，估计共有 800 人。那里有 6 门大炮，但铺设得很高，排列得既不能训练也不能瞄准。在郊区前面的码头上，还有另外 30 个同样的炮位，在中间偏左的是一座小马特尔罗塔，上面还有 8 个。

在这片土地上（指码头附近），部队人数可能有 600 人，但是，由于有大批居民协助用粮袋加固城墙，很难说军队的实际人数是多还是少。[①]

芒廷中校是侵华英军陆军参谋，他经历了英军第一次攻击定海的全过程，在他的记录中，则出现了清水师将军的身影：

第一天进港时，那情景给我的感觉是难以形容的。在汽船驶来之前，我们望见了几艘战船，这些战船勇敢地出来迎接我们，沿着群岛之间的一个水域驶过去。他们不敢阻止我们前进，但他们跟着我们进了港，先后从"威里士里号"船头下经过，在我们前面排成一行，挡在郊区海岸前面。

---

① Jocelyn. Six Months with the Chinese Expedition[M]. London: John Murray, 1841:48-49.

到目前为止，这位中国海军将军值得称赞，他没有发起挑衅；他的行为没有显露出丝毫的恐惧……令岛上的居民对他有信心。后来，他在自己的帆船上被"威里士里号"的炮弹打死了[①]。

但是这个场景——这些破烂，就像你在宣纸上看到的一样，穿着盔甲和长袍的中国军队，以及所有华丽的旧时装备——让我在想象中回到了弗罗萨特的时代。他的旧版画的主题似乎完全具有生命、实体和色彩，它们在我面前活动，没有意识到几个世纪以来世界的发展，没有意识到所有现代技术的发明、使用或改进。

……笨重的装备，激烈的神情，古怪的武器和各种各样的徽章；然后是帆船，他们有巨大的席子帆，船身画有眼睛和"虎头"，还有高高的、精心绘制的船尾和陡峭的船头！

周围山丘上的植物是被精心养护过的，比我们在印度看到的任何东西都要欧化得多。除了一两个屋檐朝上的庙宇和散布在山上的农舍外，郊区的景色使我想起了英格兰。这样的感觉是我一生中从未有过的——从未有过的兴奋。[②]

英海军司令伯麦7月6日写给英国海军部的信函中，也说中国海军将军就在对面的帆船上：

第二天，"威里士里号"和"亚特兰大号"继续前进，后

---

① 芒廷此处的记载有误，对照中英双方文献，战斗开始后，张朝发受伤颇重，但并未当场战死。
② Armine S.H. Mountain. Memoirs and Letters of the Late Colonel Armine S.H.Mountain[M]. London: Longman, Brown, Green, Longmans, & Roberts, 1858:161-162.

面跟着整个舰队。涨潮时，"威里士里号"在锚地停泊，"康威号"和"短吻鳄号"在一座崎岖的小山前面和侧面各占一个阵地，山上有一座庙宇，这是一个非常坚固的阵地。……12艘中国战船从下锚地尾随而来，另有11艘停泊在港口，排成一列纵队，中国军队正忙着在沿岸各码头架设大炮。

我怀着最强烈的希望，认为像我们这样势不可挡的部队的表现会使人屈服，因此我发出照会，附上一份副本。中国海军中将，同时也是该地区所有军队和驻军的总司令，坐在他的战船上，"威里士里号"的约翰·弗农·弗莱彻中校向他发出了照会，乔斯林子爵（很荣幸他能成为我的私人参谋）和郭士立牧师一同前往。郭士立是女王陛下贸易代表团的第一位中文翻译。[1]

虽然伯麦和芒廷的叙述中并没点明"中国海军中将"的姓名，但他就是张朝发，应该不会有人质疑。

从伯麦的信函中可以看出，这份照会，他是向张朝发发出的，实质是招降书。

陆军司令布耳利致印度总督的战果汇报信函，和伯麦的描述一致：

我荣幸地通知阁下，本月4日，女王陛下的"威里士里号""康威号"和"短吻鳄号"（我已将旗舰转移到了前者，这符合戈登·伯麦爵士的意愿），连同运兵船"响尾蛇号"和两艘运输船抵达了舟山港附近的锚地。战船在山前占据了一

---

[1] London Gazette of December 15, 1840[G]//Bulletins of State Intelligence. London: F. Watts, 1841:664-665.

个位置，山上有一座大寺庙，或称为Josshouse①。到了晚上，一份召唤令被传给了当地舰队司令，他也是舟山群岛的统帅，内容是要求他投降，以免在徒劳的反抗中流血。携带召唤令的两名官员与当地舰队司令一起返回"威里士里号"……②

不过，从事后弗莱彻、乔斯林等人前往投递照会的情况来看，当时"中国海军中将"并不在他的师船上，他是在英国人登上清水师战船大约半小时后被人从岸上叫来的。

随后到底是谁前往英舰交涉？历史再一次在这里产生了分歧。

后世不少人认为，英军是向定海知县姚怀祥发出照会，而最终登上英军"威里士里号"的人也是姚怀祥。汪洵纂《光绪定海直隶厅志》载："姚怀祥……驾小舟，径登火轮船，问英人曰：'何故涉吾土？'英人曰：'得红毛马头通商耳。'怀祥曰：'当奉天朝谕旨。'抗论良久，即返舟入城，申报请援。"③

初稿成于道光三十年（1850年）的《中西纪事》，经多次修订，于1865年增订为24卷，作者夏燮以"蒿目增伤，裂眦怀愤"的心情，"搜辑邸钞文报，旁及新闻纸之可据者，录而存之"。《中西纪事》是研究中国近代史极其宝贵的资料，在书中，夏燮也认为是姚怀祥直面英军：

> 英师既遁，仍乘舟北驶，行至浙洋，侦舟山之无备也，遂入焉。定海额设总兵一，镇守舟山。舟山四面环海，无险

① 即定海道头的东岳宫山。
② The Annual Register, or a View of the History, and Politics, of the Year 1840[G]. London: J. G. F. & J. Rivington, 1841:573.
③ 齐思和，林树惠，寿纪瑜. 鸦片战争（第4册）[G]//中国史学会. 中国近代史资料丛刊. 上海：神州国光社，1954: 374.

可守。六月初二日，瞭见在洋船只游奕于山之前面，初以为贾舶，不备也。初四日，南风正发，见洋艘分为二帮：一向西行驶（此即义律赴天津之船，盖义律时未至定海也）；一北入定海，计火轮兵船大小共二十六艘。时定海镇总兵张朝发议亲督水师出洋，又调派中军游击罗建功、护右营游击王万年等分路堵剿。

初五日，突有洋艘二驶至定海之道头街，定海知县姚怀祥偕罗建功登舟诘之，则手出照会文书一角，胁大令献城。（有传其书者皆用汉字，内称"英国水师统领爵子伯麦、陆路统领总兵官布尔利，敬启定海姚县主知悉：现水陆军师到此，须即将定海所属各海岛堡台一切投降，惟候半个时辰，即行开炮轰击"等语，是胁大令献城之证。）大令不答，退谋于总兵张朝发。张曰："吾领水师知扼海口而已。"时英人后至之舟业已连樯内进，罗建功等以外洋炮火利于水而不利于陆，请将水陆各兵一半撤至距城一里之半路亭，扼要堵守；一半撤至城中，登陴接应，张朝发不可。

初六日，总兵复督水师出洋，方至港口，有夷人杉板舟一，径入总兵船上，投递信函。张朝发不受，麾令军士开炮击之，夷舟乃逸。

初七日，英人大小兵船排列口门内外，总兵亲统各营兵弁，放炮相持。英人以飞炮自桅樯上注攻其左右军，各营溃乱，兵士之伤亡者无数，船亦碎裂沉焉。总兵方身先接战，猝被炮轰，伤其左股，不能军。众兵抢救登岸，送回镇海。于是英舟进泊城下。①

---

① 夏燮. 中西纪事[M]. 长沙：岳麓书社，1988：74-75.

《中西纪事》明确英军发出照会的对象是姚怀祥，并进一步说明姚怀祥是在中军罗建功的陪同下前往英舰交涉的。张朝发则缩于后方，"知扼海口而已"，直至第二天（初六，即7月4日）督师出洋，才与英军有了首次接触，拒绝英军投递的信函并下令开炮攻击，"夷舟乃逸"。初七（7月5日）则是决战之日。

姚怀祥的幕友王庆庄是这样记录的：

> 迨初六日，夷船又到六七号，沈家门、龟山外均有。过午，姚尹回明总戎，躬赴夷船，张乃派弁偕往。姚挈一张姓阁仆，令先传知县主来，闻夷人唤通事，张阁言尔系中国语音，即可为通事，盖此中汉奸不少也。夷旋请登大船，与夷帅相见，船内军威颇壮。姚昂然入，帅方踞中座，姚俟其起立也，而揖之，帅作手势，若答礼状，命之坐，姚即从旁坐下。帅斟玻璃杯中碧色酒饷，先主而后宾，遍饮及从者。帅言有牒移知，限时献城，违即攻打。姚徐云："事关民众，从容议之。"复引至两大船中，周阅炮械，辞别登岸。至总戎船，适已接夷文，限两个时辰投降，姚遂请总戎求提督援师，返署亦通禀告急，时夜漏动矣。急召邑诸绅会议城隍庙，余拙于书，亦爇烛助缮……[1]

王庆庄的回忆，和《中西纪事》在时间上有些出入，《中西纪事》认为姚怀祥是初五登英舰，王庆庄则认为是初六。同时，王庆庄的记录在细节上更为丰富，比如姚怀祥"回明总戎"，他要亲自赴夷船，张朝发同意派属下一起去，而姚怀祥带了个张姓阁仆当翻译。

---

[1] 齐思和，林树惠，寿纪瑜. 鸦片战争（第3册）[G]//中国史学会. 中国近代史资料丛刊. 上海：上海人民出版社，1957：240-241.

身为朝廷二品命官，面对英军畏葸不前，却让一名七品署理县官登英舰交涉，这似乎不太符合清朝官场和英国人要求平等外交的惯例。

英国官兵的记录，和上述几份记录有着巨大出入，他们所邀、所见之人，是总兵或"中国海军中将"。

而在他们的记录中，登舰的人，不仅有张朝发，还有首席行政长官①等人，谈判中，中方坐于翻译马礼逊左边，在英国人手绘并标注的会议图中，此人为"Chang"（疑为张朝发姓氏的英文发音）。

伯麦致英国海军部的信函中，叙述了英军将领和"中国海军中将"接触的过程：在英方向清军主帅发出照会约一小时后，"海军中将"和"其他几位军人、首席行政长官"等到来了。英陆军司令布耳利在致印度总督的汇报信函中，有乔斯林等英军官"与由两名官员陪同的中国海军舰队司令，一起返回'威里士里号'"的记录。②

马德拉斯工兵部队中尉奥克特洛尼的记录是："这一天，中国的海军中将和地方长官拜访英国的军官们……从岸上来了一个代表团，由两个主要的中国官吏和一群下级官吏及仆人组成。"③

军事秘书乔斯林是陪同"威里士里号"中校军官弗莱彻前往清水师旗舰投递照会的人员之一，他的记录更加详细：

7月4日下午，我陪着"威里士里号"的弗莱彻中校登上

---

① 即定海知县。

② London Gazette of December 15, 1840[G]// Bulletins of State Intelligence. London: F. Watts, 1841:665.

③ John Ouchterlony. The Chinese War[M]. London: Saunders and Otley, 1844:47-48.

了中国海军中将的战船。我们从船尾画着的三颗老虎头和更多的三角旗中认出了这艘战船。我们的任务是在六小时内召集全镇和全岛投降。

当我们把船靠在海军中将的帆船旁边时，他们把舷梯旁的大炮亮了出来。但是，他们还没有准备好抵抗（如果他们有意抵抗的话），我们刚跳上他们的船，就被一群又一群的人包围起来，他们似乎从船的每一个缝隙里聚集过来。

看到我们乘着小艇来到帆船上时，许多人从镇上涌来。

他们没有表现出丝毫的敌意，而是彬彬有礼地接待了我们，告诉我们海军中将和该地区的其他高级军官在岸上。他们派人去告知海军中将我们到了。

在访问期间，他们把茶递过来，但这种茶不会受到英国女士认可，因为中国人总是喝得很淡，水几乎没有一点颜色……

半小时后，总兵①和他的随从到了，他被认为是整个地区（包括舟山和邻近的区域）的军事指挥和海军长官。他是一位老者，有吸食鸦片的迹象，官帽上有一颗红色的顶珠，其他军官根据等级的不同，戴的都是蓝白色的顶珠，这是自皇帝以下官员的等级标志。

我们打开了照会，对方当着我们的面，当着这一大群人的面宣读起来。人们愤怒的哼哼声，正以越来越大的压力警告我们，我们处在敌对的人群中。

从那一刻起，我就开始怀疑在印度流传甚广的关于中国人对鞑靼统治者②的仇视的说法。就我们所能判断的来说，这

①　乔斯林原文中为"Chumpin"，系"总兵"的音译。
②　即清政府。

是毫无根据的。

向民众发出的通告说，我们无意伤害他们，我们此行原意是要攻击他们的长官和他们的臣仆，为他们的不义行为而战。

他们似乎完全意识到了这一点，但是他们比他们的鞑靼统治者更痛恨入侵的野蛮人。他们紧握的双手和焦虑的面容向我们证明，那种认为我们来到了一个"只等着以外国人的标准来摆脱可憎的暴君枷锁"的民族之中的想法是多么错误。

经过一番谈话，他们同意由我们陪同，到我们的旗舰上去，在我们提议要不要留下人质在帆船上时，他们拒绝了，并要求我们乘坐他们的船前往"威里士里号"。①

"中国海军中将"登上英国伯麦战舰"威里士里号"，这一点，在英国其他官兵的回忆录中是一致的。

蒙哥马利·马丁收录于《中国：政治、商业与社会》一书中的文章说，"我们的舰队向舟山进发，乔斯林勋爵称其为'一个美丽的港口'……伯麦爵士先于女王陛下的英国专员们驶往舟山群岛的政治中心定海，要求他们在六小时内交出这座城市。向人民发出的通告说，没有伤害他们的意思，但是他们的统治者在广州行为不当，我们要求赔偿。总兵和其他一些人登上了'威里士里号'，伯麦爵士向他们强调了让步的必要性，并请他们好好考虑这件事。他们表示考虑一下，第二天早上再答复"。②

---

① Jocelyn. Six Months with the Chinese Expedition[M]. London: John Murray, 1841:49-51.
② R.Montgomery Martin. China; Political, Commercial, and Social[M]. London: James Madden, 1846:41.

芒廷在他的回忆录和信件中，补充了另一个细节，英军舰队进港后，是"中国海军中将"的使者先登上了"威里士里号"："第二天早晨，'威里士里号'和几艘离得近些的船进了港，在近岸抛锚，丝毫没有受到阻拦。不久，一位中国海军中将的使者登上了这艘旗舰，想了解陌生人的来意，以及他们为什么要到这么远的地方来。返回后，（中国战船）船长对我们的和平提议作了答复……这一天，中国的海军中将和地方长官将拜访英国的军官们。……从岸上来了一个代表团，由两名主要的中国官吏及其一群下级官吏和仆人组成。"①

《中国丛报》随军记者在报道中则补充了一些细节，当乔斯林和弗莱彻登上张朝发的将船后，"英国军官们没等多久，海军中将就带着他的副官和旗舰舰长出现了。他是一个年老体弱、不受待见的人。……他在会谈中告诉大家，他最近才从福建来到这里工作。接到招降书后，他以不识字为由把它交给了他的副官……副官在仔细阅读文件的时候，眉头皱了起来，而老海军中将则微笑而面带茫然地听着"。②

双方在船上争执了一会儿后，清军答应随英国人前往"威里士里号"谈判。

就登上英舰交涉这一问题，中英两方的记录出现了根本性分歧。在英方记录中，与伯麦地位对等的"中国舰队司令"才被认为是可以对话的人选。而清朝的不少文献，记录的是署理知县姚怀祥登上了英舰交涉，二品武官、定海水师的最高长官张朝发被

---

① John Ouchterlony. The Chinese War[M]. London: Saunders and Otley, 1844:42.
② Reminiscences of Chusan, During its Occupation by the British in 1840-41[G]//The Chinese Repository: Vol.X. Condon: The Proprietors, 1841:483.

丢进了历史的角落。

但是，翻遍目前能找到的英方文献，无论是第一次定海战役的最高指挥官——英海军司令伯麦，还是负责登陆战的英陆军司令布耳利，抑或是参与了整场战役的军事秘书乔斯林、中校参谋芒廷、工兵部队中尉奥克特洛尼等人的回忆录，关于登英舰交涉的清方主要人物，其身份有三种记载：总兵、海军中将、舰队司令。它们，无一例外地只指向一个人：定海镇总兵张朝发。

对于这一分歧，有人分析认为，定海战役后，张朝发即被定罪，在之后的官方叙述中，自然不能再以正面形象示人。

《中国丛报》的报道很详细，在相关记录中，姚怀祥到英舰"威里士里号"时，乔斯林等人还在张朝发的师船上谈判：

> ……现在有人提议，他们应该暂时休会，登上"威里士里号"谈判。乔斯林勋爵慷慨地提出留下来做人质，这三个中国人都非常气愤地拒绝了这个建议，他们说："我们相信你的话，不担心我们在你们舰上的安全。"……因此，他们向战舰而去。在这段时间里，地方行政长官（知县）姚也来了，他傲慢地在"威里士里号"的甲板上踱步，没有注意到周围的任何情况。然而，他一看见老海军中将上了舰，没有说明任何理由就离开了。[1]

第三节 我必须战斗！

在英国人笔下，定海镇总兵毫无惧色地登上了"威里士里号"，

---

[1] Reminiscences of Chusan, During its Occupation by the British in 1840-41[G]//The Chinese Repository: Vol.X. Condon: The Proprietors, 1841:483.

他将在伯麦面前留下一句悲壮而决绝的话，令英国人肃然起敬。

英国人的照会，他已经了然于胸：中方除了投降献城，没有任何商量余地。

这封照会，事后被呈给了道光皇帝，全文中译如下：

> 大英国特命水师将帅子爵伯麦、陆路统领总兵官布尔利，敬启定海城协镇大老爷知悉。
>
> 现奉大英国主之命，率领大有权势水陆军师，前往到此，特意登岸如友，占据定海并所属各海岛。至该岛居民，若不抗拒本国军师，大英国家亦不意欲加害其身家产业也。
>
> 夫粤东上宪林、邓等，于旧年行为无道，凌辱大英国主特命正领事义律暨英国别民人，故不得不然占据办法，现今须要保护本国船只弁兵，一均妥当，是以大老爷必须即便将定海并所属各海岛与其堡台一均投降，故此本将帅、统领招大老爷安然投降，致免杀戮。但不肯安降，本将帅、统领自应即用战法以夺据之。且递书委员，惟候半个时辰，俟致咨复。此时完了，而大老爷不肯投降，并不咨复，本将帅、统领即行开炮，轰击岛地与其堡台，及率兵丁登岸。特此启定海城协镇大老爷阅鉴。一千八百四十年七月四日，即道光二十年六月初五日启。①

不知道清当局呈给道光的是几份照会，而查英方作战记录，当时他们发出的照会，一共是两份，其收件人，一份是"海军中将"，其军衔的英文原文为"Vice-Admiral"，另一份（副本）则是

---

① 中国第一历史档案馆，等.鸦片战争在舟山史料选编[M].杭州：浙江人民出版社，1992：25.

发给"舟山区和定海城指挥官（知县）"的。

收藏于美国密歇根大学图书馆的《国家情报公告》一书（该书系该大学从威廉·克莱门茨图书馆交换而来）内有这两份照会的说明。发给"海军中将"的照会，是伯麦于 7 月 6 日在"威里士里号"向英国海军部呈报战果时，以附件的形式一起全文呈送的。这份照会，和道光皇帝收到的这份中译文，除了收件人不同，其余内容均大同小异。但发给"舟山区和定海城指挥官"的照会，伯麦只在信函中以"另有一份类似的文件给舟山区和定海城指挥官"的字样说明，并未附上全文。

这份致"海军中将"的照会，其开头措辞可没像中方所翻译的"敬启定海城协镇大老爷知悉"那般谦卑，而是一种命令的口吻："谨通知海军中将阁下……"①

在沿岸及山头密密麻麻围观者的视线中，清水师总兵不卑不亢地踏上了"威里士里号"，迎接他的英国子爵、海军军事秘书乔斯林看着总兵，又望向岸上无辜的群众，心里充满了复杂的情感。在《在华六月记》一书中，他甚至表露出一些忏悔："首先，正如他们最公正地指出的那样，让他们为广州政府的罪恶而受苦似乎是很不合情理的，他们也没有伤害我们，不能对他们进行个人的报复；第二，我们的军队是如此强大，以至于他们不可能取得胜利；第三，人们当时希望和解，通过努力今后这能够成为我们做生意的合适地点，不会在人们的脑海中留下令人不快的回忆，这样我们有可能获得更多的好处。如果有必要打一拳，应该打在中国人认为自己最坚不可摧的某一点上，使他们更加清醒地认识到

---

① London Gazette of December 15, 1840[G]//Bulletins of State Intelligence. London: F. Watts, 1841:669.

自己的虚荣和自大。"①

总兵一行被迎入舱内，随后开了一个相当长的会议，由郭士立担任翻译，于晚上8时左右结束。

据英方记载，当时英军派哈里·达雷尔爵士现场作画，后制成版画于1842年出版，目前美国布朗大学图书馆也收藏有一幅。该画的标题为《戈登·伯麦爵士和中国舰队司令Chang将军之间的会议》。在画下方的文字区均配有和人物对应的介绍，以图正中的郭士立为中心，其右手边依次为伯麦、布耳利，军事秘书乔斯林等人站于两人侧后方；郭士立左手边的人物，画下方有英文标注，依次为"中国舰队司令（舟山总督）""他的旗舰舰长""舟山县长"，再下方的英文则注明这位"中国舰队司令"姓氏为Chang。而从画中文武官员的顶戴、官服、朝珠等细节上，也可以作出判断，中方为首的应是总兵张朝发。

会谈开始前，伯麦陪着"海军中将"一行参观了"威里士里号"强大的火炮系统、结实的船体以及其他代表西方最高科技的军事技术，并试图让对方理解，清朝官员在广东对英国人的侵犯，已经让英国人无法忍受，又耐心地劝导说："我接到的命令是用武力占领这个岛和它的附属岛屿，由于我的部队排除了你们成功抵抗的一切可能，我诚恳地请求不要流那么多血，立即投降。"②

英舰上的中国人，能理解伯麦的话吗？

广东人惹了祸，你让我们舟山投降？

清朝水师精锐，全在广东等着你们，到这儿来耀武扬威，让

---

① Jocelyn. Six Months with the Chinese Expedition[M]. London:John Murray, 1841:54.

② London Gazette of December 15, 1840[G]//Bulletins of State Intelligence. London: F. Watts, 1841:665.

■ 图为中英双方在
"威里士里号"上
谈判时的情形，由
英军哈里·达雷尔
爵士现场作画

舟山替广东还债，这都什么理儿？

参与了双方谈判会议的乔斯林记下了当时中国人的反应：

他们抱怨说，"你们在广州所受的冤屈，要我们来负责，实在太苦了"。他们还说："你们应该向那些人开战，而不是向我们这些从来没有伤害过你们的人，我们看到你们的力量，知道抵抗将是愚蠢的，但我必须履行我们的责任，必须这么做。"戈登·伯麦爵士恳求他们在试图捍卫他们所拥有的东西之前好好考虑一下，这是不切实际的。他们答应这样做，但要等到第二天早上再作决定。

他们离开这艘船前的最后一句话是："如果你在日出之前没有收到消息，后果将由我们自负。"在船上的时候，除了一个我后来要提到的人外，其他人对船的尺寸和枪炮没有任何惊讶的迹象。在会议期间，除了喝一些甜酒外，他们拒绝吃任何点心。①

"我们看到你们的力量，知道抵抗将是愚蠢的，但我必须履行我们的责任，必须这么做。"很明显，这句话应该是总兵说的，只有他才能以水师最高军事长官的身份，代表舟山说出这句话。在这句话中，张朝发清醒地认识到双方的实力差距之大，但同时，他也清醒地认识到，作为一名军人，他肩上的职责是不可能卸下的，所以，他"必须这么做"。

由于张朝发在战后被清当局定性为罪臣，此后关于他的资料并不多，有限的一些替他辩护的文献中，也多为文学性描述，缺乏史实性考证。张朝发曾在台湾地区担任水师协副将，立有战功而擢升为定海镇总兵，也有资料称他在此期间参与镇压民团起义，对他评价不高。

评价高也罢，不高也罢，在外敌入侵时刻，他以血肉之躯挡在侵略者面前，无人知道他的想法，但此时此刻，他的身后是大清的土地，岸上有大清的臣民，他的肩上有作为朝廷命臣的职责和担当，他知道怎么做，也"必须这么做"。

张朝发的这句话，在英国人笔下有不同解释。

布耳利的记录是这样的："尽管他们承认自己没有能力抵抗，但他们试图通过逃避来争取时间，并在没有任何令人满意结果的情况下离开了船。但他们完全理解，如果第二天没有答复，敌对行动就将开始。"②

---

① Jocelyn. Six Months with the Chinese Expedition[M]. London: John Murray, 1841:52-53.
② The Annual Register, or a View of the History, and Politics, of the Year 1840[G]. London: J. G. F. & J. Rivington, 1841:573.

《中国战争》一书这么写道："他们的责任和对皇帝的忠诚禁止他们投降……所以，他们必须抵抗。"①

《中国丛报》在1840年分别选登了2名参与定海战役官兵的书信②，其中一封是这么写的："7月4日，星期六，戈登·伯麦……要求交出这座城镇。后来又有了进一步的消息：中国军官说他们很弱，英国人很强大，但他们不能投降，也不能保证不开枪，英国人必须来占领它，而他们必须战斗。"另一封信说："似乎就在第5天，中国海军中将和其他军官被邀请到'威里士里号'上。……把一门大炮指给他们看，并向他们解释了一艘战舰侧面攻击所产生的不可抗拒的效果。对于这一切，海军中将（他是一个无聊、乏味的男人）只是回答说：'你很强，我很弱，这是真的。我知道抵抗没有用，但我必须战斗。'"③

"必须这么做""必须抵抗""我必须战斗"，不同的表述方式，指向的却是同一个核心意思：我不能退！

这一句掷地有声的话，大义凛然，足以被整个民族记住，然而，它却湮没在了大清的岁月深处。

乔斯林对这位总兵的印象很深，在占领定海后，他对这位老人有很高的评价。

据伯麦所记，双方的会谈于当晚8点左右结束，清方拒绝让步。

经过长时间的交涉，张朝发一行应该很清楚双方的军事实力差距，这不单单体现在武器装备上，也体现在兵员数量上。

① John Ouchterlony. The Chinese War[M]. London:Saunders and Otley, 1844:43.
② 未署名信函，由《中国丛报》从私人信函和公共刊物中搜集。
③ Hostilities with China[G]//The Chinese Repository: Vol.IX. Canton: The Proprietors, 1840:228-230.

来华的这支英军约为4000人，留一部分封锁广州河口后，3600余人北上舟山。

而定海镇这支水师，额兵2600余名[1]，此兵员数量遵循的是康熙年间设立定海镇时的旧制。据事后裕谦的调查，参加第一次定海战役的兵员仅为1500余人。

敌众，我寡。

敌强，我弱。

张朝发和定海清军，选择了寸土不让！

第四节　海上血战！

晚上8点左右，双方会谈结束，英方答应中方的请求，将攻击时间推迟，让清方有更多的思考时间。

推迟多久？

伯麦的表述是："他们在晚上8点左右离开，完全明白了条件，并说：'如果因延迟回复我们的照会而导致敌对行动，那就是他们的错。'"他一直在期待回复，但"晚上没有人答复，整个晚上都能听到锣鼓声和其他好战的示威声"。[2]

乔斯林的表述是："戈登·伯麦爵士恳求他们在试图捍卫他们所拥有的东西之前好好考虑一下，这是不切实际的。他们答应这样做，伯麦让他们第二天早上之前考虑好。"[3]

① 军事科学院战理部三处. 中国近代战争史资料选辑：第一次鸦片战争（第2册）[M]. 1978：168.

② London Gazette of December 15, 1840[G]//Bulletins of State Intelligence. London: F. Watts, 1841:665-666.

③ Jocelyn. Six Months with the Chinese Expedition[M]. London: John Murray, 1841:52.

显然，这是张朝发的缓兵之计。在登舰参观了英方军事实力后，他对双方的差距有了更为直观的了解，他需要争取更多的时间来加强防御。同时，一封封告急文书驰向了远在福建的闽浙总督邓廷桢。

但是远水解不了近渴，等邓廷桢接到张朝发的告急文书，已是半个月后的事了。

而这种以死相抗的防御，在张朝发一行离开英舰不久就开始了，伯麦听到的整个晚上的"锣鼓声和其他好战的示威声"，便是抵抗到底决心的展示。

乔斯林也一直在观察岸上动静，"整个晚上，海岸呈现出最美丽的景象，周围的小山和郊区闪耀着一大片移动的五颜六色的光。在中国，没有一个人会在晚上不带着这些彩灯出门，手里提着彩灯，或者挂在短竹竿上。在它们的帮助下，我们可以看出，人群正忙着修筑更多糟糕的堤坝，放置好新运来的大炮和其他武器。在黑暗的阴影中，人们隐约看到商船拔起沉重的锚，悄悄地穿过舰队，船上挤满了妇女和儿童，连船桅上都挂满了货物和商品。这些船被允许不受骚扰地通过，尽管许多船长可能因运送这些逃离的人而发了财。没有人能否认，司令官为了挽救这些糊涂的人们的生命，做了所有力所能及的事情。……然而，事情并非如此。1840 年 7 月 5 日的早晨，女王陛下的旗帜注定要飘扬在天朝上国所属的美丽岛屿上，这将是欧洲第一面旗帜以征服者的姿态飘扬在这片'鲜花盛开的土地'之上。"①

妇孺离开了，剩下的人，在中国近代史前站成了一堵血肉之墙。

---

① Jocelyn. Six Months with the Chinese Expedition[M]. London: John Murray, 1841:54.

次日，7月5日，星期天，5时左右。

伯麦在"威里士里号"遥望着定海港岸上，他发现，码头和海岸上驻扎了大批军队，海港里泊着大批战船，目力所及，34门大炮在英国舰队的坚船利炮面前针锋相对，毫不示弱，战船上巨大的战旗迎风飘舞。

视线越过这些战舰的桅杆，可以依稀望见1公里开外的定海城墙，它安详地坐落于山谷之中。

在海港边的制高点东岳宫山，一批士兵正严阵以待，3门大炮炮口遥指锚地里的英国舰队。

码头上还有21门大炮排成一列，另一侧一个实心砖石的圆塔附近，还有5门大炮。

清军将士收集了各种各样的武器，军官们整个上午都在给士兵分发。

在写给海军部的信函中，伯麦感叹道："事实上，他们挥舞的旗帜和每一次其他的示威，都显示出一种坚决。"①

他对面的海域，就是那艘标志鲜明的清水师旗舰，伯麦在这边，张朝发在那边，两个帝国的将军，就在这片海域对峙着，冷冷地打量着对方。

他们，在中国历史的分水岭，留下一道令后世百感交集的合影。

双方就这样一直僵持着，谁都没有先采取行动。中午涨潮时分，英国舰队大量运输船驶进海港，但伯麦依旧未下达进攻的命令。

他这样写道："我仍然抱着这样的希望：当中国人看到准备全

---

① London Gazette of December 15, 1840[G]//Bulletins of State Intelligence. London: F. Watts, 1841:666.

■ 英舰入侵定海

力以赴登陆的军队时，他们会进行谈判。"①

有这种可能吗？

答案早就给了英方：除非倒下，否则寸土不让！

乔斯林也从早上观察到中午时分："天一亮，东岳宫山上架起了几门炮，看到官吏们在码头上忙碌地跑来跑去外，场面和前一日大致相同。……其中一个在圆形炮塔旁的军队尤为引人注目。战船被拉出来，挤满了人。"②

中尉奥克特洛尼记录下当时的一个场景："从清晨的头一个钟头起，镇上和郊区的居民，以及邻近村庄的居民，带着他们的财物，蜂拥逃向内陆，显然预料到了即将发生的冲突。……尽管他们的地方官在码头和炮台之间集结了大量的军队，来抵制英军的登陆。……下午两点，还没有收到对该镇进行和平占领的提议，

① London Gazette of December 15, 1840[G]//Bulletins of State Intelligence. London: F. Watts, 1841:666.

② Jocelyn. Six Months with the Chinese Expedition[M]. London: John Murray, 1841:54-55.

■ 1840年7月5日，
英舰发动攻击

对方在主要登陆点两侧的高地上展示旗帜，在郊区海堤上，一些士兵正在用沙袋加固护墙，显示出抵抗的决心。"[1]

战争一触即发。

英舰行动了！

5艘英国攻击舰排成纵队，肆无忌惮地迎着清军战船直驶而来，在离码头约200米的海面停下，等待着海军司令伯麦准将的进攻命令。这批攻击舰队，包括74门炮的"威里士里号"、28门炮的"康威号"、28门炮的"短吻鳄号"、18门炮的"巡洋号"和10门炮的"阿尔杰琳号"等。

它们一字排开，舰首朝西，一律用侧舷面对港口，那一门门黑幽幽的炮口，无声地散发着杀气。

所有人都在焦急地等待着。乔斯林这样记道："……信号已经升起，准备行动。然而，准将还是给了他们时间，希望他们能彻

---

[1]　John Ouchterlony. The Chinese War[M]. London: Saunders and Otley, 1844:44.

底反悔。"

下午2点左右，陆军司令布耳利准将下达了准备抢滩登陆的命令，他在事后致印度总督奥克兰伯爵的战果汇报信中记下了当时的情况："大约下午2点，女王陛下的'巡洋号'双桅战舰和'阿尔杰琳号'已经就位，当运输船进入港口时，按照登陆的先后顺序下达了命令。第一支登陆部队——第18皇家爱尔兰团、皇家海军陆战队、炮兵和第26团，第二支登陆部队——孟加拉第49志愿团、工兵分队……第18团和英国皇家海军陆战队开始登船，此时岸上旗帜飘扬，锣鼓喧天，这进一步表明了中国方面的敌对意图。"①

舰队后的运输船纷纷卸下登陆小艇，陆军登陆部队被分成两队，随身携带着充足的弹药。

陆战队已接获命令，将在火力掩护下强行登陆。

约2点半。

炮声终于响起，来自"威里士里号"，它瞄准的是那个圆塔方向，伯麦对自己舰队的准星有着十足的信心："'威里士里号'向圆塔方向开了一炮，正如我所希望的那样，它落在了圆塔脚下，没有造成任何伤害。"②

这一炮，立即得到了清军的全线回应，张朝发指挥的清军旗舰率先开炮回应，"中国海军中将的帆船立即开炮予以还击，炮火的硝烟很快就在他们的防线上蔓延开来，并从他们的军营中向城内蔓延"③。

---

① The Annual Register, or a View of the History, and Politics, of the Year 1840[G]. London: J. G. F. & J. Rivington, 1841:573-574.

② London Gazette of December 15, 1840[G]//Bulletins of State Intelligence. London:F. Watts, 1841:666.

③ John Ouchterlony. The Chinese War[M]. London:Saunders and Otley, 1844:44.

■ 1840年，7月
5日英军发动定
海战役

"'威里士里号'开了一炮，命令中国海军中将投降。但是，海军中将以相当的精神，从他的帆船和岸上几个可怜的炮台中回击了他的炮火。……有人说他只轰了一炮。还有人说有更多，但火力的效果很差，虽然许多炮弹击中了军舰，但它们没有造成灾难性后果。"①

清水师战船、堤坝、山上，炮声大作，英军舰队展开全力反击，所有攻击舰的侧舷炮朝着不同的目标猛烈开火，硝烟弥漫中，传来了木材的断裂声、岸上房屋的倒塌声和人们的叫喊声。

在英国人笔下，战斗只持续了不足10分钟。

伯麦在递交英国海军部的报告中，认为"炮击只持续了七八分钟"②；军事秘书乔斯林在他的《在华六月记》一书中，则认为是9分钟，"我们这边的炮声持续了9分钟，但即使炮声停了，还能听到几声炮响"③。布耳利正在指挥抢滩登陆，并未给出具体时

① Hostilities with China[G]//The Chinese Repostitory: Vol.IX. Canton: The Proprietors, 1840:230.
② London Gazette of December 15, 1840[G]//Bulletins of State Intelligence. London:F. Watts, 1841:666.
③ Jocelyn. Six Months with the Chinese Expedition[M]. London:John Murray, 1841:56.

间，"……时间很短。炮台随即被遗弃，郊区的守军在几分钟内逃离"①。

清朝的档案表述不同，乌尔恭额的奏折中称"（张朝发）自卯至午，在船与英逆互相轰击，被伤左腿甚重落水"②；钦差大臣伊里布在此后的调查折中，沿用了"自卯至午轰击"这个说法。

清朝的档案对战斗现场并无多少描述，且都是转述之言。英方的档案内容更为丰富：

（现场十分惨烈）中国军队逃走了——他们在海岸码头的炮台被摧毁，4艘帆船被炸得粉碎，镇上一个人也看不见。（伯麦）③

当浓烟散去时，一片废墟映入眼帘，在最近仍有人活动的地方，除了几个受伤的人外，什么也看不见；但远处的人群向四面八方奔去。有几个人把伤员从船上抬到镇上，忠实的士兵发现了仍在船上的海军中将，他在一轮炮击中失去了腿。这里不妨提一下，他被带到岛对面的宁波，尽管他的英勇行为值得尊敬，但无济于事，他没能活几天。（乔斯林）④

"康威号"去对付一些临时工事。这些临时工事修筑在城镇右侧的一座山坡上，很快就平息了它们的炮火。几分钟后，

---

① The Annual Register, or a View of the History, and Politics, of the Year 1840[G]. London: J. G. F. & J. Rivington, 1841:574.

② 中国第一历史档案馆. 鸦片战争档案史料（第2册）[M]. 天津：天津古籍出版社，1992: 161.

③ London Gazette of December 15, 1840[G]//Bulletins of State Intelligence. London: F. Watts, 1841:667.

④ Jocelyn. Six Months with the Chinese Expedition[M]. London:John Murray, 1841:57.

■ 1840年7月5日，
英军抢滩登陆

敌人的火力基本停止了，只剩下一艘帆船，那艘帆船是对着"阿尔杰琳号"的，它设法维持了一场迄今为止最激烈的战斗。（奥克特洛尼）①

《中国丛报》记者甚至记下了清军武器装备的低劣："……他们的炮声像鞭炮一样响了起来，炮弹击中了'短吻鳄号'的几个地方，一颗炮弹擦掉了一些油漆，另一颗炮弹让一道升降索掉了下来，第三颗弹（说来奇怪）竟卡在了炮架上。这就是英国舰队所遭受的损失。"②

在炮火掩护下，陆军司令布耳利立即命令部队登陆，第18皇家爱尔兰团在亚当斯少校的指挥下，和由"威里士里号"上尉军官塞缪尔·伯顿·埃利斯指挥的皇家海军陆战队组成先遣队登陆，紧接着的依次是第26团，孟加拉第49志愿团，工兵分队和剩余的部队。埃利斯在他的回忆录中描述当时的场景："分遣队共有132名海军陆战队员，他们被集合在'威里士里号'和其他五艘舰艇

① John Ouchterlony. The Chinese War[M]. London:Saunders and Otley, 1844:45.
② Reminiscences of Chusan, During its Occupation by the British in 1840-41[G]//The Chinese Repository: Vol.X. Condon: The Proprietors, 1841:484.

■ 1840年7月5日，
英舰围攻定海

上。我所率领的全队，表现令我十分满意，他们坚定的行动赢得了所有人的赞许。我们是第一批登陆的部队。"[1]

在第一支登陆部队第26团的最后一批将士完成登陆后，布耳利命令兵分两路：一路迅速占领了东岳宫山，并在短时间内于山顶设立4门野战炮，炮口直指定海城，"海滩、码头和寺庙山都被清理干净了，部队登陆未遭到丝毫抵抗，我立即占领了这座山，从那里可以看到大约1500码远的城市全景"；另一支部队则火速沿平原向城墙推进，"第26团一登陆，我就命令第18团、第26团推进到城墙500码以内，城墙虽然已经破败，但极难进入，三面环绕着一条25英尺宽的深运河"[2]。

炮击结束后，英军立即前往张朝发的师船上搜索，发现"海军中将"已经不知去向，"甲板上血迹斑斑，海军中将的文件、碗

①　Lady Elles. Memoirs and Services of the Late Lieutenant-General Sir S.B.Ellis, K.C.B., Royal Marines[M]. London:Saunders, Otley and Co., 1866:116.
②　The Annual Register, or a View of the History, and Politics, of the Year 1840[G]. London: J. G. F. & J. Rivington, 1841:574.

筷还在他的船舱里，那是他吃最后一顿饭的地方。他们很快都安静下来，部队开始登陆。当他们到达中国战船时，看见船上有十几个人，有的死了，有的奄奄一息。其中一位是军官，前一天还来了'威里士里号'……船上有两三个受伤的人，年纪较大的人被抬上了船，好让人替他们收拾伤口。第一炮瞄准的那艘师船被击得粉碎……"①

《中国丛报》记者还记下了一些让人悲伤的场景：

离战斗最近的那些帆船都被打得千疮百孔，不久之后来了一位仁慈的外科医生，看是否能为伤员做些什么。

在海军中将的战舰上观察到的第一个被屠杀的迹象，是一只乌鸦不祥地栖息在桅杆上，明亮的眼睛向下看着船舱。这群人被派去救援，当他们看到食肉鸟飞过一堆尸体时，不禁打了个寒战。

……有几颗炮弹穿过了帆船，受惊的水手们要么挤进船舱寻求保护，要么把他们垂死的同伴保护在一起……

我们必须在这里证明他们的勇敢，面对枪口，中国人会冒着一切危险，把一个个伤残或死去的战友抬出战场。

有人看见一个可怜的人吃力地爬上海岸，但仍在努力自救，不为失血所吓倒。

在海军中将的船舱里，发现了进攻野蛮人的命令……他的旗舰舰长在我们第一次开火时就倒下了。②

① Hostilities with China[G]//The Chinese Repository: Vol.IX. Canton: The Proprietors, 1840:230.
② Reminiscences of Chusan[G]//The Chinese Repository: Vol.X. Canton: The Proprietors, 1841:484.

此时的乔斯林也感伤至极，"……其中两人死了，另外两人由舰队中的几个医务人员给他们截了肢；但是，第五个人——那位陪同海军中将访问'威里士里号'的年轻官吏，正在痛苦地扭动着身体。看到医生们所做的手术，他指着自己破碎的肢体，双手合十，祈求他们为他做点什么来减轻痛苦。但这是一个太绝望的情况，人类无法补救，所以几小时后他就咽气了。正是这个年轻人，（在前一天参观时）由于他对一切都表现出的好奇心和坦率，引起了舰上所有人的最大兴趣"。[①]

第五节　陆战：抵抗依然顽强

在海战打响前，英军第一支小分队就登上登陆艇，随时准备出发。硝烟散尽，他们最先抢滩登陆，控制了关键区域，以保证后续登陆部队能如潮水般涌来。

下午2点50分，伯麦以胜利者的身份踏上了东岳宫山，"我很高兴地看到女王陛下的旗帜被悬挂在中国第一个被女王陛下的军队征服的军事位置上"[②]。

东岳宫山，明隆庆元年（1567年）曾在山麓竖一牌坊，上刻"东南第一关"，由此也成为当地人的一种心理象征。

乔斯林紧随在司令官身后，"我们在一片荒芜的海滩上登陆。只有几具尸体、弓箭、破碎的矛和枪还留在战场上。从船上下来的士兵沿着堤道排成一行，第18团走上通往山上庙宇的台阶。一

---

①　Jocelyn. Six Months with the Chinese Expedition[M]. London:John Murray, 1841:63.

②　The Annual Register, or a View of the History, and Politics, of the Year 1840[G]. London: J. G. F. & J. Rivington, 1841:577-578.

■ 侵华英军所绘第一次
定海战役一角

登上山顶，我们就发现了对面的城镇，它在船上是看不见的。它坐落在山后的一个山谷里，鸟瞰之下风景如画"①。

《中国丛报》的随军记者不无欣喜地写下这么一段话："下午，军队在一块高地上驻扎，统帅着这座城镇。英国国旗在皇家礼炮下升起，我们猜想，当时舟山的正式所有权是以不列颠女王维多利亚的名义取得的。因此，在公元1840年7月5日，也就是道光二十年六月初七，大清王朝的一部分领土落入了外国人的手中。'中国必须屈服，否则就会崩溃。'"②

英军马德拉斯工兵部队中尉奥克特洛尼在《中国战争》中则作了最简要的概括："这是欧洲军队第一次作为征服者登陆中国海岸。"③

① Jocelyn. Six Months with the Chinese Expedition[M]. London:John Murray, 1841:63.
② Hostilities with China[G]//The Chinese Repository: Vol.IX. Canton: The Proprietors, 1840:229.
③ John Ouchterlony. The Chinese War[M]. London:Saunders and Otley, 1844:45.

乔斯林在高高的东岳宫山，悠闲地打量着四野，这个有着子爵爵位的英国贵族，文笔还是挺了得的，也喜欢在书中进行景色描写：

> 定海城，或称Tinghaieen城，位于山谷口，或更确切地说是峡谷口的一大片土地上，邻近的山上覆盖着野生灌木，其中以茶树最为主要。
>
> 这座城在繁茂的稻田中，那里有一座美丽的小山，俯瞰着整个城镇，山上点缀着一簇簇美丽的树木，部分树木包裹在城墙之内，还有环绕城镇的防御工事。有两条铺好的路通向岸边的郊区，左边有座东岳宫山，大约有0.75英里[①]远。城里和附近的建筑物似乎都是属于城里商人的大仓库，非常便于运输和卸货。定海城周围有一堵墙，大约有十六英尺厚，二十英尺高，有四扇门，与罗盘的基点相一致，以马尔哈塔堡垒的形式横贯其中，主要的一扇是在面对大海的南端。除了西北角，城墙被一条运河环绕，这条运河就像一条通往防御工事的沟渠。[②]

英军登陆后并未多停留，海军陆战队员、孟加拉志愿兵团掩护着马德拉斯炮兵连迅速向城墙方向挺进。安突德，这个擅长素描的上尉军官、炮兵连指挥官，终于到了大显身手的时候，这批推进的队伍中，还有中尉奥克特洛尼等精锐。

中国人迅速拆掉了护城河的桥梁，《中国丛报》记者报道了这

---

① 1英里≈1.6公里。

② Jocelyn. Six Months with the Chinese Expedition[M]. London: John Murray, 1841:64.

一细节："夜幕降临，中国人拆毁了其中一座桥，从而隔绝了通往城内的道路。"①

伯麦等人在山上把这一切尽收眼底："官吏们和所有的士兵，现在都退到后面的城里去了，当我们的部队出现在平原上的时候，他们不时地从城墙上射击。"②

中国军队并未溃散，而是在海战失利、目睹双方军事实力上的差距后，退回城里，凭借高墙进行着顽强的抵抗。

中国人的抵抗，以及他们无畏的精神，乔斯林在东岳宫山顶看得十分清楚："……可以看到城墙上有许多中国军队的旗帜，而士兵们则紧挨城墙拥挤着，敲打着他们的铜锣和鼓，当看到我们的军队在东岳宫山上出现时，他们用手示意我们进攻。他们打开了那可怜的炮筒，从结构上看，它既不能横过来，也不能压下去，而且由于火药制造得不好，没有什么杀伤力。"③

平原地带，孟加拉志愿兵团和海军陆战队员占领了一些农舍，工兵立即对这些农舍进行加固处理，并在墙体上挖出射击孔，以满足战斗需要。

布耳利在与马德拉斯炮兵部队指挥官蒙哥马利和工兵部队指挥官皮尔斯上尉商量后，决定突破西门附近的城墙，并以炮火覆盖西北角范围，如果炮火无法突破坚固的城墙，他打算攀登城墙强攻。他随即命令英军占据前沿有利地形，已安装几门大炮的炮兵立即向城墙上的清军士兵开火，每隔一段时间就开火一次，以

① Hostilities with China[G]//The Chinese Repository: Vol.IX. Canton: The Proprietors, 1840:229.
② London Gazette of December 15, 1840[G]//Bulletins of State Intelligence. London: F. Watts, 1841:667.
③ Jocelyn. Six Months with the Chinese Expedition[M]. London: John Murray, 1841:57.

吸引对方火力，为强攻做准备。

下午4点，马德拉斯炮兵连将榴弹炮、迫击炮安装完毕，攻城即将展开，《马德拉斯炮兵历史》记录了当时的情景："炮兵部队和一些工兵……一直挺进到离城墙四五百码范围，被水田的沼泽所阻挡。……炮兵向敌方工事射击，敌人还击，但他们炮弹射程很近。"[1]

伯麦有种大开杀戒的不忍："到了下午4点，在离城墙400码的地方，有2门9磅炮安装完毕，在夜间，还有6门9磅的炮、2门榴弹炮和2门迫击炮安装完毕。从城里军队旗帜的展示、锣鼓的鸣响、火力等方面来看，有一股强烈的受到威胁后的抵抗气息。我和布耳利都感到，他们的愚蠢行为将迫使我们将战争升级。"[2]

中国人没时间去想愚蠢不愚蠢，他们唯一能做的，便是阻止外来侵略者进入城内。

奥克特洛尼中尉切身感受到中国人的顽强："有一段时间，中国人对在进行战备的小队和在旷野的露天野战炮台进行了巧妙的射击，但他们的火药看起来很差，枪械也更差，因为他们的许多子弹甚至没有达到所需的射程。"[3]

除了中国人带有决绝意味的抵抗，被拆毁的桥梁也让英军对即将在夜幕时展开的行动产生了顾虑，更让伯麦无法估计城里到底会有多少士兵进行拼死搏杀。

伯麦、布耳利等人同时犹豫了。

---

[1] P.J.Begbie. History of the Services of the Madras Artillery[M]. Madras: D.P.L.C.Connor, 1852:152.

[2] London Gazette of December 15, 1840[G]//Bulletins of State Intelligence. London: F. Watts, 1841:667.

[3] John Ouchterlony. The Chinese War[M]. London: Saunders and Otley, 1844:46.

这种顾虑，从伯麦向英国海军部、布耳利向印度总督的汇报材料中可以看出。伯麦称："几乎不可能估计出实际的士兵人数。但我倾向于认为，在郊区有五六百人，在山上，在山的后面，都可能有预备，也许更多的人在城镇里。"①布耳利也认为贸然发动进攻是不明智的，因为"城里不断传来的锣鼓声和喊叫声，表明他们打算进行一次坚决的抵抗"②。最终两人意见达成一致，命令部队在郊区找一个好的地方过夜，为第二天一早的行动做准备。

这说明，即便在海战失败、见识到了英军的"炮利"之后，定海军民的抵抗决心依旧十分坚定。

清方史料对于陆战的第一手描述极少，张朝发属下罗建功事后有一份供状，称师溃后无法入城，他"督兵绕城接战，至晚夷人登岸愈众，官兵力难抵敌，纷纷四散"③。后人因其诬陷张朝发，认为此说也不可信。

但伯麦和布耳利的信函却透露出一个信息：城外还有时刻准备游击的清军，而且人数不少——清军"绕城接战"的供状，并非无迹可寻；罗建功的供述，也并非完全不能采信。

在英军官兵记录中，当晚的战斗一直在持续，在马德拉斯炮兵向城内进行一轮炮击之后，英军并未停止他们的侵扰。乔斯林称"中国人直到晚上10点一直在开火。……晚上，我们的炮弹炸死了文官和其他一些官员"。④

---

① London Gaztte of December 15, 1840[G]//Bulletins Of State Intelligence. London: F. Watts, 1841:667.

② The Annual Register, or a View of the History, and Politics, of the Year 1840[G]. London: J. G. F. & J. Rivington, 1841:574.

③ 中国第一历史档案馆. 鸦片战争档案史料（第2册）[M]. 天津：天津古籍出版社，1992：536.

④ Jocelyn. Six Months with the Chinese Expedition[M]. London: John Murray, 1841:58.

这一夜，并不太安宁。皮尔斯上尉带着一群工兵在夜间侦察了两处通往城门的道路，发现它们对次日英军展开行动并无太大的妨碍。当这一群人正越过前面的一根尖桩时，有人突然向他们开了枪，这一声枪响立刻使整个队伍警觉起来。

奥克特洛尼中尉则听到一个消息，说"一些士兵在寻找木坯时，偶然发现了大量的酒，一种从米中蒸馏出来的酒"[1]，这些士兵立即开怀痛饮起来，好几个喝得酩酊大醉。幸好，这些士兵是登陆艇上的船员，并不担负攻城作战任务。

到了凌晨3点，英军驻扎的营地附近，突发一起离奇的大火，烧毁了郊区相当大面积的一部分地区，虽然没有使英军受到损失，但也带来了不小的麻烦：第二天开始攻城时，"第49团在早晨绕道走了一条很远的路，这才到达了指定的攻击地点，以避开那些燃烧的余烬，因为火源对一队带着袋装子弹的士兵来说是非常危险的"[2]。

这场大火，有人猜测是清军夜袭的一个杰作，至少让外来入侵者睡不上一个囫囵觉，《中国丛报》的随军记者采用了一个两边都对得上的报道视角，"这可能是由于驻扎在那里的我方士兵的疏忽，虽然它可能是由纵火犯引起的"[3]。

这位随军记者的信息源，可能来自英军军事秘书乔斯林，他是这样记录的：

---

[1]　John Ouchterlony. The Chinese War[M]. London: Saunders and Otley, 1844:47.

[2]　John Ouchterlony. The Chinese War[M]. London: Saunders and Otley, 1844:47.

[3]　Hostilities with China[G]//The Chinese Repository: Vol.IX. Canton: The Proprietors, 1840:229.

那天早晨太阳还没升起，驻扎着几个团的郊区就发生了火灾，前一天先遣队的攻击对那儿造成了严重的破坏。当时，攻击城镇的行动即将展开，不少军舰的水手们聚集在一起，作为对城市进攻的增援。他们作为后备队的命令立即被撤销，带着消防桶赶赴火灾现场，以协助灭火。

当时天还是黑的，海滩上有个大仓库里储存着Samshu酒（一种类似威士忌的混合物，是从大米中提取的）。附近卸下的军械弹药散落在地上，在倒塌的废墟中，伤亡的中国人仍然四肢伸开躺着。就在那一刻，火焰突然蹿升起来。它很快就燃烧到一些弹药桶上，这些弹药桶发出巨大的爆炸声。人们看到火焰沿着装有Samshu酒的大仓库屋顶跳跃。

这些火光一片一片地迸发出来，彼此相通，直到海港里所有的船只都被火焰照亮，就像幽灵的光芒病态地射在士兵和水手们身上，前一天晚上还在拼命工作的人们（他们在船上已经长期劳累）以及中国伤员、俘虏、救火者的尖叫，使这场骚动和不和谐的场面更加令人心绪不宁。

官兵们尽了一切努力来消灭装有Samshu酒的大仓库的火灾，但后来似乎整个地方都是酿酒厂，到处都喷发着火焰。

有些人认为火灾是由中国人引起的，但更有可能是由于士兵们自己的疏忽。①

真是惊魂一夜。

经过海、陆两次对攻，清英双方的军事实力差距已经相当直观，城陷，只是时间问题。此后，代理知县姚怀祥投井、典史全

---

① Jocelyn. Six Months with the Chinese Expedition[M]. London: John Murray, 1841:61-62.

福不屈被杀，后世称二人为"定海双忠"。

……

天开始发亮，英军全副武装，按照遭遇最强抵抗的战斗准备发布攻城命令。

然而，一切都出乎人们预料。

乔斯林一直在观察着，"第二天早晨，从高处可以看见那荒芜的地方，几千人正通过长长的山谷，拼命逃去，随身携带着货物和动产"。[①]

布耳利在给印度总督的信中这样写道："第六天一早，我很高兴地发现，蒙哥马利中校在非常努力地工作。……在离墙400码以内的区域中，总共有10门炮。从这座城市的寂静中，我感到那里发生了变化，我在发布进攻行动命令前等待着太阳升起。黎明时，在墙上看到了旗帜，就像前一天晚上一样。但随着光线的增加，发现没有一个人出现，那里曾有几千人。有理由假定，人员在晚上已被疏散；于是，我派蒙特少校、蒙哥马利中校、皮尔斯上尉在一个小分队的护送下，去仔细地勘察前线情况，尽力明确这座城市是否已被遗弃。"[②]

分遣队出发，"康威号"舰长贝休恩也赶来加入这支队伍，他们在护城河上架起简易桥梁，用梯子登上了城墙。

他们发现，城墙上布满了长矛、火绳枪和一种带箭头的火箭。在护墙上，还堆放着一袋袋生石灰，如果英国人想要攀登城墙硬攻的话，这些石灰可以对他们的眼睛造成极大伤害。

[①] Jocelyn. Six Months with the Chinese Expedition[M]. London:John Murray, 1841:58.

[②] The Annual Register, or a View of the History, and Politics, of the Year 1840[G]. London:J. G. F. & J. Rivington, 1841:574-575.

但是，无人防守。

英国国旗升起。

《中国军事报告》这样记载："天亮时，布耳利率领第18团的一个小分队向前推进，不料发现城已被遗弃，城门被几个粮袋堵住。这座城市几乎空无一人……"①

《中国丛报》的记者也深感意外："天亮的时候，士兵们准备攻城，却见城里无人防守。除了极少数的仆人被关在主人的房屋和店里外，百姓都逃跑了。"②

对于此次海、陆两战的战亡人数，清军称己方13人阵亡，伯麦称清军死亡"25人是极端数字"，他称英方无战亡，仅有"康威号"一名水手在海战时受伤③。布耳利向印度总督汇报时，也称"中国人的损失在25人左右"④。

……

英军以胜利者的姿态书写了历史，攻城详情当然是他们的记载，也仅是一方之言。在清朝文献中，则有和英军官兵不同的记录。

乌尔恭额六月初十对定海失陷的事尚不得知，在给道光的奏折上说："闻初七日午刻，镇臣张朝发在船与该夷接战，未能取胜，

① S.Bell. China being a Military Report on the North-Eastern Portions of the Provinces: Vol.II[M]. Calcutta:Office of the Superintend of Government Printing, India, 1884:251.

② Correspondent. Hostilities with China[G]//The Chinese Repository: Vol.IX. Canton: The Proprietors, 1840:229.

③ London Gazette of December 15, 1840[G]//Bulletins of State Intelligence. London:F. Watts, 1841:668.

④ The Annual Register, or a View of the History, and Politics, of the Year 1840[G]. London: J. G. F. & J. Rivington, 1841:575.

夷人俱已上岸，约有三四千人，围攻城池，镇臣已进城保守。"[1]

六月十三日的奏折表明他已得知定海失守，但并不清楚攻城详情，只知"夷逆彻夜攻城，将东门攻破，纷纷而入"："惊悉先于初七日定海镇臣张朝发与英逆接战，被英逆炮伤官兵甚多，船亦击沉。初八日定海县城已被英逆攻破，署定海县姚怀祥、典史全福不屈投水，被害身死。"[2]

直至十月二十二日，消息才稍微明朗，但此时，乌尔恭额已被撤职，是由伊里布根据对罗建功等人的审问写的奏折：

> 初七日早，张朝发听闻夷船炮声，疑其出战，随令水陆各兵用炮轰击，夷船亦即开炮。奈我兵之炮不能及远，夷炮势甚猛烈。自卯至午，水陆各兵伤毙不知其数，船只亦多碎裂沉滔。张朝发被炮轰伤左腿……抬送进城。……建功见官兵已败，恐全军尽没，即招呼残兵进城保护。乃行至城濠，姚怀祥将四门紧闭，塞以米袋，不能进城。夷众蜂拥登岸，罗建功先犹督兵绕城接战，至晚夷人登岸愈众……夷人用大炮攻城，伤毙城内兵民数名，房屋亦间被毁坏，合城慌乱，俱由北门縋下奔逃。至四更时分，东门被夷人攻破……[3]

关于姚怀祥和典史全福的不屈而死，清朝文献多有记载，姚怀祥的幕友王庆庄在逃离定海时，见姚怀祥仍在城墙作最后抵抗，

① 中国第一历史档案馆，等.鸦片战争在舟山史料选编[M].杭州：浙江人民出版社，1992：23-24.
② 中国第一历史档案馆，等.鸦片战争在舟山史料选编[M].杭州：浙江人民出版社，1992：27.
③ 中国第一历史档案馆，等.鸦片战争在舟山史料选编[M].杭州：浙江人民出版社，1992：111-112.

他在《定海被陷纪略》中说："黎明与同事孙君健庵，出郭绕观，见居民皇遽鼠者十八九，归告同人，咸失色。乃偕至库承家，商诸前代理邑事现参军本郡之嗣朱三兄，库承方自城上还，言营弁诸绅，屡乞总戎入垣守不允，意在开战。同事倪君薲堂，因向库承宗孝铭谋趋避策，宗告以北郭外十余里，有万绅家可借居，亦便于探消息。维时东西北三门已闭，吊桥拆去，南门仅扇开。于是各将行李寄库承家，仓皇南走，顾见居停姚尹立城头，不能通一语，但彼此拱别而已。出城未四刻，开炮声击发，山谷为震，踉跄疾奔，更不暇询城内事矣。"①

全福之死，清人黄安涛在他的《定海县典史死节状》中有比较详细的描述：

> 全福，甘肃武威人……躯干伟岸，嗜酒任气……福见事不可为，作书叙出身履历，及城破必死状，以一纸置诸怀。时隶役尽去，仅一厮仆在旁，顾谓安所得酒乎？仆觅巨缶之半以进，福具朝衣冠，佩刀诣狱所，令挈酒以从，坐圜扉外，谕狱囚："我生尔曹亦生，死亦死，毋妄动。若有越出者，血我刀。"少顷闻炮声，囚徒则纷纷穴墙越屋而逃，势莫可止。叹曰："失城我当死，况失囚耶？死将安逃？"遂诣县，路值难民素识者，出怀中纸授之，属事平赴郡投此，庶知我死也。民泣受去。至县则莫知同官及令所在，遂坐堂皇，以勺进酒而骂："若曹独不受朝廷牵养恩，不死贼，甘死国法乎？"诟厉沾洒，頳颜裂眦，仆劝引避，则呵之退。未几城陷，夷众突入县门，见福坐堂皇状，逡巡错愕。福拔刀拍案曰："我大

① 齐思和，林树惠，寿纪瑜.鸦片战争（第3册）[G]//中国史学会.中国近代史资料丛刊.上海：上海人民出版社，1957：241.

■ 舟山的一名士兵。该图由威廉·米勒于1805年在伦敦展示，图中士兵手持火绳枪，右侧挂着火药盒。他的背后，士兵们正在列队欢迎一名尊贵的男子

清国典史也，誓杀贼，何有汝等小丑耶？"夷狼顾稍稍进，福下堂大呼，斫贼杀黑夷一，被贼矛攒遂死，年三十八。后数日，城居有逃者，始为具棺敛，闻受纸者亦赴官如所属焉。姚令同日投水死。疆吏并以不屈被害上闻……①

从定海之战的战斗经过来看，中英双方的记录总体上出入不是太大，而我们更可以看到，在胜利者书写的历史中，他们对中国绝不后退的将士给予了应有的尊重，对中国军民顽强抵抗侵略的不屈精神给予了应有的尊重，对这座沧桑的定海城，给予了应有的尊重。

他们失败了，但依旧傲然站立，而不是屈辱地跪在历史中！

但是，历史长久地没有还张朝发以清白。

---

① 齐思和，林树惠，寿纪瑜. 鸦片战争（第3册）[G]//中国史学会. 中国近代史资料丛刊. 上海：上海人民出版社，1957：242-243.

■ 安宁祥和的定海港

第六节　张朝发何罪?

关于定海水师失利，后世不少人将责任推给张朝发，似乎清军战前准备充足、有勇有谋，就能将英军拒之门外。

问题是，面对兵强马壮的世界头号帝国的精锐，给你全力准备的时间，给你全部的勇气，有多少用?

一年后的第二次定海之战，裕谦全力准备了半年，他打赢了吗?

广东准备了，江苏准备了，打赢了吗?

了解英军真正军事实力的道光，最后醒悟了，准备了，但他打赢了吗?

至于勇气，定海水师没有吗?

勇气再足又能怎样?

茅海建在《天朝的崩溃》一书中比较了鸦片战争时期中英双

方的军事实力："英军已处于初步发展的火器时代，而清军仍处于冷热兵器混用的时代……清军使用的是自制的老式的'洋枪洋炮'。就型制样式而言，与英军相比，整整落后了200余年"①。"由此，我们可以得出结论，尽管中英火炮样式大体相同，但因质量的差距，使之具有射程近、射击速度慢、射击范围小、射击精度差、射中后炮弹威力弱等缺陷。这些缺陷中，哪一项不是致命伤？"②"中英舰船水平的悬殊差距，使得清军在鸦片战争中根本不敢以水师出海迎战英军舰队，迫使清军放弃海上交锋而专注于陆地。这种由装备而限定的战略决策，实际使清军丧失了战争的主动权。"③

所以，这种推责，对张朝发、对姚怀祥、对整个定海水师，是不公平的！

无论如何，从英军官兵笔下描述的作战场面可以看出：清水师和守军进行了血性而顽强的抵抗。

遗憾的是，张朝发战后被定为罪臣，当斩。

梳理一下从英舰出现于浙江海域至定海失陷这一过程的中方奏折、谕令，很容易看出，张朝发之"罪"，在于他没有战死沙场。

但即便是如此之"罪"，也令人有不平之处，因为一年后，钦差大臣裕谦再度失守定海，他的经历和张朝发大略相同，但他却是忠臣。

张朝发罪在何处？

先是英舰于6月30日出现于离舟山不远的海域，无论是闽浙总

① 茅海建.天朝的崩溃[M].北京：生活·读书·新知三联书店，2017：33-34.
② 茅海建.天朝的崩溃[M].北京：生活·读书·新知三联书店，2017：37.
③ 茅海建.天朝的崩溃[M].北京：生活·读书·新知三联书店，2017：40-41.

督，还是浙江巡抚的奏折中，都提及张朝发率水师堵截、备战之词，说明定海水师并非无备而战。

此前，道光一直沉醉于连天捷报之中，内心并不把英军太当回事，因为从捷报上来看，自1839年销烟以来，英军在和清军的对轰中，死的人已经够多了，道光很可能认为英军侵华如蚍蜉撼树。闻知定海失陷，震怒异常的他一时还摸不着头脑：广东方面对付英军小仗小捷、大仗大捷，定海怎能一打就败？

于是，在谕令中，他的第一个反应就是"不作准备、形同木偶"。

这却是对定海水师极大的不公。

从大的层面来思考，由于朝野上下对英军来犯的真正目的无人知晓，加上清廷情报系统运转不畅，浙江方面根本不可能作出有针对性的部署。而当英舰出现于象山牛鼻山一带时，当地渔民甚至定海知县等人误认为英舰是商船，也就不足为奇。

但是，定海水师在察觉形势有异之后，于沿岸加固工事，并飞咨告急求援，这些在清方文献、英方文献中都有记载，加上英舰驶入定海内港，清水师20余艘战船前后夹击的战术，都说明他们反应迅速，而且以定海军镇的实力，作出了防备英军登陆的军事准备。"形同木偶"，又从何谈起？

定海失陷后，总兵张朝发旋即被推到了风口浪尖，六月初十，乌尔恭额的《递书并围城已亲自赶往筹防折》，拉开了定罪的大幕："……镇臣张朝发即驶回定港防堵，一面饬令署中军游击罗建功，会同署定海县姚怀祥带领兵役，在于城厢内外及口岸炮台整列队伍，严密防范。……又接提臣祝廷彪先后咨函，闻初七日午刻，镇臣张朝发在船与该夷接战，未能取胜，夷人俱已上岸，约有三四千人，围攻城池，镇臣已进城保守。……臣阅看夷书，词甚狂悖，镇臣张朝发何以遽准递收。夷船在洋游奕，既经带兵防堵，何以任其登岸？均应严查奏办。"[1]

这封奏折，一问张朝发为何准许英军投书？二问为何任其登岸、未能取胜？

但是，乌尔恭额在奏折中也承认，张朝发在得知英舰来犯后，曾"整列队伍，严密防范"，这和姚怀祥幕友王庆庄的说法有矛盾，王庆庄在回忆录中称张朝发闻知英船入境，不仅"无足深讶"，而且"未遣一兵弁诣其船诘问"。

三天后，罪名升级，乌尔恭额预感到定海失陷将会对他这个浙江巡抚构成致命打击，遂于六月十三日上奏《浙江巡抚乌尔恭额等奏为定海失守请将镇臣张朝发革职定罪并自请议处片》，折中他根据提审罗建功等人的口供，概要描述了定海失陷情况，称开战前，定海县文武共商将水陆各兵一半撤至陆上要冲，张朝发未予采纳。

乌尔恭额据此将张朝发的罪名定为"慢谏撤守，以致丧师失城"，"其情罪实属重大"。

但他肯定了张朝发作战表现："该镇系于初七日自卯至午，在船与英逆互相轰击，被伤左腿甚重落水，扶板登岸，不得已带伤入城。"同时也认为敌众我寡，形势极为不利，"伏查官军猝遇寇贼，彼众我寡，必当出奇制胜，谋定而后动"。[2]

此后，道光连下数旨，先追究巡抚乌尔恭额、提督祝廷彪的责任，随后吏部尚书奕经上奏应将两人"均照溺职例革职"。

六月二十六日，道光再下《著将乌尔恭额祝廷彪革职留任戴罪图功事上谕》一旨，将张朝发罪名定为"慢谏撤守，以致丧师

---

① 炎明.浙江鸦片战争史料（上）[M].宁波：宁波出版社，1997：90-91.

② 炎明.浙江鸦片战争史料（上）[M].宁波：宁波出版社，1997：93-94.

失城"，并予以革职拿问："此次英逆船只拥众滋事，官兵猝遇寇贼，自应出奇制胜，谋定后动。乃该总兵张朝发偬谏撤守，以致丧师失城，情罪重大。游击罗建功等于败后遽即回镇，亦属罪有应得。定海镇总兵张朝发……均著革职拿问，交部分别定罪。乌尔恭额、祝廷彪筹备不力……惟现当防堵之时，若竟予罢斥治罪，转得置身事外。乌尔恭额、祝廷彪，著先行革职暂留本任，戴罪图功，以观后效。"①

六月二十七日，闽浙总督邓廷桢奏报中，提及"查张朝发既因临阵受伤，退入城内，何以旋至镇海"②，语气中隐然有张朝发临阵脱逃之意。

七月初九，道光下《著闽浙总督邓廷桢毋庸往浙并著查拿陈姓汉奸事上谕》一旨，怀疑张朝发有通敌之罪："朕闻福建已革举人陈姓，绰号'不得已'，早经逆夷聘往为之主谋，与总兵张朝发同乡凤好。定海未破之前十数日，有投张朝发一帖导之从逆，如果属实，深堪痛恨。著邓廷桢迅即派员查拿务获，解交浙江讯究，毋稍疏纵。"③

同日，道光要求钦差大臣伊里布抵达浙江后，对已经被处斩监候的张朝发再行讯问，弄清"接仗退败情形究竟若何"。

八月十三日，伊里布上奏，将兵丁与张朝发等指挥官作了切割："当时张朝发虽为英夷所败，闻伤毙之兵丁，尚无实数。查张朝发之所以挫衄，由于众寡不敌及该革员统率之无方，并非兵丁之咎。且此外守汛弁兵，彼时并不随同出洋，更属无过。"④定海

① 炎明.浙江鸦片战争史料（上）[M].宁波：宁波出版社，1997：104.
② 炎明.浙江鸦片战争史料（上）[M].宁波：宁波出版社，1997：105.
③ 炎明.浙江鸦片战争史料（上）[M].宁波：宁波出版社，1997：118.
④ 炎明.浙江鸦片战争史料（上）[M].宁波：宁波出版社，1997：133.

失陷的责任，就此推到张朝发一人头上，但伊里布还是替张朝发留了条很窄的后路，先是"由于众寡不敌"，然后才是他"统率之无方"。

战争失败的后果必然要有人来承担，道光的旨意也不是轻易能够改变的。大清王朝第一次失地的耻辱，和对"英夷"的轻蔑心理矛盾地交织于一起，使张朝发成为众矢之的，就算贵为帝皇，道光也难以承受铺天盖地的舆论压力。

十月二十二日，伊里布上奏《为遵旨讯明定海接仗总兵张朝发等败退情形折》，作了最后定性，但从这道折中，后人依旧能看出上奏者的些许无奈，或许，这不仅仅是个人的无奈，也是历史的无奈。

伊里布先在折中注明，自己抵达宁波时，张朝发"先因伤病故"，于是先后提审与访查了罗建功、张朝发之子张振声，以及当时出洋接战的兵丁，特别将随同张朝发出战及将他救上岸的兵丁姚忝泉等人传解前来。

伊里布的奏折值得分析。第一，他肯定张朝发在第一时间做了防备："据已革署定海镇中营游击罗建功、护左营游击钱炳焕、护右营游击王万年、署中营守备龚配道及姚忝泉供称：本年六月初二日，有英夷火轮船二只，兵船二十四只，在定海县南韭山外洋游奕。经巡洋把总古万麟了见禀报，其时钱炳焕、王万年均在洋巡缉，当经张朝发飞札饬调，一面亲自带领兵船出洋堵御，并令罗建功在城整顿炮械，豫备攻击。初三日南风盛发，夷船分作两帮，一帮向西行驶，一帮窜入定港。张朝发不能堵御，当即驶回。钱炳焕、王万年接到札饬，亦先后回定，随同张朝发在港防守。共计大小兵船二十一只……张朝发又令罗建功带兵六百名，红衣等炮二十余门，在道头地方驻扎。其定海县城，令该县姚怀祥督同兵役守卫。"①

第二，伊里布肯定了张朝发临战未退，且有出击之意："初六日，夷人乘坐杉板小船，至张朝发船上投递书词。张朝发因其言语甚悖，欲图攻剿。"②

第三，是罗建功等人劝阻张朝发避免在海上与敌交锋，这才有了"愎谏"之事："罗建功等因兵势单弱，与夷人众寡悬殊，又夷船甚大，夷炮甚多，水战断难制胜……当向张朝发剀切面禀。张朝发以夷情猖獗，不宜退避，坚执不允。罗建功等又令姚怀祥及各绅士，复往禀求，张朝发仍不允从。"③

第四，肯定了是张朝发主动接战、先发制人，在彼强我弱之下而败："初七日早，张朝发听闻夷船炮声，疑其出战，随令水陆各兵用炮轰击，夷船亦即开炮。奈我兵之炮不能及远，夷炮势甚猛烈……"④

第五，张朝发是伤重不能督战，主动命令兵丁将他送到镇海："姚岙泉与兵丁李必全将张朝发捞救上岸，抬送进城。张朝发因伤重不能督战，令姚岙泉等送至镇海请救……"⑤

至于张朝发通敌之嫌疑，伊里布在讯问张朝发之子张振声等人之后，借张振声之口，明确表达了不可信之意。

但春秋笔法运用再娴熟，张朝发也逃脱不出被定罪的命运。

给张朝发按下的罪名共有八项：愎谏、撤守、不作准备、调

① 炎明.浙江鸦片战争史料（上）[M].宁波：宁波出版社，1997：147.
② 炎明.浙江鸦片战争史料（上）[M].宁波：宁波出版社，1997：147.
③ 炎明.浙江鸦片战争史料（上）[M].宁波：宁波出版社，1997：147-148.
④ 炎明.浙江鸦片战争史料（上）[M].宁波：宁波出版社，1997：148.
⑤ 炎明.浙江鸦片战争史料（上）[M].宁波：宁波出版社，1997：148.

度无方、弃城潜遁、丧师失城、通敌、有贪腐言行。[①] 除了"通敌"一项随后由钦差大臣调查为子虚乌有之外，其余罪名，后世的研究者不乏争论，各有观点。

但替他鸣不平甚至翻案的从来不乏其人。其中，写下《中西纪事》的清人夏燮的态度极为坚决，他在《海疆殉难记》中为张朝发大鸣不平："考总兵之死，与裕帅之殉难于镇海泮池，被人抢救，舆至余姚而卒，大略相同，徒以乌抚参奏在前，不得同邀恤典，浙人以此惜之。"是故他要将张朝发的事迹附记于定海县令姚怀祥之后，"以慰其不瞑目之忠魂"。[②]

张朝发是鸦片战争中第一位死于疆场的清军高级武官，在英国人笔下，他毫无疑问是一位具有不屈气节的忠臣，在乌尔恭额、伊里布的奏折中，他也并未退缩。只是，这场令道光怒不可遏的失败，不可能不找个替罪羊。

看着这八项罪名，你能反驳些什么？"弃城潜遁"四个字，令人如鲠在喉。

可是，他们"弃"了吗？"遁"了吗？

目前公开可查的清朝史料实在有限，我们只好翻一遍清朝文献，又对照一遍英方文献，想从中找出确凿之证。那些由不同身份的英国人在不同时期所写的战果汇报、新闻报道、个人回忆录，分明构成了一幅完整的历史画图：在英军入侵之际，张朝发等人经过一夜长考，披挂整齐，神色从容地走向疆场。

他们，知道剑可夺命，也知道势不可敌。自然，此去便是不归。

不归便不归。

---

① 李章鹏. 鸦片战争中张朝发所犯"罪行"辨析[J]. 中国国家博物馆馆刊，2014（6）：119-132.

② 夏燮. 中西纪事[M]. 长沙. 岳麓书社，1988：301.

于君，那是尽忠；于民，那是尽责；于己，那是全节。

然而，他们却被后人唾弃。

回望历史，竟无语凝噎。

英国人已经记录得够详细了，即便利刃穿透了定海清军的咽喉，他们依旧在挣扎着奋力还击。倒下的，是他们的躯体；不屈的，是中国人的意志！

海战失败之后，指挥陆战的英陆军司令布耳利等人在郊野各处所见到的游击清军，已足以证明定海清军根本不是溃散，而是组织了顽强的抵抗，只不过，军事实力的差距，使得这种抵抗显得分外徒劳。

伯麦、布耳利、乔斯林、芒廷、奥克特洛尼、《中国丛报》随军记者……这些亲身经历定海战役的英国人，用笔记下了对张朝发、对定海水师的崇敬之情。

乔斯林在战后向清朝的这位将军致以敬意："他的英勇行为值得尊敬。"①

伯麦也肯定了清军的英勇：英舰队"这些船被多次击中，但没有造成丝毫的损坏"，激烈的炮战导致"'康威号'1人受伤"。②

这种敬意，从《中国丛报》《一个少校的回忆录》等英方文献中都可以看出来，《一个军人的几页笔记》评价说："我们认为那些军官是有丈夫气的。他们深明本职，不战而降对于他们是一种耻辱，一种叛逆。……中国人显然不缺少勇气，在舟山战役中也不能给他们任何指责，在那里我们的实力是占绝对优势的……"③

① Jocelyn. Six Months with the Chinese Expedition[M]. London: John Murray, 1841:56.
② London Gazette of December 15, 1840[G]//Bulletins of State Intelligence. London: F. Watts, 1841:668.
③ 炎明.浙江鸦片战争史料（上）[M].宁波：宁波出版社，1997：168-169.

另有资料称，1841年2月底英军撤离舟山后，发现"威里士里号"船身有27颗炮弹弹痕，有人推测，这是第一次定海战役中清水师还击所造成的。

180年过去了，我们很想走近道光皇帝，不带任何偏见地和他谈谈："皇上，英国人笔下的崇敬，您看到了吗？"

"您给他定的罪，对吗？"

张朝发，在清朝的史册中屈辱地跪了180年，但在英国人笔下，他却以一座历史纪念碑的身姿，傲然屹立了180年！

……

侵略者如愿占领了定海城。

捷报由快船发到英国，也需要几个月的时间，英国外交大臣巴麦尊收到战况报告时已是冬季。

12月8日，巴麦尊在英国外交部心情愉快地给他的朋友格兰维尔写信，字里行间写满了心花怒放："我亲爱的格兰维尔，这一天给我们带来了一连串的好消息：米赫密投降了，穆罕默德战败了，舟山被占领了……"[①]

英国下院议员伊芙琳·艾希礼如此评价占领舟山给巴麦尊和英国所带来的影响："这场竞赛所带来的一个普遍结果是，在东方形成了对巴麦尊和英格兰的尊敬，就像在欧洲一样。……谁能想到英格兰能这样轻易和迅速地取得了如此巨大的成就？……难怪他们觉得维多利亚女王越来越受欢迎。"[②]

巴麦尊的威望，也在从东方不断传回的捷报中达到了顶点。

---

① Evelyn Ashley. The Life and Correspondence of Henry John Temple Viscount Palmerston: Vol.l[M]. London: Richard Bentley & Son, 1879:395.

② Evelyn Ashley. The Life and Correspondence of Henry John Temple Viscount Palmerston: Vol.l[M]. London: Richard Bentley & Son, 1879:396.

······

历史，悄然掀开了新的一页，对英国人来说，自然是欣喜异常；对中国人呢？它是屈辱的开始。"正是由于这次战争，改变了中英双方乃至中国与西方国家在战前的格局。可以说英国资产阶级政府发动的对中国侵略的鸦片战争，迫使中国走上了屈辱的半殖民地半封建社会的发展道路，正是从定海被占开始的，这是中国近代史的开端。"①

■ 1841年的一份英文报纸详细报道了英军攻占定海的经过

现在，有一个中国人即将登场，英军缺不了他，自上岸起就缺不了。他是一个买办，英国舰队出现在中国海时，他在澳门登上舰船。来到舟山后，因为作用重大，他被英国全权代表义律称为"心腹实仆"。

这个人，却将在舟山带给英军"灾难性后果"。

他叫布定邦。

第七节　不愿承认的抢劫

在布定邦登场前，先得让"鸢号"驶到舟山，它在牛鼻山已经等了一天一夜，船长和他的娇妻安妮·诺布尔正陷入手足无措之境：这儿离前线如此之近，进退都容易受到攻击，该死的英国主力舰队到底在哪里？

---

① 王和平. 从中外档案史料看浙江在鸦片战争中的地位[J]. 浙江档案. 1991（10）：39-41.

令人费解的是，北赴舟山，"鸢号"又迟到了。

它应该是7月4日抵达牛鼻山的，但并未像澳门的英军所说那样，见到有本国巡洋舰寄碇于此——英军主力舰队此时已经开进了定海港。

船长约翰·诺布尔不敢往前走，也不敢往回走，因为他判断不出英军现在究竟在哪儿，如果确实像他猜测的那样，是因为"鸢号"驶得太快，英国舰队在他们后面的话，那么再往前，很可能进入战争最前线。

虽然在马德拉斯被征用后，运输船都安装上了两门近距臼炮，但哪怕"鸢号"火力再强，约翰也没孤军深入那个胆。他们决定在牛鼻山等待。这里，距离定海的直线距离约为40公里。

一直等到第二天下午，船员们发现有艘巨大的英国军舰带头驶来，是侵华英军旗舰"麦尔威厘号"和一艘运输船，懿律和义律于7月1日凌晨同乘此船并率几艘军舰和运输船自澳门驶发。7月2日，途经厦门，懿律派战舰"布朗底号"向当地官员送交巴麦尊致清廷的一份照会，但此信被清方退回。第二天，"布朗底号"逼近厦门岛，派翻译驾小艇登岸，却引起中方误会而攻击，"布朗底号"遂开炮还击，双方发生了一场炮战。至于战果，中英双方又是各说各话，清军传的是捷报，英军传的也是捷报。

英方的外交照会，根据巴麦尊指令，投递地点有三个：一为广州；二为甬江口或长江口或黄河口的一处；三为天津。由于义律看林则徐横竖不顺眼，加上他在广州备受屈辱，因此不愿在广州投递。

投书不成，又在厦门海域耽搁了两天，"麦尔威厘号"继续率舰北上，于7月5日抵达牛鼻山，正好遇到了进退两难的"鸢号"。7月6日，也就是英军占领定海的当天，"麦尔威厘号"驶进定海内港。

关于侵华英军总司令、全权代表懿律抵达舟山的日期，懿律在向英国方面的汇报材料中写得很明确：

阁下：

谨遵我5月30日函所详述，继续我的议事日程。（第9号）谨于本月2日在厦门……我在那个港口的入口处，派布尔奇·埃尔舰长乘女王陛下的"布朗底号"，带着巴麦尊子爵给北京的中国总督的一封信，送到中国当局那里去。……我从厦门出发，抓紧时间朝舟山驶去。5日晚些时候，我到了离舟山不远的Deer岛……第二天早上，派了一艘汽船来把"麦尔威厘号"拖过海峡，我才知道这支远征军是在前一天登陆的……[1]

"鸢号"跟在"麦尔威厘号"之后，急急忙忙向舟山方向驶去。

半路上，他们隐约听到了自遥远的定海方向传来的炮声，知道战争已经爆发。

很难理解经验丰富的"鸢号"船长约翰在被军方征用后，竟然会一程迟到，一程拖后腿。

难道，他一直在试图逃避战争？

这种可能性不是没有，他只是一名守法的商人，船上载着他心爱的妻子和刚出生的儿子，他不能不为家庭着想。拖在战争后面，不能说最保险，但至少比最前线要安全得多。

这又有什么可指责的呢？他只是一个莫名其妙被卷入旋涡的路人甲。

可是约翰千算万算，算不准他和家人在一起的时间只有短短

---

[1] London Gazette, Tuesday, Dec.1, 1840[G]//The United Service Journal , 1841, Part I. London: Henry Colburn, 1841:128.

两个多月了——他加入了侵略军，便只能承受由此而来的悲剧性结果。

7月6日早晨[1]，英军旗舰"麦尔威厘号"以胜利者姿态驶入定海港。首战告捷，懿律和义律踌躇满志。

没想到又出事了。

"麦尔威厘号"撞上了一块礁石。

巧得很，那里就是7月4日"威里士里号"进港时差点和牵引它的汽船撞个正着的狭小的航道。"威里士里号"只是擦损了汽船船舷，而"麦尔威厘号"就没那么幸运了，礁石把它的舱底撞破，舰船船体严重损坏，无法投入战斗。

所以，英国全权代表、远征军总司令、海军少将懿律进港时的威仪有些不足，他只得转乘一艘汽船进入定海港，登上"威里士里号"，升起帅旗，临时将它改为英国远征军的旗舰。

"鸢号"随后驶进定海港，年轻船员斯科特记下了他们抵达舟山后所见到的惨象：

> 我们发现这座城镇已经被我们军队占领，他们在我们到达的前一天就占领了它。因此，如果不在牛鼻山停留，我们就应该在战争现场。我们听到了炮声，在我们向前行进时还看到了来自城镇燃烧的火焰。
>
> 向"威里士里号"开火的战船显现着非常可怜的样子，它们被遗弃了——有些沉没了，有些桅杆被轰毁。有一艘船被平射的大炮炮弹穿过，不仅完全穿过了船体，还穿过了岸上的一两座房子。

---

[1] 进港时间，据乔斯林所记为7月7日，懿律在向巴麦尊汇报时说是7月6日，这里采用懿律的说法。

城里看不到多少中国人，镇上剩下的几个人，都是最底层的。然而，港口却呈现出相当生动的景象，因为船只不断地在海岸附近穿梭，上岸的部队穿着不同的服装，来自不同的国家。他们很快就形成了两个营地，一个营地俯瞰整个城镇，另一个营地在一个小山上，控制着进入海港的入口。①

定海城，随之出现了疯狂的抢劫。

中英双方的档案，难得地出现了相对一致的情况，不过英军指挥官起初可不愿承认自己的部队实施了抢劫。

芒廷中校目睹了这一幕："一切有价值的东西，都在我们的眼皮底下被拿走了……"②

谁实施了抢劫呢？布耳利写给印度总督的信函中是这样表述的："遗憾的是，在我们占领之前，城镇里的一些房子已被中国的下层阶级洗劫……"③

乔斯林也很确定地说："许多人带着他们的战利品在巷子里游荡，我们后来发现，这些财物主要被当地人掠夺拿走了……"④

两位长官言之凿凿，都说是中国人干的。

果真如此？

《亚洲月刊》随军记者的报道可没那么客气：

---

① John Lee Scott. Narrative of a Recent Imprisonment in China after the Wreck of the Kite[M]. London: W.H.Dalton, 1841:3-4.

② Armine S.H.Mountain. Memoirs and Letters of the Late Colonel Armine S.H.Mountain[M]. London: Longman, Brown, Green, Longmans, & Roberts, 1858:163.

③ The Annual Register, or a View of the History, and Politics, of the Year 1840[G]. London: J. G. F. & J. Rivington, 1841:575.

④ Jocelyn. Six Months with the Chinese Expedition[M]. London: John Murray, 1841:60.

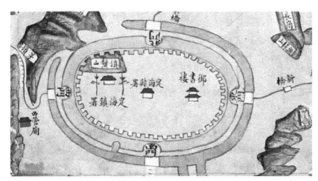

▪ 清朝时的定海城
位置及城内布局

　　我们很遗憾地发现……我们的人（欧洲人）、士兵和水手不仅醉酒，而且掠夺中国人的房屋，这是一种没有充分理由的行为。……布耳利和戈登·伯麦爵士在他们的官方文件中都没有提到这些不当行为，实际上，前者似乎完全否定了这些事，他说，城门一打开，"各个地方都迅速部署了警卫，所有的生命和财产都受到了保护"，在城市和郊区的掠夺，他明确地归因于"中国社会的下层人民"。[1]

这位记者还引用了加尔各答的一名报社记者的话：

　　水手们被允许下船登陆，抢劫城镇，因此部队一登陆，就发生了更彻底的抢劫，每座房子都被砸开，每一个抽屉和箱子都被洗劫一空，街道上到处都是家具碎片，直到没有别

_____

① Review of Eastern News. The Asiatic Journal and Monthly Register for British and Foreign India, China, and Australasia[M]. London: Wm.H.Allen and Co., 1841:4.

的东西可拿，他们的掠夺才停止……①

记者在文末明确指出，英军的抢劫"是在'中国人完成破坏'之前"。他还分析了布耳利等指挥官否认官兵抢劫的原因："或许指挥官对这些事实一无所知，如果属实，这会使他们蒙受耻辱。"

面对越来越多的指责，英军指挥官改了口，承认部队参与了抢劫，但强调主要是印度士兵所为。

英军入城后，军事秘书乔斯林等人立即赶到位于镇鳌山下的定海镇总兵府一看究竟：

> 我们来到了海军中将的家。通往入口院子的门上画着巨大而丑陋的人物图案，当地人说，他们专司正义和惩罚。

> 一边是审判室，到处都是拇指钉和藤条。……穿过一个开阔的庭院，周围是职员的办公室。一些写了一半的信件和文件显示他们匆忙地撤离了这个城镇。我们穿过院子，进入一间警卫室，这又通向一条走道，走道的南端是大厅。

> 这里的沙发上放着烟斗，小杯子里装满了没喝过的茶。官吏的披风、帽子、刀剑，都乱作一团。

> 我们继续观察，最后来到了女眷的房间里。这些房间布置得很奇特，挂满了各式各样的衣服。丝绸、扇子、瓷器、鞋子、拐杖和油漆罐——一位中国女士的梳妆用品在一场伤感的、令人泄气的混战中被扔在地上；许多这类仙女鞋被我们当作合法的赃物。②

---

① Review of Eastern News. The Asiatic Journal and Monthly Register for British and Foreign India, China, and Australasia[M]. London: Wm.H.Allen and Co., 1841:4.

② Jocelyn. Six Months with the Chinese Expedition[M]. London: John Murray, 1841:60.

　　总兵府已被捷足先登的暴徒劫掠一空。《中国丛报》还报道了一个细节："士兵们首先发现了这位老兵的藏书室，里面有许多非常有价值的著作，主要是统计方面的……不幸的是，由于抢劫和破坏，这些珍贵的收藏品很快就减少了。"①

　　乔斯林看完在抢夺中被乱丢的梳妆用品等物件后，前往县衙，顺道还看了清当局设于城东和城南的两个弹药库，"里面整整齐齐，装满了弹药和制造火药的工具"，有各种口径的炮，"但不超过九磅……随时可以装弹"。他们沿路看到街道很窄，许多房屋被打扫得干干净净，屋顶的飞檐是建筑中最独特的部分，许多体面的房子都有漂亮的花园，有一道高墙把它们与城镇完全隔开，"一些房子的内部装饰精美，雕刻也很精美"。②

　　最后，来到了他们想要观看的县衙前，刚进入时，所有人都被震慑住了：不同的房间围绕着中央庭院，庭院的地砖铺得很整齐。支撑屋顶的门、窗框和柱子，全是用最精致的风格雕刻的，天花板和壁板的内部，都用细工做了衬里，一眼望去，便知必是精心雕琢的。

　　他们见到了一种极为独特的床："女士们卧房里的床，如同一个大寝室，因为它们几乎不能称为床。在房间的一个角落里有一个单独的房间，大约有8英尺高。入口是一个直径3英尺的圆形开口，有滑动的窗帘布，室内是一张很大的睡椅，上面铺着柔软的垫子，挂着厚厚的中国丝绸窗帘。床的内部做了抛光并上了油漆，

① Hostilities with China[G]//The Chinese Repository: Vol.X. Canton:The Proprietors, 1841:486-487.

② Review of Eastern News. The Asiatic Journal and Monthly Register for British and Foreign India, China,and Australasia[M]. London: Wm.H.Allen and Co., 1841:220.

一张小椅子和桌子是这个非凡的房子里仅剩的家具。"①

《中国丛报》又报道了一个细节："还有一个公共金库，上面用大字标注，并按中国的方式密封，以防止野蛮人强行盗款。可是，我们去查清那里面究竟装着什么东西的时候，只发现了四块钱——一些小数目的无用现金，还有许多生锈的枪和几张旧网，以及一大堆垃圾。"②

对于东方古国的一切，乔斯林等人都感到新鲜而好奇，因为眼前所见，跟他们的认知不一样，"使那些以为自己是在一个半野蛮的国家里的人感到非常惊奇"。他们看到了当铺，"当铺也是一个有趣的地方，里面有各种各样的衣物，当然，这些东西既有上层社会用的，也有下层社会用的，这里的许多皮草都是有价值的；每一件物品都附有主人的姓名和典当的日期"。③

在参观一座寺庙时，他们格外震撼："据我们所知，这个地方的一些寺庙的等级在中国是相当高的。在马戛尔尼勋爵的出使经历中，澳门之行被他们视为整个行程中看到的最好的样本，但所有参观过定海主要寺庙的人都认为它们比澳门的庙宇宏伟得多。在大殿正厅里的一些雕像有15英尺高，雕刻得很漂亮，立在中间一个高高的基座上。而四周的墙壁上都是同样形状的小雕像，造型怪异。""我们对其中一个雕像印象尤为深刻，那是一个女人的形象，她怀抱小孩，头上有一圈光环。除了说她是圣母像，似乎

---

① Review of Eastern News. The Asiatic Journal and Monthly Register for British and Foreign India, China,and Australasia[M]. London: Wm.H.Allen and Co., 1841:220.

② Hostilities with China[G]//The Chinese Repository: Vol.X. Canton:The Proprietors, 1841: 487.

③ Jocelyn. Six Months with the Chinese Expedition[M]. London: John Murray, 1841:66-67.

■ 马戛尔尼访华时，由
使团绘图员威廉·亚历
山大所绘的定海南城门

就很难理解她的身份了：中国人以前从基督教传教士那里得到圣
母像，并歪曲了圣母像。"[1]

……

入侵者在定海古城优哉游哉地东看西瞅，懿律和义律却已紧
锣密鼓地采取进一步的行动：想办法把外交照会送出去。

第八节　终于平等了

关于外交照会，在中国待了多年的义律，可谓吃足了清政府
的苦头，这是两个文明相冲突的结果。

这苦头，不是从义律开始的，而是在东印度公司被撤销、英
方派出第一任商务监督律劳卑时就开始了。在东印度公司时期，
公司为了赚钱，对清政府处处容让，但商务监督时期就不同了，
律劳卑是以英国官员的身份来华的，他要走的外交路线，是国与

[1]　Jocelyn. Six Months with the Chinese Expedition[M]. London: John Murray,
1841:68.

国的外交。

那么问题就来了，天朝上国从来不承认天下有哪个国家能与自己平等外交，来的，都是贡使。

你想与我大清平等是吧，行，先给你起个让你拎得清的中文名：劳苦卑贱，是谓"劳卑"！

律劳卑倒好，抵达广州后便以平等语气通知清廷："我是一名英国外交代表，我将按照适合英王陛下代表团和英国荣誉的方式，直接与总督进行联系。"同时，他给广东当局写的书信，也采用了平行书信的格式。[①]

这封信，给英国首任商务监督带来了天大的麻烦：清政府拒绝接受。因为这不符合清政府的体制，无论哪国官员，跟天朝官方打交道，不能用"函"，必须用"禀帖"——禀，才符合蕞尔小国觐见天朝上国的样子。这事关国格，一点儿都不能迁就。

清当局强硬地要求改，律劳卑一根筋到底强硬地不改。

随后，死心眼的律劳卑将事件一步步升级，最终惹怒两广总督，下令停止与英国人的一切贸易。船夫、仆人、搬运工等一切为英国人提供服务的中国人全部撤走；任何中国人都不能把食物卖给英国人，违者处死。但这项禁令，只针对"顽梗不化"的英国人，对于"恭顺"的其他国家的商人，则一切照旧。[②]

义律成为第三任商务监督后，情形丝毫都没有改观。就在远征军舰队驶入中国海、懿律命令"布朗底号"临时拐到厦门去递交照会时，还遇到了这种情况，当地官员谁也不敢接收这种平行的照会。

这也可以解释遽准递收夷书成为乌尔恭额攻击定海总兵张朝发的一个把柄，因为它有辱国格。

---

① 瞿巍.另一只眼看鸦片战争[M].桂林：广西师范大学出版社，2015：147.
② 瞿巍.另一只眼看鸦片战争[M].桂林：广西师范大学出版社，2015：150.

既然在厦门被拒收，那么懿律就准备去镇海试一试。当然，更重要的，是要执行封锁甬江口的命令，以对清当局产生更强的震慑："舰队司令官感到，部队尽早地出现在宁波是必要的，以便迅速执行封锁通往杭州府和上海的河口的那些指示，而且还打算再次尝试递交阁下的那封信。但是，应当看到，在距我们自己的兵站最近的那个重要地方迅速采取示威行动的一个更为急迫的动机，在于使官员们对宁波的安全感到焦虑不安是很有好处的，这样可以促使他们在那个地区进行防御性而不是进攻性的布署。为了使我们自己在这里牢固地安顿下来，自然需要几个星期的完全平静的时间……"①

7月10日，"布朗底号""皇后号"等舰船出现在了甬江口的镇海海域。

浙江巡抚乌尔恭额、浙江提督祝廷彪在给道光的奏折中这样描述英舰出现时的情形：

> 臣……面谕宁波府知府邓廷彩置办船只，沈于通内要口，再用木排以铁链系住，上竖木城以为保护，使夷船阻塞，不能驶入。正在筹备，讵于十三日寅刻据报，了见夷船多只在于笠山以外往来游弈，相距镇海不过十有余里。臣等现在亲驻要口调度，并严兵紧守，以防不虞。惟闻英逆夷船又来五只，连前共有三十一只，四面装炮，大者三层，次者二层，小者一层，内有两只船旁装有轮盘，旋驶如风，往来甚速，以为前导。其兵约有五六千人，若与之战，必须兵数相敌，

---

① 胡滨. 英国档案有关鸦片战争资料选译（下）[M]. 北京：中华书局，1993：672-673.

方可接仗。①

其后的一封奏折，乌尔恭额、祝廷彪又如此写道：

> 臣等连日筹备，已将沈船口门各事宜次第办竣。前调各兵约到一半，派在招宝等山及县城内外紧要各处，严列队伍，军容甚壮。英逆船只畏威退走，潜往象山、石浦，以及镇海内外洋面游弈，旋生诡计，在洋忽将鄞县商船扣住，勒令商人投递其国伪相书函，欲求转达廷臣，吁请通商。臣等知其居心叵测，即将原书掷还，加意防范。②

这封奏折寥寥数言，信息量却极大。其一，镇海前期准备充分；其二，正因准备充分，兵强马壮，英军望风而走，其潜台词是不敢接仗；其三，英军和镇海当局有书信往来，但被乌尔恭额掷还，掷还原因，奏折中未能明言，但大国风范已然尽显；其四，英军的书信不是自己送来的，而是劫了艘商船，让商船主前来递信。

广东等地捷报频传的威风样子，急欲戴罪立功的乌尔恭额终于学会了一点点，但因为定海失守，他也不太好意思报大捷，有"英逆船只畏威退走"这一"实情"，总算也可以作一交代了。

懿律给巴麦尊的信件，情事大抵相同，细节更为丰富，"畏威"两字却遍寻不着：

> 我们所派遣船舰于本月10日到达宁波口外；第二天早晨，

① 炎明.浙江鸦片战争史料（上）[M].宁波：宁波出版社，1997: 93.
② 炎明.浙江鸦片战争史料（上）[M].宁波：宁波出版社，1997: 100-101.

在义律海军上校的要求下，我们扣留了一艘开往该港口的大帆船，并且把船长带到"布朗德号"①军舰上来。我们向他说明：他必须带一封信到岸上去交给官员们，而且他的那艘帆船必须被扣留，直到他回来为止，但他一旦带回复信，便立即把该船退还给他。

于是，我们交给他用鲍彻舰长的名义写的那封信，现把该信附上。他还带有义律海军上校所发传单的一份印刷品，该传单所注日期是3月31日，义律海军上校曾在他的第十二号信中送上，并附有最近向广州附近地区人民所发传单的一份副本。当时，我们允许他带着他自己船上的一个人一起登岸。第二天（12日）早晨，他回来了，带来该省巡抚和提督并盖有他们的图章的那封信，现随信附上。

晚上，义律海军上校用我们两人的名义写了现在附上的那封回信，该信由"康韦号"舰长贝休恩打着一面白旗亲自送往该港口；"皇后号"汽艇也悬挂着一面白旗，拖带他乘坐的小艇驶至靠近该港口外的地方，他遇见清朝几位三、四品官员乘坐悬有白旗的一只当地的小船，请求他随他们一起登岸，去拜访那些等候接待他的高级官员。但是，贝休恩舰长已奉命拒绝接受这个邀请；在递交已封好的阁下的那封信并附有一份公开的中文译本，而且寒暄了几句话之后，他便回到船上来……②

顺利将照会投递给清朝官员，懿律和义律以为大事总算完成，

---

① 即"布朗底号"。
② 胡滨. 英国档案有关鸦片战争资料选译（下）[M]. 北京：中华书局，1993：673-674.

然而，第二天，清朝官员又送来了信，告知他们，英方的照会，他们不能收——跟在广州、厦门所遭遇的情况一样。

但是，无论如何，义律大大地舒了口气，因为，清朝官员回信的口气，不再如以往那般动辄施以命令。双方，历史性地处在平等的地位：

> ……这些信件的语调完全不同，此事必定会引起阁下的注意。他们所用的字眼都是完全平等的，语句是非常恭敬的，有些措辞值得特别注意，这倒不是由于它们具有重要意义，而是因为它们对广东省当局的大胆行为，或更可能是对中国所有高级官员根据环境的压力而表现出来的明显灵活性，包含最明确的说明。[①]

7月14日（一说15日），英军正式对甬江口实施封锁。

第九节　道光的震怒和轻蔑

定海失陷，大清王朝的反应却不是迎面出击，而是震怒和轻蔑。

远在杭州的浙江巡抚乌尔恭额第一次听到英舰出现的消息，是六月初七（7月5日），当时他有所警觉，但并不太当回事，他在给道光的奏折中写道："兹于本年六月初七西刻，据宁波府鄞县知县舒恭受，以六月初五日辰刻访得进港渔船称，有夷船多只在于象山县爵溪洋面游奕。是日申刻闻得定海县南韭山洋面，有大夷

---

① 胡滨. 英国档案有关鸦片战争资料选译（下）[M]. 北京：中华书局，1993：675.

船两只，小夷船两只，从深水洋驶入。臣……当于初八日由省起程……督率水师实力堵逐各夷船南回。如该夷匪敢于抗拒，即行厚集兵力会合剿办，以慑夷情而伸国法。"①

然而，六月初十（7月8日），画风突变，乌尔恭额行至萧山境内，接到前线警报："英军围攻定海城。"此时，提督祝廷彪已急如流火地从镇海调集水师300人飞驰定海，又飞调湖州、金华、严州（治今建德东北）、绍兴、处州（今丽水）五地共计2700名兵丁急赴镇海听令；听说英军最怕火攻，又急调火攻船40艘待命。

乌尔恭额在六月初十日的奏折中对张朝发提出了质问："臣阅看夷书，词甚狂悖，镇臣张朝发何以遽准递收。夷船在洋游弈，既经带兵防堵，何以任其登岸？均应严查奏办。"②这成为定张朝发之罪的前奏。

六月十三日（7月11日），乌尔恭额奏报定海失守，并自请议处。

浙东告急！

道光震怒。

但是，道光显然没意识到事态的严重性，更不知道英国人占领定海的用意——英军的照会，没有第一时间在广州投递，到了厦门又投不出去，到了镇海还是投不出去，他们的真实意图，由此瞒了整个中国。

六月二十二日（7月20日），道光在乌尔恭额六月初十日的奏折中批道："浙江营伍之废弛不问可知。区区小丑，胆敢如此披猖，文武大吏即张皇失措，平日岂知养尊处优耶！"同时，他下了道上谕，口气依旧轻蔑，而且认定英军是为私售鸦片而来："朕早料其必有窜入海口滋扰之举……此等丑类不过小试其技，阻挠

① 炎明.浙江鸦片战争史料（上）[M].宁波：宁波出版社，1997：89-90.
② 炎明.浙江鸦片战争史料（上）[M].宁波：宁波出版社，1997：90-91.

禁令，仍欲藉势售私，他何能为。……将乌尔恭额、祝廷彪交部严加议处。"①

六月二十六日（7月24日），接到乌尔恭额"定海失守"的奏折，道光盛怒："定海镇总兵张朝发、署中营游击罗建功……均著革职拿问，交部分别定罪。乌尔恭额、祝廷彪筹备不力……著先行革职暂留本任，戴罪图功，以观后效。"②

这说明，道光对英军的实力一无所知，对英军北上的真实用意也一无所知。

令人哭笑不得的事还有，直到战争发生一年多后，一直下令避免与英军在海上接仗、诱至陆上才能痛歼的道光终于意识到：原来英军陆战也强悍至极。于是他通告沿海各省疆臣，务必要注重陆上的防守。

这些，又应该怪谁呢？

历史的责任，都推给道光一人也说不过去：在英国人准备对中国"先揍一顿，再作解释"之时，广东的捷报就开始源源不断地飞向京城，它们，肯定麻痹了道光。

道光接获定海城陷后，粤、闽的捷报还在飞来：

他在乌尔恭额奏折上批下"区区小丑"的前几天，即农历六月十九日（7月17日），广东方面又捷报飞传，《筹办夷务始末·道光朝》（一）所收录的《火创英船办艇等情形折》说："……以夷船最畏焚烧，仍惟以所畏者设法制之。……五月初九日，乘夜半月明时候，将大队火船，移近磨刀洋夷船聚泊处所，占住上风，出其不意，火船闯进焚烧……奋力杀毙四人，其余夷众，连船全行烧毁。……先后延烧大小办艇十一只，又烧毁近岸篷寮九座，

---

① 炎明.浙江鸦片战争史料（上）[M].宁波：宁波出版社，1997：97.
② 炎明.浙江鸦片战争史料（上）[M].宁波：宁波出版社，1997：104.

其冲突窜逃各夷船，彼此撞碰，叫喊不绝，夷人带伤、跳水、烧毙、溺毙及被烟毒迷死者不计其数。我军并无被害……"①

六月二十一日（7月19日），再接广东方面奏折，称英船不敢深入："盖夷船所恃，专在外洋空旷之处，其船尚可转掉自如，若使竟进口内，直是鱼游釜底，立可就擒……一得可乘之隙，即当整队放出外洋，大张挞伐。"②

同日，又接获福建方面奏报，称击退英舰滋扰。

可以想象道光的愤怒，人家打英夷一打一个准，海战能胜，陆战能胜，贴身近战能胜，现在连火攻都能胜了，你定海就给朕"城陷"二字？

除了革职，道光也确实拿不出更多的办法了。

各地奏折雪片般飞来，要求王师迅速出击，光复定海、驱逐英夷的声浪一浪高过一浪，不少都是不着调地跟着瞎起哄，但明眼人不是没有，三代帝师、兵部尚书祁寯藻的奏折就相对靠谱，这份写于七月初二的奏折如此建议：

> 查各省水师战船均为捕盗缉奸而设，其最大之船面宽仅二丈③余，安炮不过十门。夷船大者载炮竟有数十门之多，彼此相较，我船用之于缉捕则有余，用之于攻夷则不足，此实在情形也。沿海要口甚多，语守固以炮台为要，而近口洋面，有炮力不能及之处，必用大船大炮，相机轰击，扼其中流，然后炮台得力。语战则全资船炮，济以兵勇，尤须声势壮盛，众寡相敌，始出万全。即令定海可以设计克复，然以小船击

---

① 炎明.浙江鸦片战争史料（上）[M].宁波：宁波出版社，1997：109.
② 炎明.浙江鸦片战争史料（上）[M].宁波：宁波出版社，1997：109.
③ 1丈≈3.3米。

大船，难保不无伤损，究非长策。[1]

祁寯藻比较客观地比较了敌我军事实力，实际上，奏折所言也是定海失守的症结所在。奏折中，他还提出立即添造与英舰相类的船炮，"臣等现就广东、福建、浙江三省计之，亟须添造大船六十只，每船可载大小炮位三四十门。其炮位只广东尚属敷用，闽、浙除现存外，应添铸大炮八千斤至四千斤者，约须二百门分配应用。……船质既大……约值每只须五万两，方能工坚料固……通计船炮工费，约须银数百万两"。[2]

建议是好建议，然而亡羊补牢，道光来得及？何况国库存银仅千万两，拿出数百万两造船，这不是要这位在历史上节俭到吝啬的皇帝的命吗？更何况，凭清朝造船铸炮技术，其质量能和英船相比吗？——这一点，钦差大臣伊里布很快会给出解释。

七月二十日（8月17日），礼科掌印给事中沈镛也上奏一折，建议不要硬碰硬，须图强以剿。

给事中，不过是七品监察类的官员，在群情汹汹的对英用强氛围下，沈镛上奏此折是需要勇气的。沈镛是定海人，面对家乡被外族占领，他不图骤复却提蓄积力量，可见，他和兵部尚书祁寯藻一样，是历史中难得的冷静者。

沈镛开篇明义："为剿办英逆有不可径攻者，有无庸急攻者，有不能即攻，当徐定其攻之之策，而合致其攻之之力者，恭折奏闻，仰祈圣鉴事。"随后，他简要分析了双方实力，认为在英军封

① 中国第一历史档案馆.鸦片战争档案史料（第2册）[M].天津：天津古籍出版社，1992：210-211.
② 中国第一历史档案馆.鸦片战争档案史料（第2册）[M].天津：天津古籍出版社，1992：211.

锁镇海口的形势下，若贸然出海以图收复定海，必然会在海中遭遇对方强烈反抗，以清水师实力，难以取胜。

他认为首要之计，是先图强。"又，臣家乡来信言该夷并未伤害百姓，现于城中张贴告示，招商买烟，每番银一元易烟土一斤"，他认为，英军如真的不伤百姓，仅为了占地贸易，那么"臣所谓无庸急攻者此也"。最后，他提出自己的方案："臣请饬下伊里布，一面团练水勇，多备小艇油薪，候夜深潮顺时，于该夷聚泊处所，乘风纵火，虽不能即制其命，若屡次烧得一两船，该夷亦将惊扰不安，计思窜逸。仍一面酌量所需船炮，所用兵将，或应修制或应拨调，务须度我之力，足以胜彼，然后再行进兵。"[①]

这些，道光都听不进，面对前些日子从广东、福建飞来的捷报，他打了鸡血般要与英方开战。

七月初九（8月6日），道光作出一项重要人事任命：伊里布着颁钦差大臣关防，驰驿前往浙江查办事件。

爱新觉罗·伊里布，这位1772年出生、年近七旬的老人终于登上了近代历史舞台，却也快走到了生命尽头，在中方文献中，他的一生以清廉闻名，以中方代表之一的身份签署完《南京条约》后，于1843年忧悴而逝。

如果不是伊里布担任钦差大臣负责浙江的军事行动，已经抵达舟山的"鸢号"商船船长夫人安妮·诺布尔、船员约翰·李·斯科特等人，英军上尉安突德、中尉道格拉斯等官兵，很可能葬身于异国他乡。

生与死，只差了3天。

这些，都是以后的事。

---

① 炎明.浙江鸦片战争史料（上）[M].宁波：宁波出版社，1997：127-128.

几天之后，七月十二日（8月9日），道光再下一旨，《著钦差大臣伊里布密查具奏英人启衅根由事上谕》："此次英吉利沿海内犯，攻陷定海，现已调兵云集，自可即日剿除。惟致寇根由，传闻各异，有云绝其贸易，有云烧其鸦片，究竟启衅实情，未能确切。著伊里布于到浙后密行查访，或拿获夷匪讯取生供，或侦探贼情得其实据。"①

开仗都一个月了，清帝仍不知英方意图，英国人若知晓此谕，不知作何感想。

……

七月十四日（8月11日），英军对甬江口实施封锁，但他们的外交照会在镇海依旧没能投递出去。英国人也替远在北京的大清皇帝着急：动武都这些天了，我们究竟图什么、有什么要求、下一步会怎么办，你倒是领会一下啊？否则咱怎么谈判，又怎么讨价还价呢？

懿律决定，北上天津，到皇帝眼皮子底下去投递照会！

北赴天津的准备工作紧锣密鼓地进行着。

攻占定海城的英军官兵，每个人也都显得挺忙。

其中包括布定邦。

这几天的布定邦，正满山野奔走，替英军张罗着好吃的。

一场令英国人望而胆裂的大灾难，却正在布定邦的脚下，朝英军疾速而来。

---

① 炎明.浙江鸦片战争史料（上）[M].宁波：宁波出版社，1997：120-121.

第四章　入侵者在定海

第一节　入侵者

英军占领定海后，有布定邦——这个军营内唯一能用广东话与当地百姓交流的"心腹实仆"在，补给线大致稳定，虽然城内百姓逃空，百业萧条，但布定邦总有办法从城外带些好吃的来。官兵们尚无须为吃的发愁，他们有充足的时间处理其他事务。

英军在城内缴获了大量军事物资，炮兵部队指挥官蒙哥马利中校向印度总督的战果汇报信函，开列了一份军械物资清单：缴获的大炮共有91门，其中海岸24门、城墙上23门、军火库内44门。这91门大炮，除了一门是由黄铜铸成的外，其余质量极为低劣，而且口径很小。而这门黄铜大炮，炮身上刻有"1601, made by Richard Phillips"字样。①

刻有英文信息的大炮又是怎么回事？定海水师从哪儿得到的？

有一份英文杂志进行了探究："在去年七月夺取中国舟山岛时，英国人在战利品中夺取了一门6磅的铜炮，铭文表明它是由理查德·菲利普斯在1601年制造的。据说这门炮是伊丽莎白女王

---

① Editor' Portfolio or Navl and Military Register[G]//The United Service Journal, 1841, Part I. London: Henry Colburn, 1841:125.

送给中国的礼物。从某些记录看来，理查德·菲利普斯是伊丽莎白和詹姆斯一世统治时期的皇家枪械创始人之一。人们还发现了菲利普斯所属公司在1601年铸造的另一门炮的记录，与在舟山缴获的那门炮的描述相符。……据说这种炮是现存的同类炮中最古老的。"[①]

该文并没有给出答案，但提供了不少线索：17世纪伊始，英国便欲与中国建立外交关系，"以炮为礼"的可能性是存在的。这门炮被安置于舟山，则令人相当好奇。

除此之外，蒙哥马利还在定海城内发现了3个弹药库，里面有大量的铁弹、铠甲、火绳枪、剑、弓、箭等，以及一大批士兵的制服，大多数物品的包装和储存方法都很讲究，而且摆放得很整齐。

根据马德拉斯炮兵连上尉指挥官安突德在占领定海后一星期内所绘的英军布防图[②]，英军部队基本驻扎于城

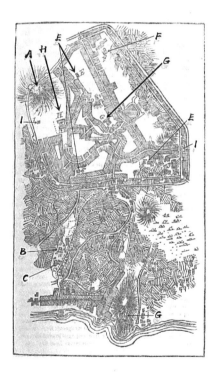

■ 侵华英军马德拉斯炮兵连安突德上尉所绘的英军在定海布防图（图中箭头及英文字母为作者所加）

---

① Miscellaneous[N]. Western Temperance Journal, 1841-04-01(4).
② Topographical Account of Chusan[G]//The Chinese Repository: Vol.X. Canton: The Proprietors, 1841:332.

外，城内只有少量兵力负责司令部、行政署等的安全。

图中标有"A"的地方，为镇鳌山，系第26团皇家苏格兰兵团扎营地；"B"离海口不远，为炮兵、工兵及孟加拉志愿兵的营地；"C"为塔山，第18团皇家爱尔兰团驻地；"D"为英军主要警卫所在地；"E"为军火库，共有3处，2处分别位于南门左右两侧，1处位于北门附近；"F"为出纳室；"G"为原定海知县府，英军设立伪行政署，亦置于此；"H"位于镇鳌山下，陆军司令布耳利扎寨于此；"I"为英军守卫处；"J"位于定海城东南角，是当地一座规模较大的当铺所在地。

《中国丛报》记者记录了英军占领定海后的一些细节：占领不久，宁波的官员就派出特使，来到定海城内的知县府，想暗中带走一种叫"圣旨"的丝织物。这些让中国人无比敬畏的东西，有些甚至被士兵们扔在角落里。这名特使被英军擒获，割掉了他的辫子以示惩罚。英军官兵开始焚烧这种丝织物，但发现十分难烧，它仿佛是石棉做的一样，费了老大劲才烧完。在焚烧过程中，一个军官被好奇心驱使，从它们中间挑选了一张，发现上面有皇帝朱批。

这把火，英军官兵无一人认为有什么不妥。

英军还发现了一个粮仓，稻谷整齐地摆放着，每座建筑物上都标有谷物存放的年份。他们打听到，当城里大米越来越少的时候，库存的大米会以非常低的价格出售。

他们甚至对舟山本岛的总人口做了一次估算，认为有47万人之多。英军的依据，是定海城内的居民院落。他们统计后发现，城内共有居民3000户，按每户10人计算，共有居民3万人。至于一户的人员构成，英军认为包括一个男人和他的妻子，有4~6个或以上的孩子，还有一些其他成员如老人等。他们在较大的住宅院落

■ 侵华英军所绘
的定海街景

里，甚至常常能找到40~60人居住的情况。

这些数据，英军倒不全凭猜测，而是做了现场调查，每户10人的标准，则应该是在调查的基础上推测得出的平均数。

在翻查了原知县府的文件后，英军发现舟山本岛所有村庄，共有大约47000所房屋，因此，本岛的总人口可能在47万左右。这个数据不一定靠谱，但较有参考性。

记者在调查中发现，城内有两座庙，其中一座被他们称为万神殿，是个非常大的庙宇，里面有一座宝塔，还有一口大钟。

在城内三座军火库里，记者见到各式各样仿若来自中世纪的装备，印度士兵穿着一种嵌着铁的上衣在城里走来走去，样子非常古怪。军火库里的不少物资有些被当场拍卖，有些被就地销毁，还有些则被士兵当作战利品运送回家。

定海城里，有两所学堂，其中一所规模较为宏大。

在较小的那个学堂里还贴着待学生解答的问题，可以想见，当攻击发生时，师生们正在苦读。

抢劫随处可见，劫掠者除了英军士兵，还有许多中国面孔。

留在定海城内的中国人，大多走投无路、一无所有，而监狱里的罪犯很可能在英军攻占大多定海城之前就已经被释放了。

《中国丛报》报道说："有人看见其中一人拖着链子，一个英国军官解开了他的镣铐，这个重获自由的家伙开始抢劫。"[1]

随后几天，抢劫、偷窃愈演愈烈，有人向英军司令官提出了一项申述，要求阻止这种恶行，不让任何物品从城门流出。

由于城内民众逃之一空，英军无法招募到足够的劳工，但即使有中国人被抓为苦力，他们也想方设法在安全的前提下逃跑。而那些不得不出力的人，很快就让英军烦恼不已。

比如2名劳工被叫到行政处接受任务，不久后英国人就发现，办公室里的墨水和铅笔不翼而飞，不少衣服也不知去向，他们怀疑是进来办事的中国人偷走了它们。

英国人终于发布命令阻止抢劫和偷窃，并在城门处加派岗哨进行检查，以防贵重物品被偷偷带离。

很快，岗哨周围就堆满了各种各样被遗弃的货物。

有一次，有人护送一具棺材出城，获得了同意。不久后英军士兵就发现，有许多人申请抬走装着他们父母的棺木。终于有一天，备觉疑惑的哨兵打开了一具棺材检查，他们发现里面不是尸体，而是丝绸。

这一招不再奏效后，仍有人冒险偷运财物。英军发现一个上了年纪的流氓总是守在城墙下面，他将从城里偷来的物品汇集于此，再负重泅过护城河。直到有一天，他超负荷了，沉到水里，再也没有浮起。

城内留守的居民，则会对这些掠夺者执行私刑。例如，入室

---

① Hostilities with China[G]//The Chinese Repository: Vol.IX[G]. Canton: The Proprietors, 1840:490.

偷窃的人被发现后，或是被捆住手脚扔到沟里，或是被绑在市场附近的柱子上，越挣扎就勒得越紧，身上都被勒出了血。

……

随着日历一页页翻到7月17日，恐怖的一幕也渐渐逼近了英军。

那是布定邦的末日。

第二节　活捉布定邦

布定邦又名布亚连，广东香山县（今广东中山市）人，先是担任英国鸦片商的经纪人，当了买办，1839年在广东禁烟过程中被官府通缉，逃到一个英国人家里躲藏，后由英商推荐，与义律、郭士立相识，之后便随英军舰队北赴舟山，在英军中负责采买牲畜等事务。据英方记录，他是英军翻译中唯一能用广东话连比带划地与舟山百姓交流的人，因而被懿律等人视为心腹仆人。

说布定邦是卖国贼，或许有些言过其实，从有限的资料中可以看出，布定邦不过是无数可悲可怜的反面人物中的一个，他有南方人善于做生意的基因，又学会了英语，希冀通过贸易改变命运。

在中英交战这一历史性的时刻，他被绑到了英国战舰上，为侵略者效力，站在了中华民族的对立面。在舟山，并未留下他做出伤天害理行径的记录，事后裕谦在奏折中也称"（布定邦）并无攻城打仗奸淫抢夺情事"[1]之称，但他深受英军器重，也就必然摆脱不了被钉在历史耻辱柱的命运。

---

[1] 中国第一历史档案馆. 鸦片战争档案史料（第3册）[M]. 天津：天津古籍出版社，1992：340.

而像郭士立这样的外籍中国通，无时无刻不在替英军发展着效忠之人（布定邦投靠英军，和郭士立不无关系，可以说是郭的得意之作），日后裕谦拿获的一批汉奸供词，足以证明郭士立在舟山的罪绩：

……访有定海县民杨阿三，于逆夷占据定海后得受洋银，指引逆夷掳禁民人情事，当经密饬江苏候补知府黄冕，督县复查属实，将杨阿三购拿到案。又查接管卷内有早经拿获之汉奸虞帼珍、郁秀钦、布定邦、闻吉祥四犯，羁禁鄞县监狱，尚未办结。随即分饬解并饬将杨阿三一犯留于定海，俟奴才到彼，就地正法去后……

缘杨阿三即杨见梃，籍隶定海，训蒙度日。定海失守后，该犯并未逃避，道光二十年八月二十八日伪知县郭士立，因其伪官晏士打喇打哑[①]被县民擒获解郡，向杨阿三查问。杨阿三访系包祖才等获解，告知郭士立，郭士立许给洋银五十元，令其引领前至包祖才家，将包祖才家属大小十一名口掳捉进城，关禁沈姓空屋。因包祖才等正身未被掳去，止给洋银十二元，又衣服五件。杨阿三又为探听晏士打喇打哑供词下落，向郭士立告知，现有搜出夷鞋等物可据。

又虞帼珍原籍慈溪，寄居定海，行医度日，城陷后避至乡间。道光二十年七月二十三日，传闻逆夷出示招募百姓，并发口粮。虞帼珍进城探听，被郭士立看见，向其询问自定海至宁波路径，虞帼珍即开给路程单一纸。郭士立令其前赴宁波打听消息，许给洋银十元。虞帼珍即将所闻前大臣伊里

① 即安突德。

布、提臣余步云、前总兵高明德带兵到镇，并前署鄞县舒恭
受调集船只，欲行出剿情形，写就书信，赴郭士立处投递。
适郭士立因病下船，将信带回，被乡民岳云怀等查知，连信
拿获解郡。

又郁秀钦原籍镇海，寄居定海，行医度日，城陷后避至
乡间。道光二十年七月十二日，郁秀钦路过城外，被逆夷拉
进城中，问能写字，即令书写各项伪示，日给钱一百文。至
八月初三日，郭士立因病回船，又付给郁秀钦洋银二元，于
初六日回家，即经差役盘获。①

7月17日，才占领定海11天的英军就听到了不祥的消息：布定
邦在光天化日之下被抓。

军事秘书乔斯林是当天早上得到这一消息的，说是布定邦在
一名定海屠夫陪同下，出北城门，前往乡下替英军采购活牛等食
材。过不了多久，屠夫回来报告了布定邦被人抓走的消息。据屠
夫称，受到攻击后，布定邦"像猪一样"手脚被捆在一根柱子上
带走。

一批士兵立即武装起来，在乔斯林等军官率领下，火速赶赴
事发地点。

乔斯林太清楚此人对英军作用之重要了，"一周来，他一直在
军队里发挥着最重要的作用，他给我们带来了牲畜。他熟悉当地
风俗习惯，在我们没有更好的翻译的情况下，他经常用粤语和当

---

① 中国第一历史档案馆. 鸦片战争档案史料（第3册）[M]. 天津：天津古籍出
版社，1992：339-340.

地人沟通"①。

此时的英军长途征战，不但缺乏新鲜食物补给，而且水土不服，当地的气候、水质已经对他们造成了严重影响，疫病正在部队里悄然蔓延。没有布定邦，意味着英军无法从当地获得足够的新鲜食物改善体质。

但是，第一时间前去营救的乔斯林扑了个空，什么线索也没得到。乔斯林只在一家银号的柜台旁，找到一个带粤语口音的男孩，英军打算将他带回定海城盘问，但男孩显得非常恐惧，喊着"他们会抓住我的"。英军官兵自然知道，为了赶走入侵的英国人，清政府不仅禁止百姓和英国人接近，而且颁布了各种高额悬赏令，鼓励百姓抓捕英国人。

如果男孩被带回英方军营，清政府极有可能认为他和英军有勾结。

但男孩是现场唯一可以找到的人，他被英军带回城里。

回到定海，一个更不好的消息传来：那名屠夫趁乱跑了。由于没有及时讯问，这意味着有关布定邦被捕的线索、细节全部被掐断。

此时的乔斯林，内心充满了悔恨，他在回忆录中如此描述当时的焦虑："要是在他（布定邦）身边安排足够的护卫以确保他的安全，也许能避免此后许多的不幸，因为中国人害怕遭到惩罚，所以第一次绑架如果失败，毫无疑问，他们以后将中断此类尝试。"②

---

① Jocelyn. Six Months with the Chinese Expedition[M]. London: John Murray, 1841:77.

② Jocelyn. Six Months with the Chinese Expedition[M]. London: John Murray, 1841:78.

　　一场规模极大的搜救行动迅速在舟山本岛展开。

　　乔斯林和中校参谋芒廷，分别在他们的回忆录中详细记下了这场搜救行动。

　　从芒廷的回忆录来看，懿律和义律对此事非常上心，立即派出3支小队，分头前去营救布定邦，每支小队25~40人不等，义律则亲自指挥军舰巡逻于海上，希望从海道上截获目标。[①]

　　自占领定海以来，芒廷一直在营房里度过，他和另外4名军官负责文书工作。那儿到处都是蚊子，芒廷戏谑说："到了晚上，我很快就像一个刚刚出了天花的人。"

　　他见证了英军参与定海城的抢劫，也见证了居民在抢劫中逃离县城的那一幕，在回忆录中，芒廷留下了反思："如果我们坚持最初的命令，把人民和他们的财产都保护好，我毫不怀疑，在第一次恐慌过去之后，商店会重新开门营业。那些逃出去的人会回到他们的房子里，把我们当作他们的主人，而不是官吏。"[②]

　　然而，此前这场空前的大抢劫，定海成了一座空城，"我们攻取了一座又大又富的城池，却不能用我们的银子买到一点最劣质的茶、糖和普通的油。一个月前，成千上万的工人还在这里工作，现在我们找不到一个工人来为我们服务。我想这样的事情在战争史上从来没有听说过。这里的人说，'你这一分钟还在谋杀我们，

---

① 芒廷参与搜救的记录，详见 Armine S.H.Mountain. Memoirs and Letters of the Late Colonel Armine S.H.Mountain[M]. London: Longman, Brown, Green, Longmans, & Roberts, 1858:164-166.

② Armine S.H.Mountain. Memoirs and Letters of the Late Colonel Armine S.H.Mountain[M]. London: Longman, Brown, Green, Longmans, & Roberts, 1858:163.

下一分钟又在哄骗我们'"。①

芒廷工作非常投入，从早到晚几乎没有休息的时间。7月17日，他接到命令，要求立即随搜救小队出发，全力营救被捕的买办布定邦。

作为中校军官，芒廷拥有一匹矮种马，它原先归定海县衙官员所有，英军占领定海后，它成为战利品之一，最后变成了芒廷的坐骑。

然而意外的是，当芒廷命手下牵出这匹马时，那头充满了野性的小马却奋力一挣，脱缰而去。

芒廷有些傻眼，事后在回忆录中不无苦涩地写道："它逃走了，试图抓住它是没用的。那时，我在烈日下步行上山下山，走了两天最累的路。"

这支搜救队的目的地，是"海岸边一个相当大的城镇——有人说是有围墙的"。

据英方档案记录，1840年7月的舟山，早早地变得酷热难耐。

芒廷带着搜救小队走到第二天晚上，已是疲惫不堪，却毫无进展。

一艘汽船驶来，是在海上执行封锁任务的义律，他给搜救队派了一个向导。搜救队员顿时兴奋起来，毕竟，他们对岛上地形不熟，走了很多冤枉路。有了向导，可以省去许多麻烦，节省许多体力。

然而，行进不久，又出现一个问题——向导迷路了。

芒廷再次傻眼，他可以理解烈马忠主，却无法理解向导会迷路。

---

① Armine S.H.Mountain. Memoirs and Letters of the Late Colonel Armine S.H.Mountain[M]. London: Longman, Brown, Green, Longmans, & Roberts, 1858:163.

无奈之下，20余名英军官兵没头苍蝇般在田野、山间乱钻，芒廷在回忆录中用"流浪"一词形容他们当时的狼狈境遇。

深夜时分，英军翻过一片田地，终于沿着崎岖的山道到达高山的一个隘口，山后有个小海湾，那里有小船在等着他们，小船将从海道把搜救的英军官兵运送到目的地。

芒廷让队员们先行，他押后。

最终，海岸边剩下芒廷和其他14名队员。

等到小船再一次在海面上出现的时候，满心以为能安稳下来的芒廷和又累又饿的队员们又一次陷入沮丧：退潮了。

芒廷在回忆录中自嘲地记下了这一万般苦涩的时刻：

> 可是瞧！当最后一只船回来找我们时，潮水退去了，船不能进港，我们也不能到它那里去。所以我和大约14个人只能睡在潮湿的岩石上。我们什么也没吃，我整天除了一顿很糟糕的早餐外什么也没吃——我们仅有的一瓶酒也被之前上船的队员们带走了。
>
> ……腹泻使我的身体变得虚弱，我已经筋疲力尽了。尽了全部职责的我倒在了岩石上，尽管岩石又潮湿又尖锐，我却一动不动……我睡得很香。
>
> 普列尼波躺在我旁边，说："这些都是很好的石头，但不能代替羽毛褥垫。"

第二天早晨，涨潮的时候，英军官兵终于登上船，幸好，当晚没有任何意外发生。

芒廷率领的搜救队追踪到绑架者所在的村庄，却发现晚了一步，布定邦已经被当地人转移前往宁波。英军将当地几位村民扣为人质，准备带回定海县城审问，但其中一人趁机逃跑。英军迅速开枪射击，打中了逃跑者的腿。士兵们做了个简易担架，仍然将他押回定海。

第三节　搜救途中

相比于芒廷回忆录中的有惊无险，乔斯林的回忆录则充满曲折惊险。[1]

根据乔斯林的记录，17日出发搜救的只有两支小队，另外一支则处于待命状态，等候远征军总司令懿律的指令。

18日凌晨时分，乔斯林接到懿律指令，称英军已准确锁定绑架者位置，要求他"随第三支搜索队横穿该岛，然后前往一个海港小镇，根据从中国地图上获得的信息，这个小镇位于西北海岸。……如果找不到买办，就抓获最受尊敬的居民和头目作为人质，从而在可能的情况下确保买办安全"。

乔斯林一行于凌晨4点出发，这支搜救队由40余名官兵组成，随行的翻译叫托姆斯。

搜救队沿着一条宽得足以容纳3人并行的街道朝县城外扑去，在乔斯林眼里，定海城的街道几乎都差不多，都是同样的样式、同样的宽度。

这条路通向一块宽大而茂密的稻田，穿过长达几英里的稻田后，他们沿着山的一侧蜿蜒而上，来到一个偏僻的隘口。前方的路修有平坦的石阶，这样的山道，在全岛数量众多，而且形状都差不多。

---

[1]　乔斯林参与搜救的记录，详见 Jocelyn. Six Months with the Chinese Expedition[M]. London: John Murray, 1841:78-99.

■ 英军笔下的定海城周边，作者为威廉·罗伯特·麦克斯韦，绘于1843年

英军所经之处，四周的山上长满了茶树、棉花、矮橡树和杨梅，树上结满了红色的果实。乔斯林此刻不由得边走边欣赏起来：

> 这座山，山峰高耸入云，顶上覆盖着翠绿的草类植物。从山坡上瞭望，长长的山谷从不同的峡谷口延伸出来，有些消失在蜿蜒的群山中，而另一些则一直延伸到海边。周围是颗粒饱满的稻谷，它们弯曲着随晨风摆动。
>
> 远处海面平静，像沉睡了似的，停泊在海面上的英国舰队像是在远远地打量着定海城那些奇特的建筑。
>
> 山上到处都是一丛丛茂密的树木，透过树叶隐约可见远处的房屋，这让景色变得更加多样。美丽的树林吸引过往的人驻足欣赏。

晨曦中，有更别致的景色吸引了乔斯林，那是一座又一座的坟墓：

……在那里，香甜的铁线莲和芬芳的花朵帮助装饰着人类最后的家园，最粗心的人也不能忽视坟墓的美丽。

中国人对死者的崇敬是否达到了崇拜的程度？这仍然是一个值得怀疑的问题。几个世纪前，耶稣会，这个国家的第一个传教组织发现不可能阻止中国人在这个问题上的狂热与执着，便将它变成了自己传教的渠道，通过不断地为新入教人士的亡者祈祷的方式，让人们接受教义。然而，当时的罗马教会并不赞成这一做法，因为这超出了教义的规定。之后，中国天主教传教士之间在教义上便产生了诸多差异。

岛上的居民不像南部省份那样埋葬死者，而是将尸体放在一个木制的棺材里，棺材上加一个盖子，盖子很容易取下，也擦得很亮。在岛上的大多数房子里，这种"大箱子"是我们进入客厅所看到的第一件物品。

好奇心驱使我们打开了一座坟墓里摆放着的棺材，这人穿着生前的衣服，烟斗和烟草放在胸前，馒头和米饭放在头边。

英军继续行进，很快发现：在他们朝前行进时，附近的山上总是聚集了很多人，但当英军接近时，他们立即逃走。

经过几小时的急行，早晨时分，乔斯林的搜救队和头天晚上出发的一支搜救队相遇，这支搜救队昨晚在一个庙宇里过夜。

两队合一，指挥官决定让疲倦的士兵就地休息几小时，恢复体力。

英军自占领定海以来一直受到疾病困扰，这两支搜救队中，就有不少人高烧或患上了严重的疾病，其中一些人无法继续执行搜救任务，被迫返回定海县城。

余下的英军从附近捉到了几十只鸡鸭等家禽，拔毛处理后，烹制成了美味的肉汤。

接下来的问题，是指挥这两支搜救队的军官都没有得到关于失踪买办下落的进一步消息。他们决定向附近村民打听。

在士兵们吃早餐之时，乔斯林和军官去了附近的一个村庄。他们发现，在英军到来之前，这个村子里的人都已逃走，只剩下一个看起来是该村里正（相当于今天的村主任）的老人。

老人的房子掩映在一片棕榈树、香橼树和一些英军不知其名的灌木丛中，四周环绕着一个花园，茉莉花和其他鲜花芳香四溢。

乔斯林等人从住宅的大木门进去，他们发现，这幢建筑是当地乡间住宅的典范：进门后便是一个大庭院，两边分别是用于存储粮食和烘干水果的房子，其余便是家族成员的寝居和供奉祖先的祠堂——所有家族成员共同使用它。

这些农舍之所以规模如此之大，是因为通常需要考虑数代人同住。

祠堂的前面是漂亮的格子架，搁在雕刻有图案的柱子上，在这个大房间内，有铺着软垫的沙发，中间有张小桌子，上面放着茶杯和烟斗。

在翘起的屋檐下，坐着一位看起来德高望重的老者，他留着长长的白胡子，这说明他年纪已经很大了。屋子里其他的人都逃走了，他显得那么孤单凄凉，眼泪顺着他那干瘪的脸流了下来。从翻译提到的情况来看，英军确信村子附近出现过买办。

此时此刻，乔斯林突然有种于心不忍的感觉，很显然，这位长者守护着他的家园，这是他耗尽一生而营造的温暖之巢，现在毁人家园、夺人性命的侵略者来了，他还是不愿意离开，宁愿和家园一起消失。

这位老人坦然承认，他听说过抓住了什么人，但不知详情。

是不知，还是不说？英国人没法分辨。

乔斯林和其他英军士兵没有为难这位老人："我们并未想过把这位长者抓走，虽然他……承认在前一天早上听说人们把买办带走了。"

一行人回到休息地后，率队继续往前。此时，山前山后，依旧有不少身份不明的人跟踪监视着英军动向。

气温越来越高，英军携带的装备又很沉重，每个人都不堪重负，又有一些士兵因为疾病而退出队伍。搜救队决定出其不意地包围一个村庄，抓几个村民当苦力。

跟踪监视的人让英军头疼不已，他们每到一个村庄，村民都先他们一步离开。

英军耍了个花枪。

在经过一个茂密的树林地带时，英军指挥官命令士兵改变原有路线，他们在树林里隐藏起来，避开山上的中国哨探。

不久后，英军兵分两路，一路跟着军官继续前进，另一路则突然原路折返，杀向了他们来时经过的一个村庄。

英军的盘算很简单：那些逃走的村民，见英军远离村庄，一定又会回到村子里去。

然而，这一盘算还是落了空，在高处盯梢的人立即向村庄发出信号，告知有另一队英军杀了个回马枪。果然，英军又扑了个空。

英军迅速在茂密的竹林和低矮的丛林间布下封锁线，然后对空开火，起到足够的威慑作用。那些躲在堤坝或弯曲的小路旁的村民以为被发现，不得不从藏身处出来。英军士兵还发现，有人居然藏在房屋后面用来储存雨水的大水缸里。

而另外一批村民，则逃到了附近一个庙里，手里拿着些农具以作防卫。英军翻译上前与他们交谈，告知英军并无伤害他们的意思，只是为了让村民给他们干些活，并愿意向他们支付报酬。但如果村民不按英国人的意思办，继续选择逃离，那么英军士兵将被迫使用武力。

这番恩威并施的话，使村民们犹豫了。

就在翻译和村民们交谈过程中，有两个小孩突然从不远处的一座房子中溜了出来，很显然，他们被高鼻梁、蓝眼睛的英国人吓着了。

乔斯林灵机一动，打起了温情牌。他记下了当时的场景：

> 在谈话中，两个小孩从一所房子里偷偷溜了出来，虽然他们一开始被陌生人吓坏了，但我还是成功地诱惑了一个非常漂亮的孩子，让她戴着我头上的一顶鲜艳的帽子玩。
>
> 0.25元[①]的硬币很快就让我们和村民成了好朋友，人们看到我们不是他们所想象的血腥的野蛮人，态度就变得和以前不一样了。但我们的麻烦也因之而来，他们开始检查我们的身体、衣服，没有一处不被碰过，似乎想摸清我们的生活状况……

一手温情牌，使英军成功软化了村民对待陌生入侵者的态度。

最终，他们成功带着一些愿意替英国人干活的劳工离开，而那些村民，看起来对英国人也不再那么排斥。乔斯林等人很快赶上大部队，所有暂时用不上的装备，都让劳工用竹竿挑着，并安

---

① 为外币，原文为"dollar"。

排这群人夹在士兵中间。

对英国人来说，长途奔袭下，越来越多的士兵（特别是先前染病的）身体情况正在恶化，再加上附近山头紧追不舍的盯梢者，使他们更加担心自身的安危。而他们必须保持足够的体力、足够的战斗力，以应对前方搜救过程中出现的任何不测。

在回忆录中，乔斯林对这一担心有着充分的考虑：

> ……看起来这是为了便于行动而采取的一些简易法子，但实际上是形势所迫。因为我们已经深入怀有敌意的人们所居住的腹地，我们不可能在后面留下哪怕一个士兵——背包太重，跟不上全队行军的步伐。而且分岔的道路变得如此之多，除非我们有一个本地人作为向导，否则很难保证我们所走的道路是正确的。

有了这支被强募的劳工，部队行进速度加快，给养也不再是问题，有这些劳工出面，前方村子给他们提供了食物——英军官兵把这些劳工当成"大篷车"使用。

离开定海的第三天晚上，搜救队到达了一个被茂密树林包围的小镇，入口是一座外观和定海大多数桥梁相同的石桥。

桥上，站着5位身穿白衣的老人，他们是当地乡绅。

第四节　险情突发

5位当地乡绅见到荷枪实弹、来者不善的英军士兵，什么都明白了，乔斯林这样回忆道："他们恭恭敬敬地鞠了一躬，问我们有什么要求、为什么要在这乡间游荡。他们告诉我们，他们是该区的乡绅，请我们到一座庙里去谈谈，在那里会用各种茶点来招待我们，然后我们可以'勤勉地调查'。"

英国人同意了乡绅的提议，他们将士兵留在当地的入口处把守，乔斯林只带着翻译托姆斯进入乡绅指定的寺庙。

经过了长时间协商，当地有一个人主动提出，可以带英军去绑架了布定邦的头目家里，但前提是士兵应该留在村里，而且应该把那个头目的住处包围起来。

对于这样的交涉结果，乔斯林心里自然一清二楚，村民不希望英军对村庄实施报复，宁愿说出绑架者的下落。他再次同意了村民的提议，走出庙宇后，他给军官下达指令，万一听到开火的声音，立即尽全力来帮助他们。

为了应对不测，也是出于对当地人的不信任，乔斯林和翻译托姆斯将枪支填满弹药，随后由当地村民陪同，前往他们所称的匪巢。途中被告知，他们要去的是个有名头的土匪居住之所，就在英国人攻占定海之前，还因恶行而入狱，于7月5日也就是英军攻击定海城的那个晚上被放出。这个土匪实施绑架计划，是因为贪图宁波官府的悬赏金，并试图以绑架英国人来讨好宁波官府。

乔斯林和托姆斯很快接近了目标：

> 我们进了屋子，但那只猎物不见了，我们对房屋的里里外外都进行了搜查，没有发现目标踪影。
>
> 然而，我们在一张床上，发现有名妇女患上了热病，当地人也正遭受这一病痛的折磨。这位女士是强盗的新婚妻子，她并不愿透露她丈夫的情况，只说他已经离开两天了。当地人强烈要求我们把她作为人质，但我们并没有伤害她的想法。然而这是当地官府的惯例，如果罪犯不出现，整个家庭都要

为他所犯的罪行负责……

当我通过手势和那位女士交谈时，楼上传来一阵声响。翻译检查阁楼时，被一捆稻草绊倒，接着，有个人跳出来，一番激烈的搏斗后，那人从窗口逃了出去，士兵向他开了一枪。

我们立刻沿着小路追击，但他成功逃脱了。

我们的目的既然没有达到，剩下唯一的办法就是把村里的主要居民都带走，把房子烧掉。前者，我们这样做了。但考虑到这位女士的处境和危险，我们并没有放火烧掉房子。

无功而返，饱受疾病折磨、一路劳顿的英军士兵内心充满了沮丧。他们朝离此约15公里的另一个镇子前进，奉命去擒获一个"匪首"。

这次新任务充满了风险，因为情报显示，他们要去的目的地，非常有可能隐藏着清军官兵。

而更让乔斯林担心的是，目前几乎所有的官兵都在高温下患上了严重的疟疾和痢疾，行军变得格外困难，战斗力越来越弱，能不能完成任务变成了一个未知数。

乔斯林如此写道："……第二天，我们到了海边，那是一个海港。但几乎所有的人患上了严重的疾病，这是稻田里的瘴气所致。怎么让他们回去，成了一个问题。"

早晨时分，海上开来一艘汽船，正是在海上执行封锁和搜索任务的义律。被疾病折磨得无以复加的搜救队开始迅速减员。"可怕的高温使行军变得极为恼人。我们的队伍，在抵达港口后又有一队加入，总共有50人，但几小时后，一大半因虚弱和疾病而掉队，被迫返回。"

那时的乔斯林，忧虑无比，"如果遇到抵抗的话，我们现在的力量很小。……然而，我们还要再走一天的路程，才能抓住一个可疑地点的头头，这个地方离海岸大约有九英里远"。

乔斯林的担忧不无道理，就在他们前进之时，他们发现周围山头一如前几天那般，出现了不少哨探。毫无疑问，他们已经知道英军这支搜救队染上重疾并大量减员。如果他们中途对剩余的士兵发动袭击，会发生什么事，谁也无法预料。

幸而，经过一天强行军，搜救队安然抵达了目的地。

在乔斯林的记录中，英军进入时，是极其小心的：

> 当那个城镇进入我们视线时，它被一堵矮墙包围着，似乎挤满了人。我们向他们打了个手势，表示我们没有敌意，但我们把一支预备队留在树丛后面，其余的人小心翼翼地进入了城镇。
>
> 我们知道，要抓住主要人物，唯一的办法就是让他们到谈判场去。于是，我们找了几个人去通知镇里的头面人物，我们在某个地点等着与他们会谈。然后，我们便走进一家药店，那儿出售各种各样的膏药。
>
> 通常，医生都是当地的上等人，而药店则是游手好闲的人最喜欢去的地方。我们在这里坐了下来，不一会儿，当地两个主要的人物来了。
>
> ……
>
> 谈话结束后，我们向士兵们招手，命令把门关上，翻译抓住了其中一个人，而我则抓住了另一个人，告诉他们，他们需要到定海去和我们的长官见面。
>
> 起初，他们抗拒我们的劝说，但听到士兵们装刺刀的声

音，他们认为最好还是服从。我们的力量很弱，而街上已经聚集了好几百个当地人，尽管士兵们的刺刀有威慑作用，还是有人试图挤进来。这是一个令人不安的时刻。

镇的尽头是一座狭窄的桥，部队需要排成一排通过。此时，对面有一群向我们示威的人，他们在那儿排成一排。如果我们想通过这座桥，唯一可行的办法就是尽力把"路障"清理干净。

我们命令押解的士兵用手帕把2名人质的手绑在自己的手腕上，以防他们在混战中逃跑。翻译在对当地人讲话时告诉他们，我们所带走的人不会受到伤害，但是我们的一个伙伴被这个地区的一些居民带走了，我们为了确保他的安全，不得不将这2个人带走。

然而，人群没有散开的意思。

见到对方坚定的阵势，英军开始了武力威慑，他们向当地人喊话，称想要活着把这两个人救出去是完全不可能的，如果不让开，他们将承担严重的后果。

英军将一些士兵留在后面作为掩护，其余的士兵列队前进，但是，在主攻队踏上第二块石板之前，人群冲向了桥头。

英军指挥官下令开枪，一阵扫射过后，人群立刻四散开来。显然，他们并未见过英军先进的武器，也不可能知道如何才能和一支正规军对抗。他们中的大多数人，只见过长鞭，而少数人即使见识过英国人手中武器的厉害，也不懂怎么反击。

英军搜救队顺利突围。途中，一个受了伤的中国男人试图逃跑，但子弹随即射穿了他的腿。英军做了一副简易担架，抬着他朝早晨到达过的那个海港而去，希望那艘汽船依旧在海边等着装运他们离开。

然而，傍晚的时候，搜救队又迷了路——走的不是上午来的那条道。此时，尾随英军的中国人，出现了攻击的迹象。

乔斯林这样记录当时的场景：

在那漫漫长夜中（这条路在黑暗中被弄错了），气温仍然受着白天炎热的影响，找不到比这里更可怕的地方了，而且我们没有一点食物可以吃。

我们抬着伤员越过高高的崎岖的岩石，沿着陡峭的山坡向下走了好几英里，没有一点埋怨。这就是英国士兵在欧洲军队中脱颖而出的原因——忍耐力。

凸出的岩石把整个海岸线分割成了锯齿形，挡住了近处的大海。午夜时分，正是在这些悬崖峭壁上，我们这个小团体进行着攀登。

小团队分成三四人一小队，各自寻找道路，寻找预期中船只应该等待我们的那个地方。几小时内，每个海湾都有了人，他们走到海边时已经跌跌撞撞，疲乏得不能再继续前进。

然后我们开始喊叫，用火把将海边照亮，每支小队都试图吸引汽船来到他们的位置。这更像是一支溃败的军队而不是征服者在准备登船。

当我们乘着一艘被捕获的小船从岸边出发时，从海湾里、悬崖顶上不时传来枪声，光点在夜色中闪烁，不一会就看见正在往下跑的士兵和他们的战友……船长和军官们的叫喊声比海浪拍打岩石的声音更响亮。

英国人成功地在中国人发动攻击之初，乘船离开了海湾。

乔斯林心有余悸，"假如中国人在登船前对我们发动报复行动，将会有非常好的机会把我们分割开来，因为他们对当地的路非常熟悉"。

……

在英军满山遍野寻找布定邦时，这个买办却已在宁波监狱结束了审讯，清当局录了一份口供，虽然有些地方真假莫辨，但有关英军军事实力、如何收复定海等情报和策略，却不能说完全没有价值。

据布定邦供：系广东福州府香山县人，年二十八岁，父母俱故，庶母欧阳氏年四十七岁，弟兄四人，大兄定功，二兄定汉，小的行三定邦，四弟定申，向做红毛西洋等国生意。……夷人大船可装四百人，中号装二百五十人，小号八十人，大船有两只……小的向在澳门等生理，所以也会说红毛西洋国话，红毛大船有炮五十位，鸟枪二百杆，小船有炮二十四位，鸟枪一百杆，火药用红毛出的系纱藤炭灰配合硝磺，所以炮甚厉害。红毛人脚穿牛皮鞋，在船脱去极为方便，若穿鞋上岸，则行走不及汉人，现在招宝山他们恐怕火兵进攻，不敢直闯，一步一步慢慢进的。

红毛枪炮利害，难以近身破他的法，用火攻最好，今年三月间在广东时，林大人用木排上堆茅柴薪灌油烧起顺潮放下，共烧三次，第一回十个火排烧去大船一只，第二回用五个火排，有一回用过二十个火排，因洋面阔大均未烧着，从此他也怕了。他们大船上用大铁锚、大铁索，下碇如拔起铁锚约须一个时辰，所以不及逃避，全被烧煜，似此破的法子是最好。……

小的想出破舟山的法，舟山城内并无居民，只用十来个人身带火药乘夜扬火便可破县城，若要破他的船只，用十来只小船假作向他买卖，暗装火药撑到船边，一点就走，他们大船密排在舟山道头，港内窄小可以一烧尽净，或用火排亦好。小的愿献计破红毛，求大人开恩。……小的在他船上做厨子，现住城隍庙，定海县衙门是马礼逊、郭士立、美士坦、加立四人，其义律住在镇台衙门。各城上设放炮位。小的二十五日[①]在舟山北门外买牛肉吃，因无牛肉买，猪肉尚未买得即被舟山百姓营兵拿获送案的。……[②]

第五节　间谍战·冥诛

这起突发事件，打乱了懿律的部署，就在布定邦被擒的7月17日，懿律和义律还联名给远在英国的外交大臣巴麦尊写信：

女王陛下政府将很满意地获悉，部队继续保持很好的健康状态，而且就我们的经验来说，气候很温和（尽管我们处于今年最热的季节），所以对那一点无需感到忧虑。随着信心的恢复，我们希望可以依靠对重要物品的充分供应，因为这些岛屿肯定是很好开垦过的，而且平时不缺少家禽、蔬菜以及那类食物。[③]

---

① 据英军军事秘书乔斯林回忆录记载，布定邦被抓的日期是7月17日，而不是六月二十五日（7月23日）。
② 全国公共图书馆古籍文献编委会. 夷匪犯境闻见录·鸦片战争史料集[M]. 北京：中华全国图书馆文献缩微复制中心，1995：59-65.
③ 胡滨. 英国档案有关鸦片战争资料选译（上）[M]. 北京：中华书局，1993：676.

至少，懿律在这封信中并未道尽实情，因为痢疾、热病等在部队中已非个例了，对于新鲜食物的需求已相当迫切，容不得半点闪失。以乔斯林前往搜救的队伍为例，"可怕的高温使行军变得极为恼人。我们的队伍，在抵达港口后又有一队加入，总共50人，但几小时后，一大半因虚弱和疾病而掉队，被迫返回"①。

大搜救无果后，懿律、义律率舰直犯天津，如入无人之境般抵达天子脚下。

而在浙东，宁波城内、镇海、定海等地，清方派出大量人员以船民、商贩身份为掩护，潜入被占区探听敌情。另外，在定海战役中被打散的清军官兵、县衙文员，有些并未逃往大陆，而是留在本岛或潜居于小岛，探听英军动向，为清军收复定海作准备，更有人在坚持与敌斗争。这在伊里布任钦差大臣不久后的《奏陈严防英船密筹攻剿折》中可以见到："再，定海前无下落之文武各员，现在教谕曹应谷、训导诸葛璋均已避入郡城，岑港巡检赵廷诏仍在该处防守。此外备弁人等，有仍各守汛境者，亦有尚无踪迹者，将来各兵召集之时，不难得其实在。"②

英方的间谍战则更早，据清当局抓获的间谍口供，早在1840年5月间就有人在宁波等地搜集情报、绘制地图。在苏镇奇营左哨千总张鸿选、吴淞营右哨贰司把总张凤翔的一份禀件中，曾提及抓获奸细闻吉祥的事。

这份汇报材料显示，和买办布定邦差不多时间被抓的闻吉祥是宁波本地人，年近六旬，原住鄞县邑西门外，左臂上印有番记

①　Jocelyn. Six Months with the Chinese Expedition[M]. London: John Murray, 1841:91.
②　中国第一历史档案馆. 鸦片战争档案史料（第3册）[M]. 天津：天津古籍出版社，1992：333.

一颗。据供称，他在14岁时即前往广东做生意，投靠英国人已有30余年。当年农历四月间，受英人派遣潜回宁波。官方在闻吉祥的住地起获皮箱一只，发现里面有"地土情形"，也就是宁波地形等情况，说明他在替英军搜集地图等资料。

相比于英军间谍，清当局派出的细作收获更多。虽然他们总体上为清当局提供了英军动向等情报，但有时候并不靠谱。

苏镇千总张鸿选、吴淞营把总张凤翔于7月底、8月初曾多次派人潜入被占领区，"……六月二十八日、七月初三日……兹查夷船现在镇海仍泊三只，其余均在定邑会帮停泊，内有数只在定辖各岙往来行驶。七月初七、十一等日，有闽来鸟船十二只，被该夷匪将人船劫带至定内九只，在定邑竹山门排帮欲截兵船，水道尚有三只。夷匪驾船行驶，在洋掳掠各船"。①

对照英方记录的布防等文献，这份情报是可靠的，英军封锁甬江口后，截断海上交通，大量商船被劫往定海港。

不久，清军细作向抵浙不久的钦差大臣伊里布提供了一个奇怪的情报：冥诛。

最先奏报"冥诛"的是乌尔恭额，七月十六日，已是革职留营、戴罪图功之身的他上奏《筹备浙江各海口防守情形折》，提到了"冥诛"："近有一头目已遭冥诛，甚属秘密，尚未探有确名。"②

此后，伊里布在向道光奏报时这样写道："又已遭冥诛之夷目，据侦探之弁兵回禀，该处民人或称系属伯麦，或称系属义律，究不知果属何人，其致死根由，亦属传闻不一，因该夷于此事甚为秘密，以致无从得实。缘奉垂询，用特缕晰附陈。"③

---

① 炎明.浙江鸦片战争史料（上）[M].宁波：宁波出版社，1997：173-174.
② 炎明.浙江鸦片战争史料（上）[M].宁波：宁波出版社，1997：123.
③ 炎明.浙江鸦片战争史料（上）[M].宁波：宁波出版社，1997：134.

道光对"冥诛"事件十分关心，专门谕示"其遭冥诛之夷目究系何人，查明后亦著奏闻"。

不久后，更详细的情报来了：遭"冥诛"的是英海军司令伯麦。

这份情报，是由江苏派出的细作得到的，此人由吴淞出发，抵达镇海报到并领受任务后，随即过横水洋，沿水路一路观察，得到了不少有价值的线索。在距离定海八九里之地，他"探得东门外在盘尧山有夷匪六七百人，帐房百余顶。又见竹山山门有夷匪二百，外帐房八九十顶。又见大教场有夷匪二百，外帐房五六十顶，立铁炮五十七门，铜炮三门，大口铜熕十门。又见南门外大道头外停泊夷船二十七只，内有风火车船三只，一字排开。东岳宫山上有夷匪五六十人在内居住。又探得北门城内销山上有夷匪二百，外帐房七八十顶，炮四门。四城门多有夷匪把守，四门城头上多立大炮四门，有数十黑夷肩扛鸟枪，日夜在城头上行走检查。又探得镇台衙门外有白夷居住，黑夷把门"[①]。

上述描述，对照英方文献，大抵是可信的，也可为清方收复定海作重要参考，可惜的是，从日后双方动向来看，清军曾遇到进攻的天赐良机，总兵葛云飞等人力主进攻，伊里布却按兵不动，白白让胜机从手中溜走，这份军事情报，也一直没有发挥其应有的作用。

情报还提供了一些定海人与英军关系的信息："定海百姓有千余在城未走"，"定海县衙门亦有夷匪存扎，各庙多有夷匪存扎，将神像多已打坏，有定海县文生陈子贤将女儿献与夷匪布耳利，陈子贤身穿夷服，每遇出入总有黑白夷护卫"。

① 炎明.浙江鸦片战争史料（上）[M].宁波：宁波出版社，1997：177-178.

定海人嫁女儿于英人之事，《中国丛报》也有报道："12月初，一个中国人从邻近的一个村庄来到定海的县令办公室，要求将他的女儿嫁给一个英国人——这是中国人对远方人所表现出的一种罕见的尊敬，与以往普遍表现出来的行为形成了鲜明的对比。"①

当然，清军细作打探到的也有道听途说或是胡乱编造的信息，比如："拿去少年之人，剃去头发，将身漆黑，吃哑药，以作黑鬼子用，与他们扛抬什物，不能脱身。"②

在谈到"冥诛"事件时，这份情报说："有夷匪水师官爵士伯麦往城隍庙内，将城隍老爷袍脱下穿在自己身上，将自己身上红背心穿在城隍身上，至晚用短刀自刎……放三次齐枪，埋在中衙门后销山后。现在布耳利为水陆总领官……"

与英军官兵的记录相对照，这名细作所掌握的情报，如果撇开神的力量，大体上可以接受，英军确实死了一个高级官员，也确实举行了隆重的葬礼，但不是伯麦。

死的，是英军第26团上校司令官、英国远征军陆军副司令奥格兰德。

这名"长期患病、身体非常虚弱"的司令官的远征之途异常坎坷，如果像清军那名细作报告时那样加上些"神的力量"，倒确实可以看作处处显示着死亡的征兆。

从加尔各答出发时，舰船就遭遇到强风暴，几乎让他和船员们葬身海底，在船上桅杆尽被风折断、船体破损的险情下，他依然坚持"有机会在新加坡加入舰队"，挣扎着抵达新加坡集结。

① Journal of Occurrences. Proceedings and Present State of Affairs at Chusan[G]//The Chinese Repository: Vol.IX. Canton: The Proprietors, 1840:641.
② Journal of Occurrences. Proceedings and Present State of Affairs at Chusan[G]//The Chinese Repository: Vol.IX. Canton: The Proprietors, 1840:641.

下属芒廷中校在新加坡前去探望他时，他已病入膏肓，却强撑病体想要实现侵略意图，芒廷和他在舱内交谈时，曾亲眼见到他"竭力装出健康的样子。但是他又倒了下去"。

终于，他完成了心愿，见证了一个历史性的时刻，却也终于葬身于被他们征服过的土地。芒廷的回忆录中记载了这个司令官在定海的安葬地："奥格兰德上校在海上去世。几天前，他被安葬在一个他一生都会热爱的地方。这个团驻扎在城墙内的一座山上，在知县的房子后面，这似乎是为首席文官保留的公园。在这座小山的一角，在一棵树下，可以俯瞰海港和周围岛屿的壮丽景色。'麦尔威厘号'的牧师主持了仪式，葬礼进行得非常得体。他的离开对军队是一个巨大的损失，对这次远征更是如此。……但那是神的旨意。"①

乔斯林的《在华六月记》则对"冥诛"作了解释："奥格兰德将军②死在征途中，（7月）11日，他被埋葬在部队所在的岸上，正如他所在的团所希望的那样，他应该被安葬在岸上。中国人确信他是在5日那天被杀的，并向北京政府报告说，一个野蛮人的头目在占领定海时被愤怒的天雷劈死了。这些天雷还在野蛮人所在船只的底部打了一个大洞。"③

乔斯林担心一个高级将领被安葬于陆地，"虽然这种埋葬是出于最崇高的敬意，作为人们纪念他们的指挥官的最后标志，但是

---

① Armine S.H.Mountain. Memoirs and Letters of the Late Colonel Armine S.H.Mountain[M]. London: Longman, Brown, Green, Longmans, & Roberts, 1858:166.
② 奥格兰德巴被英国方面授准将军衔，尚未举行授衔仪式。
③ Jocelyn. Six Months with the Chinese Expedition[M]. London: John Murray, 1841:70.

出于政治原因，在这种性质的远征中，似乎最好避免这种埋葬"①。

关于奥格兰德的死期，芒廷和《中国丛报》都有记录，他应该死于6月22日英军初抵澳门之时。这是1840年侵华英军死于疆场的将领中军衔最高的。

第六节　夺命瘟疫

疾病，几乎在英军侵占定海城的同时就出现了，痢疾、热病等传染病迅速在军营中蔓延，导致了一场英军避之不及、闻之胆寒的大瘟疫。细菌性痢疾是由痢疾杆菌引起的肠道传染病，病菌潜伏期最短只有几个小时，长的也不过3天，传染后便会引起结肠黏膜的炎症和溃疡，并释放毒素入血。一旦发病，常表现为发热、腹痛、腹泻、里急后重、黏液脓血便，同时伴有全身毒血症症状，严重者可引发感染性休克或中毒性脑病甚至死亡。

负责为英军采购新鲜食物的布定邦被捕后，等于这条军需线被掐断。

乔斯林的回忆录记录了英军去其他地方采购的困难："已经派出了几个小组。……由于缺少翻译，在当地人看来，他们更像是强盗。"②

此时，舟山民众自发而起的反侵略抗争在地下悄然布开，只要英军敢露头，便有可能被捕、被杀，更何况，各地还有像岑港巡检赵廷诏领导的秘密力量，若英军敢冒险离开定海城到其他地

---

① 　Jocelyn. Six Months with the Chinese Expedition[M]. London: John Murray, 1841:70.

② 　Jocelyn. Six Months with the Chinese Expedition[M]. London: John Murray, 1841:121.

方采购、抢夺，无疑是以生命为赌注。

定海城内，自被占领以来，民众溃逃，百业萧条，清当局细作曾侦得城内只有千人留下的讯息，而乔斯林也曾记下"在这个月的25号以前，这个地方比以往任何时候都要荒凉，成了一个只有恶棍和强盗的港口"。

11月之前，英军一直处于瘟疫的大爆发期，这场令人恐惧的灾难，在年底前就夺走了448个英军士兵的生命，死亡率高达12%，最严重时，竟有3/4甚至更多的士兵无法执行任务，整支部队几近瘫痪状态。

但亨利·泰勒认为死亡的英军远不止448人，而是近600人。

泰勒是享誉英国的诗人、戏剧家，生于1800年，卒于1886年，他曾长期在英国战争和殖民地办公室担任文职官员，能接触大量一手文件。他在自传中，对义律在中国的经历有专门叙述，并且详细记录了英军侵占定海的整个过程。他写道："疾病以一种如此致命的形式袭击着他们，使他们的力量日益明显地减弱；事实上，在撤离该岛之前的8个月里……有600人被埋，大约1000人因伤被送走。"①

疾病是什么时候开始爆发的，并没有明确记录，但从英方文献记载上来看，早在7月17日布定邦被俘时，已非个别现象，无论是在芒廷的记录中还是在乔斯林的记录中，都可以看到，不少英军官兵已身染疾病而无法执行简单的军事任务。

从《中国丛报》选登的一个士兵书信中，可以大致分析出在懿律离开舟山前往天津（7月30日）时，疾病以裂变的形式开始传播："海军少将离开后，士兵们开始以可怕的速度倒进医院"，很

---

① Henry Taylor. Autobiography of Henry Taylor[M]. New York:Harper & Brothers, 1885:355.

快，"一半的医务人员和医院的其他工作人员都生病了，而另一半
人要做全部的工作"。[1]

《中国丛报》《亚洲月刊》等媒体在英军北上舟山时，不仅派
记者随军采访，更大量刊登从不同渠道得到的英军官兵书信，为
在澳门的英国人及其他外国人提供前线战报。关于这场大瘟疫，
媒体有着许多报道，有一封信这样写道：

> 舟山的情况是最糟糕的，这里的部队，至少是军事部分，
> 处于悲惨的瘫痪状态。疾病已蔓延到如此严重的程度，以致
> 近一半的部队效率低下，其余的部队状态也由登陆时的良好
> 跌到低谷。流行的疾病是发烧、疟疾和痢疾。尽管苏格兰人
> 在印度非常健康，但他们一直是最大的受害者。他们至今已
> 损失了27人，今天又有504人躺在病案上。在执勤人员中，有
> 一半更适合住院。几乎没有人身体健康。
>
> 第18团的情况并没有那么糟，但他们已经失去了大约25
> 名男性，患病的比例也不比第26团少多少。志愿军和马德拉
> 斯军队的情况也好不到哪里去。[2]

这封信指出了他们糟糕的伙食，并且分析出在船上的官兵
会相对健康，表达了他们不愿意在陆地驻扎，想回到舰船上去的
想法：

---

① Asiatic Intelligence-China. The Asiatic Journal and Monthly Register for
British and Foreign India, China, and Australasia: Vol.XXXIV[M]. London:
Wm.H.Allen and Co., 1841:31.

② Asiatic Intelligence-China. The Asiatic Journal and Monthly Register for
British and Foreign India, China, and Australasia: Vol.XXXIV[M]. London:
Wm.H.Allen and Co., 1841: 30.

第49团是最健康的，因为他们在船上多待了一个月，营地的情况也更好。他们只有200人患病，死了几个人。这些疾病不是恶性的，在一般情况下，患者会很快恢复健康和力量。但在这里就不一样了。一直无法供应新鲜的食物，每人每周只能吃一磅猪肉，同样数量的牛肉每月也只能吃一两次。其结果是，士兵们几乎是靠盐的配给生活，并染上了坏血病。一个人得了这种病，剩余的人就不能幸免了。

……更容易染上流行的疾病，恢复的速度很慢，而且许多人再也不能胜任原先的工作了。把这些人放回船上，或许能控制疫情。可以让几家连队留在岸上执行任务，每周都换班。[①]

信中还透露了一个情况：随着健康状况的恶化，士兵情绪也开始波动，素来以服从性强而闻名的英军士兵，甚至找到海军司令伯麦交涉，要求他把一些发病率高的部队重新调回到船上，原因显而易见，船上的第49团的发病率，远远低于在岸上驻扎的部队。

但是伯麦拒绝了这一要求，答复说所有的运输船都已出动执行任务，目前港内只有4艘医疗船，没有多余的船只容纳岸上的部队。

这是一封充满了抱怨的信：

昨天，苏格兰团已有545名士兵不适合执行任务。这是一种可怕的情况。这个岛的给养已经枯竭，我们又无法从大

---

① Asiatic Intelligence-China. The Asiatic Journal and Monthly Register for British and Foreign India, China, and Australasia: Vol.XXXIV[M]. London: Wm.H.Allen and Co., 1841:31.

陆获得。……我们在城里没有开一家店，现在也没有一件食品可以买，只能从船上买。……城里有成千上万的稻田，但新鲜的肉是我们想要的。……这里的景色是我所见过最美的，岛上的植物也最丰富。但是中国佬想让我们挨饿，这是不愉快的。①

另外一封信则让人有毛骨悚然的感觉，第26团士兵以极快的速度死去："舟山非常不健康，苏格兰人遭受了严重的苦难。……他们在过去3天里每天埋葬3名士兵。"②

几封由加尔各答转送的驻定海士兵的信显示，这段日子，定海城内物资紧缺，引发了严重的通货膨胀，葡萄酒、啤酒，其他食品和杂货，售价都比加尔各答高了2倍到3倍。

在英军占领定海之初、布定邦还在为英军效力时，"鸭子等家禽起初那么多，现在却难以买到"，蔬菜更是成了稀缺物，想吃到新鲜的蔬菜难如登天。为了解决粮食短缺问题，英军的主粮中甚至出现了甘薯，再后来，山药也作为粮食配给，按每个人若干的比例进行分配。

随着天气渐凉，保暖的衣物也成了抢手货，"任何一个加尔各答商人寄来食品、杂货、葡萄酒等货，一定会在这里以非常有利可图的条件出售。布料、适合士兵的衬衫、结实的皮革，再如靴

① Asiatic Intelligence-China. The Asiatic Journal and Monthly Register for British and Foreign India, China, and Australasia: Vol.XXXIV[M]. London: Wm.H.Allen and Co., 1841:33.

② Asiatic Intelligence-China. The Asiatic Journal and Monthly Register for British and Foreign India, China, and Australasia: Vol.XXXIV[M]. London: Wm.H.Allen and Co., 1841:35.

子、法兰绒和各种各样的保暖衣物，也被抢购"[1]。

　　饥饿、疾病以及疾病的后遗症（有些士兵即便康复，也留下了终生残疾），使厌战情绪在军营里以极快速度蔓延，从《亚洲月刊》记者的报道和选登的一些士兵信件中，可以非常明显地察觉到这一点：

　　　　高烧和痢疾仍在继续，这些人由于病症反复发作而精疲力竭，很快就死了。……到目前为止，还没有采取任何措施来改善军队的悲惨状况，尽管这位海军少将谈到要将部队分批派到马尼拉和澳门换气。我们都非常讨厌舟山……我们回到孟加拉后，至少十年之内不会有人抱怨。

　　　　……将有相当多的人因病致残，送往加尔各答，由那里的委员会加以审查，并以不适合服役为由予以解雇。

　　　　我敢说，仅苏格兰一团就可能选出60名那样的士兵，不包括那些在医院里奄奄一息的人。……

　　　　外科医生们说，这些可怜的家伙中至少有三四十个人处于绝望的状态，所以现在即便上船撤离，对他们来说也已经无济于事了。

　　　　目前还没有确定哪些伤残者将被送上船，或有多少船只会运送这些人，但可以确定有一艘开往加尔各答，还有两艘是马尼拉。

　　　　现在在舟山的部队，特别是第26团，很少有人不处于这种可悲的状态。仅在这里，就有550人患病，80人被埋，许多

---

① Asiatic Intelligence-China. The Asiatic Journal and Monthly Register for British and Foreign India, China, and Australasia: Vol.XXXIV[M]. London: Wm.H.Allen and Co., 1841:35.

人奄奄一息，还有更多的人完全残疾。①

这场瘟疫有多恐怖，士兵有多绝望，对于要求获得新鲜食物以拯救生命的渴望有多强烈，看看这位士兵信里的这句话就知道了："不少于10名欧洲士兵在1日死亡，11名或12名在2日死亡。……现在，只要改变饮食习惯，用新鲜的肉类和蔬菜来代替咸肉，就能避免。"②

自英国决定对华用武以来，这些将士从印度等地动身，除了在新加坡集结时休整过一段时间外，半年来几乎都在一路奔袭，海上给养有限，新鲜食物在此时无疑成了他们的救命稻草，偏偏在这个时候布定邦被捕，使他们落入巨大的灾难中。

士兵们在疾病侵袭下一个接一个地倒下去，一个接一个地被埋葬于异国土地中，但军官们呢？

几乎所有可找到的英军军官回忆录，都回避了这个问题。

虽然没有确切统计资料，但《亚洲月刊》刊登的一封信，还是露出了蛛丝马迹："部队所有军官的健康状况充分证明，恶劣的气候并不能造成灾难，缺乏适当的食物是在舟山的英军官兵人数减少的真正原因。……只有一个军官，第49团的斯蒂内上尉死了。"③

乔斯林的回忆录证实了部队所遭遇的恐怖一幕："疾病在部队

---

① Asiatic Intelligence-China. The Asiatic Journal and Monthly Register for British and Foreign India, China, and Australasia: Vol.XXXIV[M]. London: Wm.H.Allen and Co., 1841:128.

② Asiatic Intelligence-China. The Asiatic Journal and Monthly Register for British and Foreign India, China, and Australasia: Vol.XXXIV[M]. London: Wm.H.Allen and Co., 1841:129.

③ Asiatic Intelligence-China. The Asiatic Journal and Monthly Register for British and Foreign India, China, and Australasia: Vol.XXXIV[M], London: Wm.H.Allen and Co., 1841:129.

中造成了严重的破坏……它使3/4的部队不能执行任务。"[1]

"威里士里号"的一名军官比乔斯林更为悲观,《亚洲月刊》记者引述了这名军官的话:"我想,在部队的全部3420名士兵中,只有五六百名士兵能被征召服役,这必须是适度的,而不是激烈的。"他还具体举例说:"第26团的存在只是名义上的,他们只召集了100人值勤,还有500人仍在医院里。"[2]

在导致大量死亡的疾病面前,军心涣散、人心思撤,连军事主管也动摇了,有一封信透露了这样一个细节:"今天要举行一个会议,这次会议是海军少将召集在舟山的各部门首脑召开的。人们希望采取一些决定性的措施——要么在军事力量被消灭之前放弃这个岛屿,要么派遣大量人员到马尼拉去换防几周……"[3]

这些书信,透露了一个极其重要的信息:疾病最严重时,英军能投入战斗的兵力极少,很可能仅有七八百人(五六百名士兵加上约200名军官),而且许多人还无法进行最激烈的对抗。

这,是不是清军绝佳的反攻时机?

可惜的是,清政府视若无睹。

第七节　征粮队·伏击

布定邦被俘、英军供需线受到破坏后,英军不得不派出多支

---

[1]　Jocelyn. Six Months with the Chinese Expedition[M]. London: John Murray, 1841:121.

[2]　Asiatic Intelligence-China. The Asiatic Journal and Monthly Register for British and Foreign India, China, and Australasia: Vol.XXXIV[M]. London: Wm.H.Allen and Co., 1841:210.

[3]　Asiatic Intelligence-China. The Asiatic Journal and Monthly Register for British and Foreign India, China, and Australasia: Vol.XXXIV[M]. London: Wm.H.Allen and Co., 1841:128.

征粮队前往邻近城镇、乡村征粮，由于在攻击舟山前，伯麦的动员训示里要求与当地百姓搞好关系，便于今后殖民统治，因此最初的征粮是以购买名义进行的。然而，有钱，不一定买得到东西。8月17日的一支征粮队的遭遇非常具有代表性，1840年8月的《中国丛报》如此报道：17日上午，一支由4名军官、20名苏格兰步兵团士兵和一些孟加拉营士兵及杂役组成的勘探、征粮队出发，在走了将近12公里后，他们抵达了一个村庄，那儿有一个大农场，看起来物资充足。农场的主人对他们很好，把他们迎接到一座庙宇，并招待他们吃了顿饭。

> 我们发现这里的环境非常优美，土地非常肥沃，而且耕种得非常棒。这里的稻谷比我在广州见过的任何地方都好，他们告诉我，大约20天后它们就要熟了。这个岛上没有真正意义上的城镇。每个农场周围都有一群村舍，形成了一个小村庄，他们住在那里，就像一个大家庭。我们停留的农场似乎很大，可能有200~300名居民。①

英军在这儿忙碌了一下午后，再次回到农场，并和主人告辞。

一天的收获如何呢？"他们似乎没有什么多余的东西可供交易，因为当我们提出要购买食物的时候，整个村子能买到的只有2只鸡和62个鸡蛋！有一位来自军需部门的军官和我们一起想为军队买牛，尽管每个农场都有牛，也许是3头或4头，但是这些动物却被用来耕种土地或帮助碾碎玉米，他们绝不会同意出售它们。"②

其他英军的收获稍微好一点，"在整个行动中，军需官只用20

---

① The Chinese Repository: Vol.IX[G]. Canton:The Proprietors, 1840:230-232.
② The Chinese Repository: Vol.IX[G]. Canton:The Proprietors, 1840:232.

元就能买到一头大公牛，用30元买到一头母牛和一头小牛犊。同时，我花了5元买到一只奶山羊和一只小羊"①。

英军士兵每经过一个村庄，都要停下来宣读并张贴上一份以女王的名义占有舟山岛的公告，然而，村民们显得漠不关心，英军士兵感叹地说："很难说这个国家的人民对我们是好还是坏。……以为中国人（尤其是本地的中国人）对他们自己的政府感到不满，因而会在英国国旗升起的那一刻，自愿加入我们的行列——这是一个不切实际的想法。"②

有一个士兵感知到了某种敌意，他这样表达自己内心的担忧："没错，我有武器，但如果他们有任何明显的敌意，他们可能会把我剁成肉末。他们似乎很敬畏我们的武器。"

回到定海驻地，望着少得可怜的物资，士兵们的低落情绪是可想而知的："我很抱歉地补充说，自从我上次写信以来，这里的情况非但没有改善，反而恶化了。据说，对方的士兵伪装后从宁波来到这里，记下那些与英国人做生意的人的名字；结果……原来开着的一些店现在都关门了。"

这批征粮队由于人数众多，得到的待遇还算比较好的；人数少的，村民对他们就没那么客气了。从被清方抓获的英战俘情况来看，不少都是在单独外出寻找食物时遭受清军或村民伏击。

相比于以上这些，另一支征粮队的情况就更悲惨，他们死了一名水手、一名准少尉军官。这支征粮队由"康威号""阿尔杰琳号"以及它们运输船的水手、海军陆战队员组成，事发于9月25日

---

① The Chinese Repository: Vol.IX[G]. Canton:The Proprietors, 1840:232..
② The Chinese Repository: Vol.IX[G]. Canton:The Proprietors, 1840:232.

的崇明岛，离浙江并不太远。①

这段时间，由"康威号"组成的分遣舰队一直负责封锁长江口并测量航道，为今后英军舰队直抵南京作准备。两个多月来，工作卓有成效，他们已经测量出便于英舰行驶的近百公里航道。不过，跟驻守在舟山的所有部队一样，分遣舰队的士兵和船员同样病得厉害，新鲜食物异常紧缺，有些人因长期得不到维生素C的补充，再加上严重的腹泻，已经得了坏血病。

9月25日上午7点到8点，各舰派出兵力组成征粮队，共14人，其中6名水手、4名海军陆战队员、3名中尉及以上的军官、1名实习军官（准少尉哈维）。水手们手持匕首、弯刀，海军陆战队员清一色步枪，军官持有手枪。他们登上了长江口的崇明岛，目的是为病患购买新鲜的牛肉和蔬菜，同时尽可能多地储备物资。

按照"康威号"舰长贝休恩的安排，队伍一上岸，立即就分成3支小分队，每支分队由一名军官指挥，朝3个不同的方向出发。

实习军官、准少尉哈维所在的小队走近村庄时，就发现村民们牵着孩子携带着财物准备逃离，队长科利顿中尉急忙向村民们表示友好，并说明来意，官兵们从当地人那里打听到，附近没有公牛或水牛。科利顿中尉决定改变方向，到附近的另一个村庄碰碰运气。

正当他们急着寻找家畜家禽时，一支清军部队沿着他们的来路迅速逼近，科利顿中尉命令开火，强大的火力逼退了对方，并击中其中一人，此人倒下后立即爬起，一瘸一拐地逃走了，其他人高喊着散开，隐藏到了一个难以攻击、沟渠密布的地方。

小分队在村庄里成功地弄到了几只家禽，带着战利品返回舰上。

---

① 这段记录详见The Chinese Repository: Vol.IX[G]. Canton: The Proprietors, 1840:639-641.

其他小队也各有收获，当新鲜食物出现在船舰内时，官兵们高兴坏了，要知道，他们从接到命令开拔以来，除了在新加坡短暂休整了一段时间，已经在船上颠簸了5个月，腌制食物吃得每个人都想吐。

他们决定搜寻更多的物资。

运回第一批战利品后，征粮队继续出征，科利顿中尉和准少尉哈维走的依旧是老路，希望能找到一头牛。半路上，他们遇到一位当地人，指引他们朝远处一棵大树方向而去。就在英军走到大树附近，也就是之前来过的一些村舍旁时，那个当地人突然指向前面几百码远的稻田中侧放着的一条舢板，接着就跑掉了。

英军立即感知到可能中了埋伏，那艘舢板底部朝前，处于一个浅滩的后面，浅滩和英军所在的地方，人为地挖出了一条又深又宽的水渠，深及膝盖，这一切，构成了一个易守难攻的坚固阵地。

舢板上，还有射击孔。

而在右边稍远一点的地方，还有一条舢板以同样的方式立着，如同一堵胸墙。

果然，舢板后藏有武装人员。英军在科利顿中尉指挥下，迅速来到水渠边，目测英军的子弹能够击穿舢板，便命令开火。

英军开了两三枪之后，听到舢板后传来几把火绳枪的射击声，接着，一门装着铅弹的粗大铁制旋转炮开了火。

准少尉哈维和一名水手来不及躲闪，被散射的铅弹击中。在英军短暂慌乱中，舢板后出现一个中国人，手持火绳枪，不断朝科利顿中尉射击。一名英军士兵立即还击，双方对射了七八枪，均未击中目标。

英军凭借强大的火力发动强攻，将舢板后的人赶了出去，留下两具尸体。在中国人组织力量反扑时，"康威号"舰长贝休恩亲自率领全副武装的海军陆战队员赶来增援，很快将对手击溃。不过，英军也遭受重创，一名水手被发现头部受了致命伤，抬到舰上不久就死了。准少尉哈维腹部伤得极重，膝盖也受伤不轻，他多撑了两天，死于周日。

哈维受伤的那个地方，被英军命名为"哈维角"。

军事秘书乔斯林对此充满了惋惜，在他的回忆录中写道："前途光明的海军少尉哈维先生深受同僚的爱戴，他们被派上岸……为船员们买牛和蔬菜，却被当地人袭击，一名海员被杀，他自己受了重伤，只活了几天。到舟山后，他和许多英国士兵一起躺在这片鲜花盛开的土地上。"①

---

① Jocelyn. Six Months with the Chinese Expedition[M]. London: John Murray, 1841:125-126.

第一节　皇家学会会员的足迹

占领者强占了别人的家园，起初几天心情愉快。

定海，是美丽的，这是几乎所有写下回忆录的英军官兵都认同的。

而且，它和英国在历史上还很有渊源。

占领定海后，第26团的陆军中校芒廷被调到了行政部门，负责公报之类事项，除了起草军队命令、职责要求等文件，还要负责与海军当局联络，处理军需的退货、订单副本和来自加尔各答的信件等事务，这个部门有四五个人，工作量挺大。

不过这位一直埋怨自己升不到上校的军官，现在看到了升迁希望，干得挺积极。在从加尔各答前往新加坡集结的海上，他所乘坐的舰船差点沉没，让他感受到了生命之珍贵。

炮兵部队来了两个连，现在战事初定，他们有些空闲了。

马德拉斯炮兵连的指挥官安突德上尉充分利用了他的绘画技能，有空便前往山野乡间画他的素描，顺便带着军事任务搞些测量，据说他和周边村庄的不少村民关系处得挺好。

但是，不久后当他被村民们绑着四肢送往宁波监狱时，不知会不会思考这样一个问题：这些村民，是真的对一个侵略者好，还是以此为名，窥探着侵略者的虚实呢？

"鸢号"的船员也并未接到多重多危险的活儿，在他们停留定海港的一个月间，年轻的船员斯科特甚至有些小小的激动，因为远征军总司令懿律少将和海军司令伯麦准将，好几次登上"鸢号"视察，并对这艘船予以高度肯定。

懿律在7月17日写给英国海军部的信中这样说："由于无法租用鸦片船或其他快船供女王陛下使用，我从运输船中挑选了'鸢号'和'克罗伊纳号'，这些船只现在正准备安装枪炮，它们已经被政府租用。"①

从懿律信函的抬头和落款来判断，当时虽然"麦尔威厘号"触礁后受创严重，旗舰也已转移到了"威里士里号"，但当时他仍未从原先的旗舰上撤离，因为他注明这封信写于"麦尔威厘号"上。而且，写信的日期，恰巧是"心腹实仆"布定邦被抓走的那天。

"鸢号"很快进行了改装，船内所有贮藏品都被取出，装载上了几门威力更大的炮，看起来，"鸢号"将被重用。

船长约翰·诺布尔和他的娇妻不知作何感想，军事重用，意味着什么，他们当然很清楚。自被征用以来，约翰一路迟到，不知是有意为之，还是真的赶不上趟，毕竟，他们的儿子已经渐渐长大了。

他们的每一步计划，实际上都在接近生死线。

所有人，对定海、对舟山，有了更深的了解，虽然英国人占领城池前，定海城内已宛若一座空城，但毕竟还是留有少量人员，他们能从这些人口中得知一些当地历史、风土人情等情况。

---

①   London Gazatte of December 15, 1840[G]//Bulletins of State Intelligence. London: F. Watts, 1841:672-673.

　　远在澳门等地的在华英国人，对舟山也有了更深的了解，他们当然是从《中国丛报》等刊物上获悉的。

　　《中国丛报》派了随军记者，作了大量关于战争、关于地方经济社会的报道。自1840年6月起，"舟山"就成了《中国丛报》的热门词，比如1840年6月，登载《舟山群岛：位置、面积、物产和对外商业的意义》，帮助在华英国人全面了解舟山群岛；7月，登载《舟山群岛要览——詹姆斯·坎宁安，摘自哈里斯的〈旅游大全〉》《北上的远征队》，及时传递了战事信息；8月，刊登《对中国的战争行动》《与清官员的"交往"》《女皇特派全权代表》《英国军队》《占领舟山》《华人的敌对行动》《中国目前的形势》等多篇与战争、与舟山有关的报道；9月、10月，则有《为中国辩护》《国会对中国事态的争论》《舟山的事态》《有关英军占领舟山的奏章和皇帝上谕》《天津与舟山的进展情况》等，可以说是连篇累牍，密集宣传。

　　这些报道中，1840年7月刊登的《舟山群岛要览——詹姆斯·坎宁安，摘自哈里斯的〈旅游大全〉》，是一篇介绍英国和舟山的历史渊源的文章。很多人可能不太知道这段历史，不过英军军医、热衷于动植物学的西奥多·康托尔博士，比别人有着更深厚的历史学知识，至少，在中英两国植物交流史上，他要懂得更多。

　　康托尔出生于丹麦的一个犹太家庭，曾在英国东印度公司工作，在爬虫学的科学领域有着独特的建树。他当然乐意跟任何一个英国官兵讲起他擅长的领域，在他看来，140年前英国和舟山的植物交流，意义尤重，而这段历史的关键人物，便是詹姆斯·坎宁安。

　　坎宁安是1700年来到舟山的。

从能够找到的文献资料来看，他是第一个到舟山的英国皇家学会会员，是第一个详细介绍舟山的英国人，也是第一个将大量植物标本从舟山运往英国的欧洲人。虽然马可·波罗等人早在浙江留下足迹，虽然卫匡国在他的地图集中对舟山有过介绍，但坎宁安在舟山的时间更长，对舟山的介绍更细致，在中英两国文化交流中所起的作用也更大。

坎宁安之所以来舟山，跟当时英国社会掀起的中国热以及悄然兴起的茶叶热有关。

商业用途的茶叶是17世纪初由荷兰人传到欧洲的。17世纪中期，英国出现了第一份售卖茶叶的广告，此后茶叶便由上流阶层，逐渐向中下阶层蔓延。

坎宁安对东方茶叶同样保有极为浓厚的兴趣，他是苏格兰人，1686年在莱顿学医，时年21岁，因此欧洲的研究者据此判断，他的出生年份应该为1665年。坎宁安的两次中国之旅，和英国皇家学会秘书汉斯·斯隆、收藏家詹姆斯·佩蒂弗密切相关，两人都狂热地收集着一切和中国有关的东西。

1660年，罗伯特·波义耳等人发起成立伦敦皇家学会，并于第二年获得国王查理二世的许可证，它宣告了现代科学的兴起。波义耳对中国的事物尤其是医学十分感兴趣，他曾在东印度公司担任主任一职，凭借这一便利条件，他不仅广泛阅读、收集中国的书籍，同时也与远赴欧洲的天主教教徒沈福宗频繁接触，获得了大量关于中国的一手资料。

其后的皇家学会秘书斯隆，更是热衷于收藏其他国家的东西，斯隆在17世纪90年代之后，促成了坎宁安的3次东印度群岛之旅，其中2次分别到达厦门和舟山。

皇家学会成立后，对世界范围内的自然科学表现出浓厚兴趣，学会想通过传教士为皇家学会在全世界范围内建立通讯制度，促进科学的发展。后来成为学会会刊的《哲学汇刊》尤其注重刊登传教士的著作以及他们的科学观测报告，1666—1774年，刊登了传教士的34篇文章、书评和有关中国情况的评论。①

坎宁安带着好奇心于1696年开启了他的第一次东印度群岛之旅。回到英国后，他与皇家学会秘书斯隆、收藏家佩蒂弗等人建立联系，并进入了斯隆的学术圈。斯隆对英国皇家学会的影响十分深远，他于1693年担任学会秘书，任职时间长达10年，担任理事会成员亦长达14年；在牛顿逝世后，接过会长之职，在其后约14年的时间里继续执行牛顿所开创的政策。②

在斯隆等人的帮助、鼓励下，坎宁安开始筹划第二次东印度群岛之行，这次他打算前往中国。佩蒂弗等人帮他开列了一份在哪里寻找理想植物的详细清单，还鼓励他学习绘画，以便将看到的植物以图画的形式记录下来。同时，佩蒂弗明确表示，要坎宁安从植物学方面对茶叶进行详细考察，以便解开茶的品种、红茶和普通绿茶的区别等"东方之谜"。

1697年年末，坎宁安离开英国前往中国，一路在加那利群岛、马六甲等地收集、制作植物标本，最终抵达厦门，在逗留6个月时间后，于1699年年中返回英国。这趟旅行，坎宁安为斯隆、佩蒂弗等人带去了大量来自加那利群岛、马六甲以及厦门等地的动植物标本，其中包括在厦门6个月时间收集的176种植物标本和84种植物的种子样本，还有自己所画以及雇人在各地所画的近800幅植物图。

① 韩琦. 17、18世纪欧洲和中国的科学关系[J]. 自然辩证法通讯，1997（3）：47-54.
② 亨利·莱昂斯. 英国皇家学会史[M]. 陈先贵，译. 昆明：云南省机械工程学会，年份不详，153.

这些收藏品，在他回到英国不久，便出现在了皇家学会的会刊上，并引发强烈反响，坎宁安也由斯隆提名成为皇家学会会员。[①]

但是，尽管坎宁安在植物采集方面成绩斐然，他依旧没有回答茶叶品种、红茶和普通绿茶的区别等关键问题。

1700年，坎宁安带着斯隆、佩蒂弗等人的重托，开启了舟山之旅。

这一次，他能解开茶叶的"东方之谜"吗？

还差不多真让他解开了。

第二节　1700年舟山的样子

坎宁安乘坐新成立的东印度公司商船"伊顿号"，于1700年10月11日抵达舟山定海港[②]，他是从道头码头上船的。

之所以称"新成立的东印度公司"，是因为当时的英国正发生一场对后世影响深远的改革——英国新老两个东印度公司正在展开激烈竞争。

1600年成立的伦敦商人对东印度贸易公司（旧公司）由王室发给特许状，不是由国会批准，随着东方货物输入带来巨额利润，老公司的合法性在17世纪末成为焦点问题，很多人希望打破东印度公司的垄断经营。

1688年，英国爆发"光荣革命"，标志着英国专制政体的最后失败和资产阶级议会的胜利。威廉三世即位后，国会逼迫他接受了"权利法案"，政权从此转移到由资产阶级和新贵族联合组

---

① 邱妤玥，俞瑾. 1701年，英国皇家学会会员在舟山的调查[N]. 舟山日报，2018-10-24（6）.
② 坎宁安写给佩蒂弗等人信函的落款日期为1701年，系其笔误。

成的国会手中。1694年，国会宣布"任何英国公民都有与东印度群岛进行贸易的同等权利"。1698年9月5日，根据法案成立的新公司——英格兰东印度公司获得了对东方贸易的特许状。至此，英国东印度公司进入了新老公司并存的局面，直至1702年开始实施合并计划。①

由于老公司之前一直在中国南部的台湾、厦门、广州活动，对中国贸易量只占该公司对亚洲贸易总量的4%左右，因此新公司的任务是全面打开中国市场，以便大量销售英国毛纺织物、工业用品等优势产品。

之前，英国商船经常来到舟山贸易，英国人对舟山的区位优势认识颇为深刻。新公司的目标，由此锁定于舟山。

坎宁安在信中记下了他抵达舟山前的旅程，这封信写于1700年11月20日②：

先生：

我上封信是从婆罗洲发出的，那封信里我谈到了我们是在7月17日抵达那里的，我们仅在那里待了两天。从那里起航，我们乘坐的船于8月13日抵达中国沿海，在此之前，一路顺风，天气也好。然而，抵达中国沿海之后，风向开始不定，到了19日，刮起了东北风，我们别无选择，只能扬起上桅帆，迎着风浪向前，不然我们会在一天时间就退回到我们用了8天走过的路程，可能还不止。

8月的最后一天，我们在鳄鱼岛靠岸停泊，一方面是躲避

① 汪熙. 约翰公司：英国东印度公司[M]. 上海：上海人民出版社，2007：74-79.
② Robert Kerr. A General History and Collection of Yages and Travels: Vol. IX[M]. Edinburgh: James Ballantyne and Company, 1813:552.

恶劣天气（这一带的沿海地区在新月和满月时通常会有这种天气，对许多船只来说，这种恶劣天气的打击是毁灭性的），另一方面是为了寻找新鲜水源，我们现在已经没有多少水了，从好望角出发以后就没有补给过。这里有三个小岛位于北纬26度，我们在其中的两个小岛上发现了非常好的新鲜水源，在几个中国渔民的帮助下，我们获得了来自大陆的一些新鲜食材——我们意识到，冒险采购是不安全的，更何况当地政府会令我们陷入困境。

9月8日，我们继续上路，日夜兼程迎风前进。到目前为止，我们的水文地理学还很不发达，所以我们对手上的草图没有信心，这在某种意义上令我们的航行变得更加危险。

10月1日，我们抵达了北纬30度的位置，于是来到一处陆地靠岸，一直到我们找到了去舟山的路。从那时开始，我们有了引航员，他带着我们于10月11日安全抵达舟山。

上岸后，他立即对陌生的环境进行了观察，着重记录了英国人将在此居住的舟山商馆的情形：

中国人同意我们在这个岛上拥有结算和贸易自由，但不包括宁波，从舟山坐船往西行驶6~8小时就能到宁波，沿路都是岛屿。

我们所处的这个岛是最大的，东西向长度达8~9里格[①]，南北向宽度4~5里格，离位于大陆的利亚坡角（葡萄牙人命名，中国人称齐图）约3里格。

---

① 葡制1里格等于6000米。

该岛西面是一个港口，非常安全与方便，船只都停靠在商馆附近，商馆建在岸边一处低平的狭谷地带，为了便于贸易，还建了近200座房子。那里住的都是男人，他们的妻子不被允许同住。

随即，他和船员们前往离海岸数里远的定海县城，并记下了1700年定海城的模样：

他们住的这个镇上，离海岸0.75英里处，围起了一堵精美的石墙，周长约3英里，矗立着22座方形堡垒，间距不规则。石墙上有4面大门，上面放置着几把很少用或从未用过的旧铁枪。

房子造得很简陋，岛上住着统治者和三四千贫民，其中大部分是士兵和渔民。因为在此地开展贸易是刚刚获准的，还没有太多商人。

该岛物产丰富：奶牛，水牛，山羊，鹿，野猪和家猪，鹅，鸭子以及母鸡；水稻，小麦，豆类，油菜，萝卜，土豆，胡萝卜，甜菜和菠菜。但除了来自宁波、杭州、南京和内陆城市的商品之外，什么都没有。等我学会了一点中文之后，我希望去看看其中的一些城镇。

山顶上种植着大量茶树，但是和那些生长在多山岛屿上的没法比。尽管这座岛上的人口很多，但远不如马尔蒂尼来的时候，那个时候他对舟山的描述给我留下了很深的印象，他提到朝拜，肯定指的是距此地9里格的普陀山……他们说皇上计划在明年5月来这里的一座以神圣闻名的古老宝塔进行朝拜，并已派遣一名僧侣去那里做准备工作。

在这封信中，坎宁安提到康熙皇帝计划来舟山，但在次年的另一封信中，他称康熙帝的计划受到了大臣们的反对，原因是他们认为普陀山附近的雷电非常危险。

从信中描述来判断，坎宁安应该去过普陀山，他在信中写道："普陀山是一个小岛，以朝拜圣地而闻名已达1100年之久。那里仅有僧侣居住，人数达3000人。……他们过着毕达哥拉斯式的生活；他们在那里建了400座宝殿，其中两座极为雄伟壮丽，屋顶新近盖上了黄色和绿色的瓦片，这些瓦片是从皇帝在南京的宫殿里运来的。里面庄严的佛像雕刻精致并镀上了金，主佛是观音菩萨。这两座雄伟的宝殿分别由两位方丈管理。他们在这个小岛上修了几条路，有些路铺上了石板，并被路两旁的树荫所遮盖。他们的住所是我在这一带见过的最好的，所有这一切均由慈善捐助所维系。从宁波和此地前往日本的帆船去了又回来，他们为了宣扬佛法而奉献自己。"

根据坎宁安的描述，离他当时的位置5里格的地方是金塘。他听说，很多清朝官员在退休后都去了金塘，过着安静的生活。"据说这座岛上还有银矿，但禁止开采，周边其他岛屿要么很荒凉，要么稀疏地住着几个渔民，所有的岛上都有大量的鹿。"

除了植物标本，动物标本他也制作了不少，包括贝壳、蝴蝶和甲虫等等，不少动物在被制成标本前，他都在信中介绍过。

坎宁安在信中细述了舟山的渔盐业等方面情况，他还饶有兴趣地专门介绍了一只滑泥船，"由于某些地方有大面积的泥浅滩，为了便于行动，舟山人发明了3~4英尺长的滑泥船。船的四周略高，驾船者单腿跪在船上，另外一条腿在泥滩上滑，这样就可以把船体往前推，人也就跟着往前了"。

至于制盐，根据坎宁安的描述，由于当时舟山所有的海岸都是泥地，在夏季，人们会刮去长期被盐水浸渍的表层泥土，把它们堆起来备用；有需要的时候，就把盐泥放在太阳下晒，并把它们搓细；然后挖一个坑，用稻草填住坑的底部，并将一根通节竹管一端埋入坑内，另一端接入一个广口容器中（广口容器的位置低于坑）；再把盐泥填入坑中，往上面淋上海水，直到水深达2~3英寸为止，盐水就通过竹管流入广口容器中，待水分蒸发后，盐就制成了。

第三节　英国最早的茶叶标本在此采集[①]

坎宁安到舟山的核心目的，是解开关于茶叶的"东方之谜"和采集各类植物标本，因此他抵达舟山后不久，便开始了各项科学考察活动。

18世纪又被称为欧亚"茶叶世纪"，至该世纪末，英国每年人均消费茶叶接近2磅，成为该国经济富足、社会和文化早熟的独特标志。[②]

17世纪初，茶叶由荷兰传入欧洲，欧亚"茶叶世纪"的序幕由此拉开。1637年，荷兰东印度公司董事会注意到了茶叶被消费者所关注，作出"随着茶开始被一些人使用，我们希望在所有的船上都有几瓶中国茶和几瓶日本茶"的指示。不到15年，茶叶开始批量商业进口，并进入巴黎、伦敦以及荷兰的精品零售店。[③]

17世纪中叶，茶叶和来自阿拉伯的咖啡、墨西哥的巧克力，

---

① 此节内容详见：邱好玥，邱波彤.英国最早的茶叶标本自浙东海岛采集并传入[J].中国茶叶，2019（6）：73-76.

② 冯国福.中国茶与英国贸易沿革史[J].东方杂志，1913（3）.

③ Markman Ellis, Richard Coulton, Matthew Mauger. Empire of Tea[M]. London: Reaktion Books Ltd., 2015:23.

几乎同时出现在英国民众视野中。
1658年9月23日，托马斯·加韦首次
在伦敦一家报纸上为茶叶的销售做
广告，他也成为英国首位销售茶叶
的商人。[①]当时英国的茶叶要么通
过阿姆斯特丹港购得，要么在东南
亚通过与荷兰商人的二手交易取得。
其售价极为高昂，每磅为60先令，
是当时最昂贵的咖啡售价的十倍，
而当时一个女仆的年收入为60英镑。
这也注定了茶叶的消费群体只限于
精英阶层。[②]

■ 英国最早的茶叶标本，现藏于
英国伦敦自然历史博物馆，编
号"857"，重约2盎司（57克）

　　1664年，英国国王查理二世收
到东印度公司经理的礼品——"2磅
2盎司茶叶"。这是茶叶进入英国宫廷的确凿记载。据推测，这批
茶叶购于澳门或东南亚，因为东印度公司船只"苏拉特号"1664
年第二次远航至澳门，该公司董事部记载"用4镑5先令购了2磅2
盎司茶叶送呈国王"。[③]查理二世的妻子凯瑟琳王妃是位狂热的茶
爱好者，她推动了宫廷茶文化的兴起，并向贵族阶层传导。由此，
饮茶被视作身份的象征。

　　但17世纪下半叶，英国茶叶进口的数量极为有限。1666年，
东印度公司从荷兰商人手中进口了22磅12盎司茶叶；1669年，又从

① 云无心. 不产茶的英国为何爱喝茶[N]. 羊城晚报, 2019-02-12.
② Markman Ellis, Richard Coulton, Matthew Mauger. Empire of Tea[M].
London: Reaktion Books Ltd., 2015:9.
③ 张燕清. 略论英国东印度公司对华茶叶贸易起源[J]. 福建省社会主义学院
学报, 2004（3）: 64-68.

爪哇巽他海峡的班塔姆进口了143磅。17世纪80年代，饮茶已经成为英国上流社会家庭生活的一部分。威廉·罗素伯爵等人的家庭档案中，留下了关于饮茶的详细记录，有意思的是，购买茶叶的任务并非落于管家身上，而是由他的妻子伊丽莎白或他指定的人员来购买，说明作为奢侈品的茶叶极为珍贵。①

此时，茶叶首次出现在英国东印度公司的"投资清单"上。查阅该公司记录可知：1687年5月，从孟买开往厦门的"伦敦号"和"伍斯特号"的大班接到通知，要求大量购进茶叶——价值将近2万英镑。1689年和1690年，从孟买返回的"摩德纳号"和"罗切斯特号"将适量的茶叶运至伦敦。1694年1月，"多萝西号"带回了8922磅的茶叶。1697年，特朗博尔等人被派去购买茶叶，最终把价值超过5万英镑的茶叶带回伦敦。

1700年，开往广州的"诺森伯兰号"大班被告知，茶叶"在人们中间已获得声誉"。②18世纪"茶叶世纪"的大门刚刚打开，英国社会上下对茶却充满了争议。

欧洲植物学家一直试图在自己的知识框架内定位茶到底是什么，但由于他们都未能亲身前往茶叶源地研究，依靠的只是茶叶经销商、探险者的书面记录，导致信息失真和不完整的情况时有发生。如瑞士医生加斯柏·鲍欣在他1623年完成的《植物界纵览》一书中，将茶称为"一种（生长在日本的）草本植物"。18世纪初，英国社会各阶层对茶叶充满疑惑：茶到底是什么？绿茶和红茶源自两种不同的植物吗？

---

① Markman Ellis, Richard Coulton, Matthew Mauger. Empire of Tea[M]. London: Reaktion Books Ltd., 2015:37.

② Markman Ellis, Richard Coulton, Matthew Mauger. Empire of Tea[M]. London: Reaktion Books Ltd., 2015:58.

　　欧洲人对茶叶的植物学层面、文化意义层面的探究和争论，几乎与茶叶在欧洲的出现同步。茶的历史、茶的习俗、茶到底是什么，它怎样种植、怎样加工，绿茶和红茶的区别，等等，成为人们广泛争论的"东方之谜"。其中，红茶和绿茶是否源自同一种植物是争论最广泛的问题。当时的英国人并不知道，不发酵的茶叶为绿茶，发酵的即为红茶，而红茶和乌龙茶无论是加工工艺（揉捻+烟熏/炭焙）还是外形色泽和汤色，都极为相似。

　　尽管有各种各样的解释，但英国社会喝茶的人和卖茶的人都对茶的来源、分类、制作等一无所知，直至18世纪初，这个"东方之谜"始终未有定论。

　　在植物学家苦苦追索茶的植物学意义时，社会上不同阶层分成了鲜明的两派，在18世纪前后几十年展开了激烈较量。而这些较量背后更深层次的意义，在于对茶文化的不同理解。茶的历史、茶的功效、茶的文化象征等，实质上构成了一条对东方古国知识和文化的传播通道，虽然它被堵塞着，但有无数人想疏通它。

　　挺茶派将之视为文明的预兆，认为茶是一种文明的果汁，是天上的甘露。反对派则将之视为腐败和价值观衰退的标志，甚至是一种致命的毒药：乔纳森·斯威夫特形容一杯武夷山红茶"不过是水妖"，而索恩则直接将喝茶讽刺为一个时髦的人在奢侈和腐败的时代学会了做蠢事。但长期以来，茶被视为治疗身体和精神疾病的灵丹妙药，在英国宗教和政治仪式中都是受人注目的焦点，这已然是不可否认的现实。

　　对茶叶的植物学特征、文化意义和茶的历史迟迟不能达成一致，是茶文化在英国发展受阻的重要原因。

　　在茶被引入欧洲之前的15世纪，就已经出现了一些关于茶的论著，它们和16世纪的论著一起，构成了欧洲人对茶的最初认识。

比如威尼斯学者所著的《航海与旅行》（现存最早记述茶叶的书籍），16世纪60年代葡萄牙传教士的《论中国》，意大利耶稣会传教士利玛窦关于他身边人普遍的喝茶习惯的记录，荷兰商人发表于1598年的《东印度群岛和西印度群岛航海记》，17世纪五六十年代的《邦迪克茶经》以及叙述德·罗兹在中国和其他"东方诸国"经历的2部著作，等等。

但是，无一例外地，这些著作都未能从植物学层面探究茶叶，不少论著中甚至有这样或那样的错误，比如邦迪克在他的《茶经》中就认为，"茶的颜色应该是绿色、青蓝色……茶越接近红色，它的价值就越低"。

坎宁安抵达舟山后，立即开展了全方位的科考工作，并且于1700年11月20日将信件寄往英国，信中除长篇论述舟山的自然环境、社会风俗、农渔盐业、经济结构等情况外，也描述了他所观察到的茶叶：山顶上生长着大量茶树，但是和那些长在多山岛屿上的茶叶没法比……他们生产茶叶，主要是用于自己消费。①

从信中内容判断，坎宁安对茶叶的观察和所采集的茶叶标本，都来自距离舟山本岛（定海城）"对面五六英里外的岛上"，他找到的茶叶在山顶松树丛间的小灌木中生长得很茂盛。

随即，他的信件和"一组包含大概150种不同植物标本"的包裹，于1701年7月15日到达了伦敦，佩蒂弗认为这个包裹极具价值（也有学者认为，坎宁安的茶叶标本被作为礼物送给了英国皇家学会秘书斯隆），表示坎宁安的回答特别提到了"茶"的"圆锯齿状的叶子"，他认为是"舟山灌木"的典型形态特征。

1701年年底，舟山的大清官员向新东印度公司董事会送上了

---

① Robert Kerr. A General History and Collection of Yages and Travels: Vol. IX[M]. Edinburgh: James Ballantyne and Company, 1813:552.

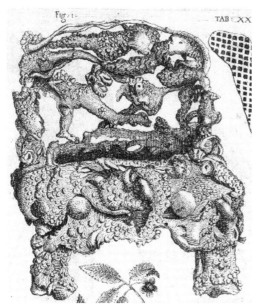

■ 舟山当局送给英国新东印度公司董事会的椅子，英国人称用茶树根雕制而成。

礼品：一把用茶树根做的椅子；24个描画的碟子，24个盘子，24个茶杯，24罐红茶、8罐上等的松萝茶……[1]

这些礼物，除了用茶树根做的椅子确信被寄回英国，送给了当时的英国皇家学会会长之外，其余可能是部分被寄回。因为公司董事会成员亨利·劳斯在日记中曾提到，厦门商馆收到了他们寄出的包裹并准备发往英国。[2]

舟山并非中国茶叶主产区，但由于新东印度公司的职员不被清地方当局允许前往其他地区，他们被局限于舟山活动，因而坎宁安只能在舟山进行考察，采集植物标本。

---

[1] Demetrius Boulger. The Asiatic Quarterly Review[M]. London: T.Fisher Unwin, 1887:299.

[2] Demetrius Boulger. The Asiatic Quarterly Review[M]. London: T.Fisher Unwin, 1887:300.

此后的一年，他在舟山详细观察了茶叶的种植、加工等情况，于次年年底将考察报告以书信形式寄回英国，这些资料和一年前寄到的茶叶标本等，完美地解答了佩蒂弗等人的核心问题：

> 通常运往英国的茶叶有三种，它们均来自同一种植物，只因采摘季节和种植土壤的不同而出现不同的茶叶品种。红茶（或武夷茶，因产自福建省武夷山而得名，武夷山是茶叶的主要产区）采自茶树的第一批嫩芽，时间为3月初，采回后在阴凉处晾干。Bing茶采于4月，是第二批采摘的茶叶。松萝茶是最后一批采摘的茶叶，采于5、6月份，需将茶叶放入斜锅内或平锅内（置于火上）进行短暂杀青。茶树是一种常绿灌木，花期从10月持续至次年1月，随后9、10月果实成熟，因此，人们可以在同一时间采到花和果实。但是要采到一颗新鲜而完整的果实，却是一百颗里面也找不到一颗的。该岛有几处地方生长着茶树，这些茶树都长在山坡上干燥的沙砾地里，无人栽培。[①]

他还纠正了勒·孔特《中国现况新回忆录》中的错误：

> 勒·孔特在第96页中说到中国人完全不懂嫁接工艺，他的说法是错误的，因为我看到这里有很多乌桕被嫁接到其他的树上。他们在嫁接的时候，不像我们那样割裂砧木，而是从砧木的皮层削下一小片，然后将接穗（在芽的侧面斜切一刀，以便能和从砧木上削下来的薄片贴合）和薄片一起绑到

---

① Robert Kerr. A General History and Collection of Yages and Travels: Vol. IX[M]. Edinburgh: James Ballantyne and Company, 1813:554.

砧木上，用稻草和泥覆盖（这一点和我们一样）。①

1701年下半年，坎宁安和船长约翰·罗伯茨一起测量了舟山群岛的海道，并将他采集标本、观察茶叶种植技术和加工工艺的盘峙岛，命名为"茶岛"。1703年，他们绘制的海道图，由英国桑顿公司出版发行。

1702年起，《哲学汇刊》开始刊登坎宁安的书信，随即在社会上引起强烈反响，他的考察成果尤其是对红茶与绿茶的区分解开了困惑于人们心头许久的关于茶叶的"东方之谜"。他采集来的包括茶叶在内的植物标本，几乎全部进入皇家学会目录，成为目前伦敦自然历史博物馆的一部分。此后，"他的名字几乎出现在伦纳德·普拉肯内特《植物大全》的每一页上……他对《哲学汇刊》的贡献是巨大的"②。

1705年，欧文顿在他的《论茶的性质和品质》第二版中对各种茶叶的来源信息进行了修改，逐字逐句地引用了坎宁安的考察报告；被称为18世纪早期关于茶的最具影响力的欧洲专著《海外奇谈》于1712年出版，作者坎普费尔的观点和坎宁安并无任何抵触之处。

18世纪初，在英国本土学者坎宁安、欧文顿、坎普费尔出版和再版相关论著后，茶叶在英国很快有了分类。18世纪头10年，东印度公司的销售开始指定上等松萝茶和红茶的不同包装，并注意到绿茶和红茶的区别。1712年，茶的销售被登记为5大门类。而

① Robert Kerr. A General History and Collection of Yages and Travels: Vol. IX[M]. Edinburgh: James Ballantyne and Company, 1813:555.
② Leslie Stephen. Dictionary of National Biography[Z]. London: Smith, Elder, & Co., 1888:312.

在各地经销商店，人们了解到了红茶、绿茶的区别。也正是从此时起，红茶越来越受到消费者青睐。

茶叶销量开始呈现井喷式增长，根据乔社里建立的权威数据库，1700—1704年，英国从中国进口的茶叶超过20万磅。1785年，进口数量增加到了1500多万磅，同1664年进口的2磅2盎司或者1678年进口的4713磅相比，不啻是个天文数字。[①]

在东印度公司垄断贸易的最后几年，茶叶带给英国国库的税收平均为每年330万镑，同中国的茶叶贸易额占英国国库总收入的十分之一左右，而东印度公司的全部利润便来源于茶叶贸易，以至于那时东印度公司"从中国输入的唯一东西就是茶叶"。

也因此，18世纪被人们称为欧亚贸易的"茶叶世纪"。由于英国的白银源源不断地输往中国购买茶叶，为了寻求贸易平衡，他们找到了鸦片这一商品以换回流往中国的白银，为此后的鸦片战争埋下了伏笔。

……

坎宁安在舟山待了两三年，目前能查到他在舟山写回国的信只有两封。

这两封信，曾被欧洲学者长期研究，直至19世纪末，还能查到全文。俄罗斯著名汉学家埃米尔·布雷特施奈德1866—1883年出任俄罗斯驻中国公使馆医生，他于1881年在上海出版《早期欧洲人对中国花卉的研究》专辑，也收录了坎宁安的这两封信。

令人遗憾的是，从国外学者研究情况来看，坎宁安完成舟山之旅后，似乎并未回国。1705年，他转驻越南的英国商馆，在那里遭遇了由争端引发的血案，被关押2年，1707年被派到了其他地

---

① Markman Ellis, Richard Coulton, Matthew Mauger. Empire of Tea[M]. London: Reaktion Books Ltd, 2015:56.

方。坎宁安最后的信，写于1709年1月，分别是写给斯隆和曾给予他帮助的佩蒂弗，信中告知两人，他将于秋天返回英国。但他乘坐的船只，在离开孟加拉国之后便失踪，从此，坎宁安的活动再也没有出现于相关记载中。

第六章

西医从这里传入内地 ------

第一节　传教士·伪知县

英军占领定海后，迫不及待地开始组建所谓的政府组织，虽然刚占领时，定海城内没多少中国人，然而英国人决定先搭台再唱戏。他们先是任命克拉克担任舟山总督，但不知什么原因，克拉克不愿就任，于是任命陆军司令布耳利为总督，下设民政部，郭士立担任民政部负责人（地方行政长官），实际上就是个伪县令。郭士立住的地方，就是原先定海知县的县衙。

郭士立是《南京条约》三名英方翻译之一。他是个传教士，德国人，1803年出生，1831年来到澳门担任英国东印度公司翻译，多次到中国进行海道测量、地形勘查、绘制航海地图、调查各地物产及商业贸易情况以及搜集政治、军事、经济等方面情报的活动，著有《中国沿海三次航行记》一书，是个不折不扣的间谍。

他还是新教在中国第一批传教士之一，也是西方在中国探索医务传教方式的第一人，他将西医传入中国，帮助中国人了解西方文明，但是，他鼓吹对中国发动战争，饱受后世诟病。

1826年，郭士立踏上前往东方传教之旅，但当时始于康熙末期的禁止传教令仍未撤销，清政府不允许西方人传教。1827年，在东印度的郭士立利用一切机会向华人学习中国官话、广州话、

■ 传教士在中国人家中

福建话，并且热衷于学习中国习俗，还归宗于福建同安的郭姓家族，以郭为姓，取名为"士立"。他的目的是以回乡祭祖的名义出入中国，从而打开传教之门。

当时，在中国广东一带进行秘密传教的西方人中，马礼逊、郭士立是两个响当当的人物，这两人，同另一个传教士罗伯聃，在英军6月下旬由澳门北上时，都被聘请为翻译随军来到了舟山。

乔斯林在象山牛鼻山集合时，曾经提到过传教士郭士立："牛鼻山是我们会合的地方，上午8点，我登上了旗舰准备进入舟山港。我们从澳门带来了两三个翻译，其中包括传教士郭士立先生，他更为人所知的身份是一部名为《开放的中国》的巨著的作者……"

马礼逊，英国人，因其父也被译为马礼逊而以大小之称来区别这对父子，大马礼逊在新教早期对华传教中声名显赫，被认为是西方派到中国大陆的第一位基督新教传教士，也有人说郭士立才是第一人。大马礼逊1807年抵达广州，在华20余年，在许多方面都有首创之功，尤以编辑出版了中国历史上第一部英汉字典——《华英字典》而被人熟知。另外，他还于1815年8月在马六甲创办了一份中文月刊《察世俗每月统记传》，是我国近代第一份中文报刊，也是外国人所办的第一份以中国人为宣传对象的报刊。他还以自己的医学知识在澳门开办了第一家中西医合作的诊所，并和他的儿子小马礼逊一起，推动了《中国丛报》在广州的创立和发展。[1]

1834年，大马礼逊去世，小马礼逊（马儒翰）继续着他的足迹，后来则成为侵华英军不可或缺的一员。

早在鸦片战争爆发之前的几年，就有传教士在舟山活动的身影了。郭士立在他的书中记载了自己多次在浙江沿海传教、派发书籍的经历，比如在舟山金塘岛，居民们对金发碧眼的外国人非常好奇，纷纷围上前来，郭士立将书籍分发给人们，并大声向岛民讲述书中的教义等。而在普陀沈家门，郭士立遇到的便是一个空前的盛况："我们到了沈家门，这是一个小渔村。暴风雨的时候，这里是船只避风的良港。当地居民聚集在甲板上，要拿我们的传教书籍，而且一直坚持要拿到书。我们的大批书籍几乎都派发完了，他们宁愿掏钱购买，也不想空手而归。有时候，我们也带一些书上岸，一些水手充当我们的保镖，以防我们被人群包围。"[2]

以传教为己任的郭士立，对英军占领定海后的传教活动充满

---

① 王化文. 马礼逊和《中国丛报》[J]. 兰台世界，2011（1）：18-19.
② 俞强. 鸦片战争前传教士眼中的中国[M]. 济南：山东大学出版社，2010：96-97.

了信心，更何况，他和其他一些传教士早在几年前，就在整个舟山布下了传教的火种。

比如麦都思，这个传教士，正是在郭士立影响下，于1835年冒险在沿海各地进行传教活动，并写下《中国：现状与未来》①一书，书中有大量在舟山的内容。

他们于1835年10月先到了金塘岛：

10月13日，我们离开扬子江口，经过古兹拉夫岛和其他一些岛屿后抛锚过夜，我们原先以为是在离金塘几英里远的地方停泊过夜。可是第二天早晨，我们发现弄错了方位，因为这一带的海图彼此相差大约60英里。

我们突然驶到浅滩，不得不停下来。我们在最近的一个岛上岸，发现并没有驶抵金塘岛，而是到了一个叫费希尔的小岛，它是舟山群岛北部的一个荒岛，位于我们要找的地方东边30英里。我们只好向西行驶了一段相当长的海路，太阳落山的时候还未抵达金塘，于是又只能在那里停泊过夜。因此我们耽误了一天时间。

第二天，我们停了下来，直到下午。我们在那座岛和宁波中间下了锚，到了晚上，就可以抵达金塘岛。

16日上午，6艘战船驶来，舰长们都彬彬有礼。我们为船员们提供书籍，并与军官们进行了长时间的交谈，言谈甚欢，其中一个似乎是相当聪明的人，倾听着我们的谈话……

他们等了大约一小时，看见另一艘战船向我们猛冲过来，船上有中队的指挥官，一看他发出的信号，船员们就立刻离

---

① W.H.Medhurst. China: Its State and Prospects[M]. London: John Snow, 1838:477-480.

开了我们。

他们尾随在我们船后，开始发射空弹，但我们不知道这是在向他们的军官致敬，还是在吓唬外国人。我们驾驶着船，在金塘岛上岸，那里没有一艘战船跟随我们，所以我们留下来安心地进行我们的行动。

几乎与郭士立在金塘岛的遭遇相同，麦都思也遇到热情的居民，他们在一个靠东北边的海湾上岸：

> ……进入了一个城镇，那里的人们非常友好，我们的书被快速地传阅。没有一本是被人从我们的包里抢出来的，但我们一拿出书卷，周围的群众就迫不及待地抢去。大家都很快乐，很高兴；没有看到或听到任何不悦的表情或愤怒的话语。妇女们也走上前来，索要书；男孩们跟在我们后面很远的地方，也想要书。有一次，为了避开人群，我们不得不爬上一堵墙，在墙头，我们用最方便的办法分发出版物。

在这个城镇取得成功后，麦都思一行便去了对面一个叫太平山的地方，他们发现那儿是一个大平原，处于高度的耕种状态。他们走过去，把书分发给所有人：

> 几乎没有人拒绝我们，一拿出一本书，许多人就跑到田野里来，急切地拿着，仿佛那是一件非常珍贵的宝贝。……总的来说，我们一天的工作做得很好，第二次是去另一个海湾，回来时我们已经筋疲力尽。

麦都思一行并未去宁波，因为要报备各种手续很费时间，10月

17日，他们扯帆向东驶去。

> 17日起航，途经舟山岛，随后出现了两艘帝国帆船和几艘战船，它们在我们身后保持相当大的距离，不断地发射空弹，但没有进一步打扰我们。我们的船长以高超的技术，谨慎地在一片未知的岩石和浅滩中完成了一次复杂的航行后，到达了舟山岛东端的沈家门。

> 在这里，我们带上岸的一大堆书，立即被人们争相抢要；事实上，他们确实是为了得到一本书而相互争斗着。他们的争斗如此激烈，以至于我们得从船上直接把书分发下去。我们担心，如果不这样，暴民比体面人更易得到书。后来我们经过村子的时候，发现每个店主手里都拿着一本书，供应很有规律，就好像我们挨家挨户分发的一样。

> 我们在这里遇到了许多非常热心的人，他们都是从村子附近抛锚的帆船上来的。这些出海的人（福建人）非常友好，尤其是当他们听到我们用他们的方言讲话的时候。

> 跟在后面的战船，紧靠我们的双桅帆船停泊着，共有11艘。但它没有给我们带来任何烦恼，也没有阻止人们接受我们的书。我们看到村里张贴着宁波行政长官的命令——禁止与外国人做生意。

> 第二天……下午，我们带着书上岸，开始在各个村庄分发。

此后，麦都思一行还前往普陀山，了解中国人的信仰。

麦都思以及其他传教士在沿海、在舟山的初步传教经历，给了初次担任相当于大清朝七品县官的郭士立以强大的传教信心。

此后，医疗传教士洛克哈特[1]来到舟山，郭士立给了他极大支持，使中国医疗传教士协会在中国内地的医疗实验大获成功，在此前西医登陆广州、澳门无法深入之后，他们终于找到了舟山这个"桥头堡"，西医由此顺利进入内地，更为此后大批医疗传教士前往上海、宁波及其他城市打下了极为坚实的基础。

不过，占领之初，郭士立还是需要按清政府的方式来忙一阵公务。7月14日，英军随军医生克里和其他军官前往县衙时，见到郭士立中不中、洋不洋的打扮，颇觉可笑，实际上，郭大人真的不是摆谱，他平时就是这么一副清朝臣民的打扮。

《浙江早期基督教史》记下了克里和其他人的一些有趣的记录：

> 翻译郭士立先生来了，他现在是舟山的行政长官。他虽然是个普鲁士人，但看起来更像是个中国人。他已在中国多年，并到过其他欧洲人从来不敢冒险前往的地方，他对汉语与中国人都有着非常深刻的了解。当他戴着假辫子、穿着中国人的衣服化装潜入中国时，没有人能够发现他。他现在穿着一件陈旧的黑外衣，紫花布长裤很短，样子有点古怪。他没待一会就走了。[2]

初为县官，郭士立忙碌而投入，其他两位翻译也是如此。乔斯林回忆道："对于英国远征军来说，一件很不幸的事就是缺少翻译。马礼逊先生总共只有两位助手，即罗伯聃和郭士立先生。罗伯聃先生除了一些翻译工作，主要负责公共事务，这样其余的两

---

① 也被译为雒魏林。
② 龚缨晏.浙江早期基督教史[M].杭州：杭州出版社，2010：58-59.

■ 侵华英军所绘的定海城一景

个翻译只能为驻守在岸上的英军所使用。而且，他们的职责远远
超过两个人所能承担的，这些才华横溢的翻译们，竭诚为英军效
劳，招之即来，有求必应，所有与他们共事的人，都对他们深表
钦佩，而他们确实当之无愧。"①

不久后，医疗传教士洛克哈特来到了舟山。

第二节　医疗传教在舟山

英军占领定海后，随即封锁了甬江口，总司令懿律又派"康
威号"舰长贝休恩率分遣舰队北上封锁长江口，同时测量长江航
道，为以后深入中国腹地作准备。

---

① Jocelyn. Six Months with the Chinese Expedition[M]. London: John Murray, 1841:75.

在"康威号"率分遣舰队北上封锁长江口、测量航道时,"鸢号"在舟山也没闲着——它本身就是"康威号"分遣舰队中的一艘运输船。"鸢号"将内部物品清空,全力装载物资,为分遣舰队的官兵运送给养和装备。

根据"鸢号"船员斯科特的记录,他们满载饮用水等物资,于8月上旬从舟山起航,船上一共载有35人。其中,13名官兵来自还搁在礁石上的"麦尔威厘号",由道格拉斯中尉带队,其余12人中,7人为海军陆战队员,5人为一等兵。

这些船员,包括船长诺布尔一家三口、大副维特和4个学徒(亨利·特维泽尔、佩尔·韦伯、沃姆威尔和斯科特),另外还有英国人1名、意大利人1名、马尼拉人1名、印度水手10名以及1名来自加尔各答但非印度籍的厨师。

道格拉斯中尉接过了指挥权,由他具体指挥并执行军事任务,约翰·诺布尔船长只须听命令行事。

这35人,除斯科特等少数几人,都和在舟山的英军士兵一样,患上了轻重程度不一的痢疾等病,斯科特一直在思考这个问题:疾病是怎么爆发的?为什么岸上的士兵发病率如此之高,但在船上的船员却相对好一些呢?

他在回忆录中这样分析:"我想一部分原因是不活动,再就是不完全埋葬的尸体散发出来的臭气引起的。那些经常在船上工作的士兵,虽然和岸上的士兵喝同样的脏水,却没有受到如此严重的影响。"[1]

不过,斯科特毕竟不是专业医生,他解答不了这个问题。

专业的事,得由专业的人来完成。在道格拉斯接过"鸢号"

---

[1] John Lee Scott. Narrative of a Recent Imprisonment in China after the Wreck of the Kite[M]. London: W.H.Dalton, 1841:4.

指挥权，驶向长江口与"康威号"分遣舰队会会后不久，一位医疗专家来到了舟山，他具有双重身份，既是医学专家，又是传教士。

这位医学传教士名叫洛克哈特，英国皇家医学会院士，于1840年8月底抵达舟山，身负"中国医疗传教会"在中国内地的医疗传教实验任务。几年后，他将前往上海，开办一家西医馆，也就是仁济医院的前身，此后又在北京开办施医院，是北京协和医院的雏形。

所谓的医疗传教会，和郭士立大有关系。这个当时担任定海县行政长官的德国人，1831—1833年在中国沿海秘密进行传教活动，他发现向民众行医发药十分受欢迎，是应对清当局禁止传教政策的一道突破口，由此他建立了英美传教差会，对将要派往中国的传教士进行正规的医学训练。他和马礼逊，是最早在中国民间从事医务活动的新教传教士。[1]他们和"中国医疗传教会"都有莫大关系。

医疗传教会将西医介绍到中国，推动了西医在中国的普及，但它最初的目的，是为英美等国打开中国市场服务，代表着西方的利益。西医为中国民众部分解除了痛苦，但同时又将病人当新药试验品。

医疗传教最早于澳门、广州两地开始，效果令传教士们十分满意，广州的医院由于受清当局和英国矛盾激化影响一度关闭。医疗传教会一直想打通内地市场，但始终找不到机会，在英军侵占舟山后，他们当即派出洛克哈特前来，目的是在舟山进行医疗传教实验，充分掌握内地居民在医疗上的需求以及各种病症及治

---

① 吴义雄. 医务传道方法与"中国医务传道会"的早期活动[J]. 中山大学学报论丛，2000（3）：174-185.

疗方法，为医疗传教大规模进入内地铺平道路。

医疗传教会后来内部有过纷争，如洛克哈特认为医务工作者应专心做好专业的事，为病人分忧解难，不应把过多精力用于传教。

他写有一部回忆录——《在华行医传教20年》，对在舟山开展的医疗传教实验有很详细的记录。如《医疗传教士协会1840—1841年在舟山的运作情况报告》一文开篇云："医疗传教士协会委员会派了一名代理人去定海，希望在那里建立一家医院，尽可能地帮助当地人。……医疗传教士协会于1840年9月13日在舟山开始运转，于1841年2月22日终止。在此期间……有3502位病人来过。"①

洛克哈特在舟山期间，对英军患病的原因进行了分析研究。他先观察气候，认为这对欧洲人不构成太大的威胁，因为当地人也在此气候条件下饱受相同疾病的侵袭：

> 关于气候，可以观察到，在南季风期间，天气炎热，有时非常压抑——在树荫下的温度计在白天经常达到华氏90度，晚上的平均温度是72度。在北季风期间，通常很冷，天气晴朗。1840年12月底前，以及在1841年的整个1月和2月，夜间温度低至25度或26度；偶尔当风很高时，白天会有28度。当然，在这个时候，所有池塘都结了很多冰，尽管这里低温的持续时间从来没有长到能让运河结满了冰。冬天雪下得很少，而且从来没有足够的量覆盖这片平原。这座城市周围的山丘曾经只有三四天被雪覆盖。岛上的居民说，冬天的寒冷常常更

---

① William Lockhart. Report of the medical missionary society's operations[M]// The first and Second Reports of the Medical Missionary Society in China. Macao: S. Wells Williams, 1841:21.

厉害，冰很厚，山谷里积了很多雪。

——看看这个岛的有利位置（在北纬30°，东经122°5′），以及相对温和的气候，也许有人会问：当地人也患有很多疾病吗？或者是由于某些特殊的原因，只有英军在此遭受了如此严重的疾病？

有几个中国人在被问及感冒发热时说，这种病在全岛很普遍，在那些田地常被水淹没的山谷里，尤其如此。在过去的一年里，疾病流行的程度大大超过了一般的情况，这也不只是在舟山岛上，也在宁波、镇海、杭州府和其他地方发生。事实上，受疾病困扰的中国人的数量是很大的。[①]

洛克哈特认为，环境、卫生、当地作物的灌溉方式和士兵缺乏新鲜食物，是部队发生严重疾病的主要原因：

城里有些地方地势低洼，潮湿，对健康极其不利。对于这个，法官的办公室，是一个显著的例子，因为住在那里的所有英国军官，包括文官军官和军人，没有一个人躲过严重的热病或痢疾的袭击，必须撤离这个地方。毫无疑问，疟疾在很大程度上是存在的，几乎整个山谷都是由山上的溪流蓄积起来的过多的地表水，在潮湿的天气里，运河和堤坝都会漫溢，整个区域都被水淹没了。在夏天的几个月里，天很热，到了晚上，露水极其重，这个时候如果有任何人暴露在野外，他们的衣服很快就会被湿气浸透。

---

① W.Lockhart. Report of the Medical Missionary Society's Operations at Chusan in 1840-41[G]//The Chinese Repository: Vol.X. Canton: The Proprietors, 1841:455-456.

　　至于在舟山时，部队官兵普遍患病的原因，在这里我们不能给予充分解释，毫无疑问，与部队有关的医务人员将发表他们自己的部分报告。但是其中有几个原因是显而易见的，最突出的是——这些人必须履行繁重而又不可推卸的职责。他们白天在阳光下暴晒，晚上被露珠侵袭，又缺乏新鲜的粮食……当这些人精疲力竭，暴露在他们所在地区的疟疾之下时，他们开始发热，接着是严重的、几乎无法治愈的痢疾，结果证明这种痢疾是致命的。这些疾病在很大程度上占了上风，以至于在整个军队中，很少人能躲过。

　　如果不是采取死水栽培水稻的方式，舟山岛是否会比任何其他纬度相同的地方更不健康，这一点尚不清楚。如果有一个良好的排水系统，设置一个能堵住江河水的闸门，土地很可能会在几个月内变干，泛滥的疟疾就会消退。……如果这个岛再次落入英国人的手中，这个方法可能会被采纳。

　　这种灌溉方式在定海所在的甬东山谷的应用，反响普遍较好。所有的溪流都有水闸，整个山谷就是一片沼泽，实在是太潮湿了，你不可能穿过山谷，除非是在插着旗子的小路上。所有溪流流经的山谷中，都采用相同的模式。下一个山谷，盐仓，是一池浅水。在炎热的夏季，如此大的一片泥地暴露在阳光下，疟疾在这样的地区盛行，也就不足为奇了。①

---

① W.Lockhart. Report of the Medical Missionary Society's Operations at Chusan in 1840-41[G]//The Chinese Repository: Vol.X. Canton: The Proprietors, 1841:455-456.

第七章 "鸢号"不归路

第一节 北上

早在7月，当英国人的外交照会在镇海依旧没能投递出去时，懿律决定，实施第三步计划——北上天津。

7月23日，英军犯乍浦，与清军进行了一场规模不大的战斗，《英船直逼乍浦激战情形折》是这样向道光报告的：

> ……伏思乍浦滨临大海，接近外洋，为浙省之门户，势与镇海并重。随选经檄饬署乍浦营参将王国渠，整备船械，带领舟师，在洋严密了探……一面仍行堵逐。并饬传旗营协领佐领官，拣选精壮兵八百名，妥备枪炮器械，分驻西山嘴炮台、天后宫二处堵御。
>
> ……六月二十四日午刻……见有夷船一只，在乍浦洋面游弈。奴才随即亲赴海口西山嘴、天后宫一带，率兵堵御。不意该夷匪竟敢肆其猖狂，直逼天后宫海口汛，奴才即令施放枪炮堵逐，乃夷匪毫不畏惧，竟敢抵敌。自未至酉，互相轰击，满绿各兵内，被炮击毙带伤者十余名。迨至戌刻，该

夷船稍停轰击，将船略为驶远。[①]

这份奏报被英国人称为"整个战争期间传给皇帝的最诚实的报告"[②]。

乍浦之战后，当地出了一张悬赏榜：（1）能夺取英舰载大炮80门者，赏金2万两；夺大炮一门者，亦赏百两。（2）烧英舰者赏如前。（3）擒英国将官者，赏金五千两；擒将官以下者，如前酌之，亦有恩赏。（4）擒白鬼者，赏金百两；……[③]

7月30日，南风劲吹。"威里士里号"在2艘汽艇牵引下被拖出锚地，穿过一条新发现的航道，绕过一个叫塔山的地方，于天黑前抵达了牛鼻山停泊，等待其他舰船前来会合。

"卑拉底士号"在驶向指定锚地和旗舰会合时，遭遇袭击。

当时，该舰按预定计划驶向锚地，途中碰到了3艘船。由于英国人当时不清楚这3艘船的性质，晏臣舰长派士兵乘2只小艇前去察看，士兵们登上了其中一艘船。此时，这3艘船上，突然出现100多个埋伏在甲板下的武装人员，他们迅速向英军开枪，并将矛和装着污水物的罐子朝着士兵投掷。"我们的人员立即驾驶小艇到一个不远的地方去，把枪炮一齐准确地照着海盗射击。海盗被打死过半，其余的跳进水里，企图泅到岸上去，但在他们负了伤的情况下，有好些无法到达他们的目的地。那只海盗船遭受炮击后着火燃烧起来，在海上开始漂流。但'卑拉底士号'却无法追上

---

① 军事科学院战理部三处. 中国近代战争史资料选辑：第一次鸦片战争（第2册）[M]. 1978：112.

② John Francis Davis. China During the War and Since the Peace[M]. London: Longman, Brown, Green, and Longmans, 1852:22.

③ 军事科学院战理部三处. 中国近代战争史资料选辑：第一次鸦片战争（第2册）[M]. 1978：118.

其他两只海盗船，因为它们是乘着风势逃开的。在这场小会战中，战舰上死亡2名，伤5名。这些海盗船和中国战舰的船尾两旁都设有罗网；在混战中，如小艇靠近，把罗网投下去，倘投中便容易捕获小艇。"[1]

很明显，这是一场精心策划、预先设伏的伏击战，虽然英国人蔑称他们为海盗船，但很难说如此胆大、周密的计划，究竟是哪一方所为。海盗的可能性自然是有的，说他们贪图清当局巨额赏金，纠集亡命之徒铤而走险，也讲得通。马士在《中华帝国对外关系史》中公布了一份清政府的悬赏单：缉获一艘英军舰，除去船上武装和鸦片，全船物资都归立功者所有，此外还有奖金；一艘载炮80门的军舰，给赏2万元，每少一门炮减去100元；破毁军舰，折半给赏。而缉获一名英海军司令官，给赏5000元，官阶每低一级减500元；缉获普通水手和汉奸的赏金是100元。[2]

第二天，7月31日下午，英国远征舰队"布朗底号""窝拉疑号""摩底士底号""卑拉底士号"与"马达加斯加号"汽艇以及武装运输船"厄纳德号""戴维马尔科姆号"等舰驶抵东屿山岛（牛鼻山所在地），同"威里士里号"会合，舰队向天津进发。航行途中，他们经过了前一天"卑拉底士号"遭受伏击的地方，那艘被击毁的海盗帆船依旧在燃烧着。

8月1日早晨，舰队离开中途靠泊的一个锚地，虽然海面刮起了强劲的东南风而且天色阴沉，但舰队依旧驶向茫茫大海，向北方挺进。

---

[1]　Jocelyn. Six Months With the Chinese Expedition[M]. London: John Murray, 1841:100.

[2]　马士. 中华帝国对外关系史[M]. 张汇文，等，译. 北京：生活·读书·新知三联书店，1957: 296-297.

从事后来看，英舰队北赴天津，实际上犯了个大错。首先，舰队只能停在离谈判点约16公里的海面，超出了炮火的威慑范围；其次，他们没能采用缓兵之计，未能想到琦善的"拖"字诀如此了得，一旦拖入冬季，北季风气候下舟山的舰队很难给予增援。

在占领定海不久，义律就力主派出"康威号"等舰前往封锁上海并测量长江口，他给懿律的建议是，打通舰队由运河通往北京的航道，然后直逼京城。

这件事，在亨利·泰勒的自传中有记录。在英国决定对华动武前，泰勒是义律、巴麦尊等鹰派人物的坚定支持者，为义律的行动公开作过辩护："什么是查理·义律所希望的行动计划？那便是发送空载、吃水浅的舰船由扬子江通过大运河北上，他相信，比起派出一支无能为力的分遣队，从这个兵力强大的作战基地中能获得更多的支持。他写信给海军少将（他的堂兄，乔治·懿律），极力把这些观点强加给他。但是，海军少将认为他必须按照指示去白河，于是他就去了。"[1]

真是吓出一身冷汗。若义律的计划真的得逞，道光皇帝会是啥感受？京杭大运河的起点就在通州，黑幽幽的炮口对着天朝的心脏，就算闷声不响，也会让人发疯。

幸而，懿律自信地认为，他在天津会逼大清屈服，小老弟提出的由长江而入的建议派不上用场。

8月5日晨，舰队经过山东半岛，当天晚上在遇到北风和逆潮时，才停泊于芝罘岛附近。6日早晨继续出发，穿过梅山诸岛时，发现岛上挤满了看热闹的人。7日晚间，舰队停泊于白河口外，此后由于风力影响，舰队在附近停留几天休整并测量水道。

---

[1]　Henry Taylor. Autobiography of Henry Taylor[M]. New York: Harper & Brothers, 1885:354-355.

10日，由于风力减小，派"马达加斯加号"汽艇偕同6艘武装小艇（其中5艘携带有大口径短炮）驶往拦江沙的后部，以便小艇于第二天黎明时悬挂一面白旗前往炮台，递交一封信给总督，要求其派合适的人前来接受外交照会。

执行这项任务的海军上尉梅特兰报告说：

> 8月11日清晨6时后不久，那些小艇离开了汽船，驶向海岸，由"威里士里号"派出的小艇领头，接着是快艇（在它接近并经过拦江沙时测量水深）以及"布朗底号"和"摩底士底号"军舰上的那些小艇。
>
> 在靠近岸边的时候，大约上午9时半，他写了一封信，说明派出这些小艇的目的是递送信件，要求清方派官员前来接受外交照会。通过岸边一艘小艇送交信件的企图甫一失败，9时40分左右，一艘中国小船载着官员们前来。除了"威里士里号"军舰的那只小艇外，所有的小艇都奉命努力划桨，于是那些官员们来到船旁。为首的是一名千总（军衔大约相当于英国陆军少校，他的帽子上镶着一颗蓝色的顶珠），跟随他的是一名军衔很低的下级军官和三四名士兵。译员马礼逊和海军上尉梅特兰登上了那艘中国小船，将已经写好拟送上岸的那封信出示给该千总。对方立即说，他愿意接受那些信件。

懿律和义律长舒一口气：信，总算送出了。

接下来，英国人打算在皇帝的眼皮子底下，在借助强大的舰队和巨炮的威慑，跟清政府派出的特使好好谈一谈：除了赔偿，他们还要清政府同意，割让舟山给英国人。

……

英军入侵已有一个多月，江浙已是哗然一片，各地进入紧急战备状态，气氛极其紧张。他们猜度着英军下一个攻击目标。

不少人认为，英军之所以能势如破竹般攻下定海，是因为有内奸里应外合，捉拿汉奸，此时应成为头等大事。

《协办大学士兵部尚书两江总督部堂伊、兵部侍郎江苏巡抚部院裕为飞札饬遵事》称："适值本阁部堂在苏阅伍，接报后即驰赴吴淞海口，会同提督，调集兵船，预为防堵，自可无虞阑入。惟该夷匪之敢于深入内洋，必有汉奸从中指引勾结，所有沿海沿江各岸急应联络声势，协力防堵，以杜杉板小船及汉奸船只渡载夷匪阑入口岸。合亟抄粘飞札特饬。札到该府，立即查明境内可以出海之商渔船只共有若干，如有停泊口外者，一概押令收归口内，听候调用；并多派兵役，预备枪炮，在于沿边一带小心巡逻，将近口海江船只逐一盘查有无夹带夷匪。……如防守不力，致任一人登岸、一船入口者，不论大小文武官员，皆以军法从事。……火速飞速。"[①]

杭州将军奇明保也认为捉拿汉奸为第一要务："……显有汉奸勾串。是查拿汉奸、盘诘奸细最关紧要，已经奴才等严饬各城门值班官兵，并面嘱杭州署知府多派府差县役，分头稽察，遇有形迹可疑语音各别之人，即行盘获。"[②] "兹因镇海水师船少，再兼夷船火药枪炮迥异，姑且防堵守耐。抚、提二宪委宁绍道添备兵船五十只，配装炮械等，内外军兵战船齐集，择期攻打。现当南风司令，恐夷船窜入北洋，所以招宝、金鸡两山提台亲驻山头，督率弁兵扎营严守。至招宝山口门用船七只装沉海底，用杉木桩插堵，水泄不通。镇海县内外，抚台带兵，并慈邑山北乡勇

---

① 炎明. 浙江鸦片战争史料（上）[M]. 宁波：宁波出版社，1997：172.
② 炎明. 浙江鸦片战争史料（上）[M]. 宁波：宁波出版社，1997：95.

一千五百名防御城楼，城垛安设炮位，预备滚木、檑石、灰瓶，日则传声，夜则鸣锣。又有火攻船二十四只，系镇海参将带领，俱泊在口听用。"①

远在京城的道光，虽然口气轻蔑，但不敢怠慢，迅速作出一系列重要人事部署。他先是想将福建的邓廷桢、余步云同时调往浙江剿匪，但考虑到福建形势也吃紧，后改为邓廷桢留守，余步云赴浙江。又将刘韵珂从四川调来接乌尔恭额的班，任浙江巡抚。

七月初九任命伊里布为钦差大臣后，旋即于七月十二日（8月9日）再发一道谕令：《著钦差大臣伊里布分兵两路妥筹收复定海机宜事上谕》。从这道谕令中，可以看出道光收复定海、驱逐英军的心情之急迫：

> ……定海失手之后，探闻该夷于城内张榜招商，销售鸦片等语。逆夷明目张胆，抗违禁令，深堪痛恨。惟既占据城池，正可兜擒痛剿。据邓廷桢奏称，夷船二十余只聚泊港口，势类负隅，内地师船恐难骤近，必须改造坚实大船，多配兵丁炮火，间道而进，一拥登山等情。……如果该夷占踞定海，我兵竭力攻打，朕意分兵两路，一路烧毁船只，断其归路；一路攻复定海，聚而歼旃，庶足伸天讨而靖海氛。惟夷情诡诈百出，海洋风汛靡常，著伊里布于到浙后，相机审势，妥为筹办……朕亦不为遥制也。②

8月9日，在道光下令之时，由8艘舰船组成的英舰队就停泊在天津白河口外避风。它7月31日由舟山起航，5日经过山东半岛，7

---

① 炎明.浙江鸦片战争史料（上）[M].宁波：宁波出版社，1997：175.
② 炎明.浙江鸦片战争史料（上）[M].宁波：宁波出版社，1997：120.

日晚间就抵达了白河口。

白河口，即天津大沽口，离北京直线距离150公里，曲里拐弯算200公里，算折中的廷寄速度，400里加急一天足够。

道光却毫不知情。

大清王朝的情报系统呢？

事实上，山东巡抚是知道英舰过路的，他也向清帝作了报告，道光8月9日写这道谕令时，山东的奏折显然还没到他手里。否则，他很可能会下令"乘虚而入"。

不过，从这道谕令中也可以看出，此时的道光对双方的实力差距有了一定了解，对奉旨而行的决策机制带给一线军事主官的掣肘，也有了一定认识，所以才说"朕亦不为遥制也"。

决意一战的道光的心情是无比迫切的，在他极力催促下，清军会有胜机吗？

有！

驻守定海的英军在疫病攻击下几遭灭顶之灾，最虚弱时能投入战斗的兵力仅有几百人，这应该算是清军一个千载难逢围而歼之的机会，如果赢得这一仗，历史都有可能被改写。

现在正逢英军疫病肆虐，走马上任的伊里布如果能周密部署，了却清帝心愿的可能不是没有。

然而，也许是清军的情报系统形同虚设，也许是伊里布根本就没打算跟英国人动手，他抵达浙江唯一做的事，便是拖。

第二节　灾难终于降临

9月15日，驻扎在定海的英军马德拉斯炮兵营区边，发生了一件奇怪的事。

9月14日晚上，他们的指挥官安突德帐房里，突然传来尖叫声，一些被惊醒的军官和士兵赶紧跑去，却发现安突德依旧沉睡着，尖叫声是从他的嘴里发出的。人们见并不是想象中的遭受袭击或其他不测事件，便纷纷返营安睡。

第二天一早，安突德说他做了个梦，梦见中国人把他扛着带走，他的胳膊和腿被绑在一根杆子上，嘴被塞住。所处位置在营地的视线范围内。

起初人们不以为然——不过是个梦而已。

但是，这个"不以为然"的有效期仅有一天。第二天（9月16日），安突德就被当地村民以他梦境中几乎一模一样的方式捕获，而且捕获地点也跟梦中差不太多——在离军营不到半英里的地方。

这一令人匪夷所思的事件，被英军军事秘书乔斯林记录在他的《在华六月记》里。

安突德做梦的时候，"鸢号"正从长江口返航。

它于8月上旬从舟山出发，前往长江口与"康威号"等舰会合后，就发现了一个严重的问题：海图很不准确。而且，由于"鸢号"吃水深，在长江等内河航道行驶时需要小心翼翼，一不留神就会导致搁浅、触礁等灾难事件的发生。

在按时抵达长江流域的某个口岸后，"鸢号"等了几天，等来了"康威号"和其他舰船，可是吃水深的"鸢号"在测量中几乎没有什么用处。

9月12日星期六，"鸢号"指挥官道格拉斯中尉接到返回舟山的命令。

经过一个月的航行，原本在舟山染上疾病的船员病情加重了，除了韦伯、沃姆威尔、斯科特和一两个身体最强壮的一等兵外，其余船员都患上了痢疾，很少有人能在船上工作。

一名海军陆战队员和一名男孩死于痢疾。

第二天发生了件意外的事——黄昏时船在途中抛锚。次日破晓前，发现船上有只小艇被潮水卷走。船员们立即登上另一只小艇去追，追回后分别挂在船尾和右舷。此事几乎耗尽了船员全部体力。

晚上又抛锚候风。第二天一早，刮起了顺风，船员们希望一两天内能抵达舟山休整。

涨潮时分，"鸢号"顺着大潮、风向进入钱塘江口，并持续向西而去，一直漂到了宁波胜山、观海卫附近。英军想不到的是，农历八月十五前后，正值钱塘江天文大潮，何况，现在又是涨潮期。

9月15日，星期二，中午11点半左右。

灾难降临。

斯科特在他的回忆录中记录了这一生死相随的夺命时刻：

> 我从驾驶室里出来，下楼去看韦伯和沃姆威尔，并打算去吃饭。大约11点半左右，我在照顾病人的时候，听到船长命令抛锚。
>
> 我立即跳上甲板，向前跑去做抛锚准备，松开了塞子。这时船重重地撞到了什么东西，甲板上所有的锚链（大约60英寻）都以非常之快的速度掉落下来，以至于起锚机都着了火。
>
> ……船是横着的，像一道水闸一样向前冲，不一会儿就出现了倾覆迹象。我和特维泽尔向船尾跑去，把上桅和上桅帆的帆桁放下来，将左舷的帆桁撑开，这时我感到船要翻了。我立刻抓住了上桅的主后桅索，在船下沉时，我把自己荡到

船的一边。特维泽尔抓住了主索具的一根护桅索，我也这样做了。

这时，我想诺布尔先生是向着船舱内而去了——因为我听见他对妻子喊道："坚持住，安妮！"但我没有看见他，潮水一定把他带走了，他肯定死了。

我现在首先想到的是下面的病人，我很担心，他们一定都溺水了，因为船完全是侧着的，船的顶部搁在沙滩上。

我向船尾望去，看见一个人在水里挣扎，显然是被帆和索具缠住了。我拿起帆桁扔给他，费了好大劲才把他拖上船。但他后来在宁波永远地离开了我们，这个地方在我们的脑海里是挥之不去的。

我环顾四周，很高兴地看到患病的船员们（我以为他们都死了）爬上了船头和主舱口，我们立即帮助他们爬上船舷。翻船的时候，大部分人几乎是光着身子躺在吊床上，有些人是被惯性甩出来的。

这时我看见道格拉斯中尉和大副正把诺布尔太太拖进那只停在旁边的小艇里。艇上还有两个在印度水手客舱里的男孩。小艇上满是水，绳索还和大船相牵着，眼见就要翻船。我把刀扔给他们，要他们割断拖绳，他们一割断，就被浪卷走了，道格拉斯中尉还大喊着让我们把那只还在甲板上的小艇划开。①

这场突如其来的灾难，夺走了"鸢号"上几个人的生命，包括安妮·诺布尔的丈夫和她5个月大的儿子。在被关押到宁波监狱

① John Lee Scott. Narrative of a Recent Imprisonment in China after the Wreck of the Kite[M]. London: W.H.Dalton, 1841:7-9.

后，安妮·诺布尔在悲痛欲绝中给朋友写下一系列书信，其中就有对灾难发生时刻的回忆：

> 15日之前一切都很顺利，我们希望能在2天内到达舟山。可怜的世俗的前景，它们确实是错误的。中午12点左右，船撞上了海图上没有标明的浅滩。这一打击既突然又可怕，当时用尽了一切办法，然而不能如愿，过了一会儿，几乎就在我们能够思考或说话之前……甚至还来不及把我可爱的孩子从船舱里抱出来，船就在舷侧"砰"的一声巨响中翻了过去，船上的一切（除了我亲爱的孩子）都猛烈地冲进了海里。

> 那一刻太可怕了，我亲爱的丈夫，直到最后一刻还在发号施令，是跑到船舱里去救我们的孩子了，还是和其他人一起倒下了？我不知道。但再也没有人见过他，也没有人听说过他。他对我说的最后一句话是"坚持住，安妮"。

> 绝不，我绝不应该忘记他们。我的孩子一定死在摇篮里了。

> 想到他们所受的苦难，我就要发抖。多么希望能和他一同死去，然而上帝的旨意却不同，我知道这样想是不好的，若你能感受到我心里的痛苦，你不会感到奇怪。

> 我在水下挣扎了一段时间，抓住了船尾的一根铁栏杆，我紧紧地抓住它，身体还在水里，浪花猛烈地向我扑来。一只可怜的小狗在我的胸前扑了一会儿，试图求生，但最后我不得不把它拖了下来。哦！如果是我的孩子，我宁愿死一千次。

> 道格拉斯游过来靠近我，虽然有一段时间他不能帮助我，但我要向他表示最深的谢意，他在身旁，尽他所能抚慰我。

而且，他的命令，拯救了我们。

我可以向你描绘一下此时此刻的情景吗？船舷、桅杆和船帆在水中，许多人拼命游向沉船，紧紧抓住一切可抓住的东西，每张面孔都露出恐惧的神色，还有可怕的巨浪的声响……我永远，永远不会忘记我看到的。

是道格拉斯中尉和大副维特先生救了我。这两位先生和可怜的水手上了小艇，其中一位抓住我的脚，把艇拖过来，我被抬了进去。艇里几乎全是水，浪花还在不停地翻腾，绅士们不得不割断缆绳，以免艇沉下去。水流很快就将它冲远了。

没有什么能阻止"鸢号"沉没了。在水里挣扎着的人爬上了船露出水面的部分。我努力寻找着"我的宝贝们"，却什么也没找到。我绝望地扯着我的头发，叫他们去找我的丈夫和孩子，可是船上的人听不到我的喊叫声。一小时又一小时，我们还能看得到的船体，最后完全看不见了。你会以为我一直在哭泣和尖叫？我向你保证，没有！我的麻烦太大了。虽然我的心快要碎了，但一滴眼泪也流不出来。我像个雕像般坐着，盯着残骸……许多从残骸中冲出来的东西从我们身边经过……①

安妮·诺布尔、道格拉斯中尉、大副维特以及两个男孩所在的小艇，在潮水中身不由己地晃荡着，艇上有两支小桨，但唯有在潮水平静时才能派上点用场，靠它们靠岸逃生，显然是徒劳。

沉船这边，斯科特等幸存的船员开始了奋力自救，他们努力

---

① Anne Noble. Loss of the Ship Kite[G]//The Chinese Repository: Vol.X. Canton: The Proprietors, 1841:204.

接近另一只小艇，但是，船体在不断下沉，小艇也失去了踪影。

唯一的救生工具失去踪影，船员们只好尽一切可能避免"鸢号"进一步下沉。但所有的努力在汹涌的江水中，都犹如蚍蜉撼树般微不足道。潮水猛烈地撞击着"鸢号"，接着便是"啪"的一声，系小艇的缆绳被冲断，小艇像只断了线的风筝，转眼间便被潮水冲远。

接着，"鸢号"开始出现解体前兆，主上桅、前桅和船首斜桁都被浪卷走，甲板下的前桅部分随后直冲上来，漂走了，只留下主桅还顽强地竖立着。

这根主桅，成了幸存船员唯一的指望。

船员和士兵们很快攀爬过来，集中到了主桅附近，一共有31个人和1只小狗。

33名船员（启航时为35人，途中病死2人），只有船长约翰·诺布尔和他的儿子当场死亡。关于船长之死，当时无人看到，但事后有过很多分析，最大的可能，是船长为了救儿子而潜入水下的舱内，没能逃出来，否则，经验丰富的他绝不可能当场死亡。

"鸢号"，再也不可能返回故土，和它的船长永远留在了这里。

幸存的船员和士兵们呢？

他们将经历一场生与死的赛跑，有的人没能支撑住。支撑到最后的人们，将见识到来自中国的一种温情——他们把浙江当作战场，浙江人却把走投无路的他们当成了朋友，因为此时的他们，已经放下武器，成了手无寸铁的俘虏。

■ 沉没的"鸢号"
和逃生的船员

第三节　圈套

被困在船上的26名船员，以及那只小狗，都无法摆脱等死的绝望心情——过不了多久，涨上来的潮水就会把大部分的桅杆淹没，最接近水面的船员也将被冲走。

这条小狗，是大副维特所养，在主桅附近被船员们发现。

除了斯科特和另外两个船员，其他船员都有痢疾等病缠身。

斯科特已经做好了拼死一搏的准备："我以为很快就会被冲走，于是我脱下裤子准备游泳，因为我能看到地平线上的陆地，无论如何，为了救自己而牺牲，总比不作任何努力就被淹死要好。"

幸运的是，船体似乎有了新的平衡，最后以部分倾斜成45度角留在水面上。

船员们迅速向高处攀爬，将帆砍掉，因为帆上有大量的水，很可能会造成桅杆不堪重负。他们砍掉了主帆、三角帆等，只留下桅杆和绳索挂在主桅上。接下来，船员们搜集一切能搜集到的东西，打算用来做一个木筏逃生。

下午4点左右，斯科特等人看到道格拉斯乘坐的那艘小艇竟戏剧般地出现了，小艇在汹涌的潮水中如风中落叶，漂移着，船员们看到安妮在小艇上向他们挥动着手帕，但她很快又消失在船员的视线中。

知道道格拉斯中尉还活着，船员们心头燃起了更加强烈的求生欲望，出于对海军陆战队的信任，他们认定，道格拉斯中尉是他们的救星。

可他们没能等来心目中的救星，却等来了清军士兵。

入晚，明月映上天际的时候，木筏的雏形出来了。此时，船员们发现所处之地已被清军船只包围了，其中两艘大船上满是清军士兵。

斯科特这样记录他当时的心情："我们都知道，如果他们攻击我们，抵抗是完全无用的，而且我们认为信任他们比信任海浪要好，所以……特维泽尔和我，两三个海军陆战队员，两个一等兵以及大部分的印度水手上了一艘船，其余人带着韦伯和沃姆威尔跳到另一艘船上。"

很明显，清军士兵此时不清楚这帮人的身份，他们本不想让这么多人上船，但见到斯科特等人死皮赖脸，最终让步。

出乎所有人意料的是，斯科特乘坐的清军船只没行驶多远就搁浅了。

清军士兵离开搁浅的船不久，有一人回来了，他提着灯笼，示意大伙跟上，英国人紧随其后，显得相当小心。他们涉水而行，路途艰辛，水有时没过膝盖，有时只到脚踝，走了三四公里，来到了另一艘正在候潮的大船旁。

双方语言不通，但从向导的手势中，斯科特等人明白，对方是让他们乘坐这条船上岸。

斯科特此时不知身处何地，他希望能到宁波，因为那里附近的海域有两艘正在执行封锁任务的英国船，这样，他们的人身安全才算彻底有了保障。

斯科特猜测他们处在离宁波不远的地方，事后证明，这位年轻船员的判断是正确的。

当时，所有英国人的心里都打着鼓，尤其是那几个海军陆战队员，定海之战已经发生了两个多月，当地人不可能不知道英军入侵的消息，如果让对方知道他们的真正身份，那么后果不堪想象，在舟山连续发生的袭击、绑架英军官兵事件就是明证。

奇怪的是这帮人似乎把他们当成了普通商船上的外国船员。

凌晨3点左右，所有英国幸存者安然上了岸，有几个中国人向他们做着手势，英国人明白了，如果跟着他们走，就会有吃的喝的。沉船以来，所有人都拼了命想逃生，此刻体力透支，饥渴难耐。

他们跟着中国人走到一个小村庄，提着的心总算放下了些，这个村子里只有几间简陋的土房，能称得上砖房的只有一幢，大大小小的人们从小屋里走出来看热闹。

斯科特记录下了当时的场景：

> 我们被带进了一个外屋，其中一半空间被一头巨大的水牛占据，另一半是一张铺着草席还是什么东西的藤床；在一个角落里有一个梯子，通向阁楼。现在，他们给我们带来了一些热米饭和一种腌菜，我们吃得很饱，但由于腌菜太难吃了，我们谁也吃不下。
>
> 在这个地方，一个中国人带来了一张写了汉字的纸，并

做手势让我们中的一个人在上面写字，同时表示他已在这张纸上写了一些关于我们的情况。我写完就把信给了他，说明了我们失事的时间和原因，以及我们目前的情况。希望他能想办法把它带给舟山方面，让我们的人知道我们在什么地方，然后采取一些措施，让我们回到舰队里去。

天亮时，我们提到了宁波的名字，他们做了手势，表示如果我们和他们一起去，他们就会告诉我们去那里的路。所以，我们出发了，正如我们所想的，去宁波。

我们就这样穿过一个耕种程度很高的区域，四面都是大种植园，种着棉花、水稻和各种各样的蔬菜。……我们走了六七英里路，只看见几所房子，但是当我们经过的时候，每一所房子里都有成群的人出来。

不久，前方出现了一群中国人，他们绝对不许我们再往前走了。……我们推开了挡路的人，继续往前走。可是，他们又集合了更多的人，向我们冲来，我们只好站住不动。

在这种情况下，我们发现我们之间缺乏一个完美的沟通：印度水手对自身的处境非常恐惧，他们在中国人面前跪下，这当然鼓励了中国人，在我们环顾四周之前，人们走过来把我们分开……有几个人跑掉了，尽管他们不知道该跑哪条路，也不知道该怎么做。

一个叫赛朗的水手拔出一把生锈的刀，愚蠢地想要割破对手的喉咙，但是他只成功地割开了一点肉，就很快被解除了武装并被绑了起来。印度水手的行为激怒了对方，我们……被抓住，捆绑带走。至于那些逃跑的人，他们跑了一小段路就不得不投降，受到了非常严重的殴打，此外，对方还用长矛刺伤了他们。

　　从那时起，我的叙述几乎变成个人的了，因为除了自己
所经历的事，我很少能讲得更多。

　　我被一个男人抓住，虽然我可以轻易地甩掉他，但有
五六个人在我周围聚集，显然挣扎是没用的。我想还是最好
不要反抗，因为其他人都被捆起来，用绳子绕在脖子上拖走
了。而第一个抓住我的人，仍然抱着我，把我带走，并未将
我捆绑起来。特维泽尔就在那些逃跑的人中间，直到我到了
宁波，我才再见到他。当那个人架着我往前走的时候，有两
个士兵挡住去路，其中一人拿着长矛，准备向我猛冲，但是
我的看守挡在了我们中间，向对方说了些什么，那人便放下
长矛，让我们过去了。[1]

　　斯科特等人被中国人设计抓了个全，坐着小艇逃生的安妮、
道格拉斯中尉等人也没能逃过被抓的命运。

　　15日下午4点左右，也就是斯科特看到载有安妮等人的小艇飞
速漂过之时，安妮、道格拉斯也在望着桅杆上那些像考拉一般抱
着桅杆不敢撒手的同袍。

　　安妮在日后的信件中描述了那一刻以及之后的遭遇：

　　　　大约4点钟，经过几小时的挣扎，水流转向对我们有利的
　　　方向，我们朝东漂去，看到了沉船。当我们漂近的时候，发
　　　现船体大部分已经沉进了沙里，只能看见主甲板和紧紧地扒
　　　在上面的可怜的受难者。我们尽了最大努力去接近失事船只，
　　　但那是不可能的。道格拉斯中尉大喊着告诉他们做一只木筏，

①　John Lee Scott. Narrative of a Recent Imprisonment in China after the Wreck
of the Kite[M]. London: W.H.Dalton, 1841:20-21.

希望能帮上忙。

我们现在又离开了沉船，夜幕开始降临。小艇上的绅士们躺了下来，我坐在那里望着星星。那是一个有着美丽月光的夜晚，但这样的夜晚只会让我感到漫长难捱，我也经常和道格拉斯中尉说话，他睡得很少。

16日，我们早早地又经过了失事的船只，我们试图找到那些可怜的船员。……直到我们再次被激流冲走。

下午，我们最后一次经过沉船，尽了一切努力想接近它，但毫无效果。

天又黑了，我像往常一样忧郁地守夜。在这之后，我们找不到残骸了，我们得出一个可怕的结论，那就是所有的船员都死了，或者是被中国人从沉船中带走了。

我现在几乎可以肯定，我是一个寡妇，独自生活在这个世界上。道格拉斯中尉对我很好，他使我对生活抱有最后一丝希望。……他说："亲爱的诺布尔太太，全能的神会保佑你。"他就这样一直以最亲切、最抚慰人心的方式，试图使我那颗冰冷的心温暖起来。

想象一下我们的处境：5个人在一条小船上，穿着单薄。我自己穿着一件晨衣，没有帽子，没有披肩，鞋子也不知去向。我们没有食物，没有水，没有帆，只有两支桨——在对手的区域附近。

这一天，我们遇上了一艘渔船。渔船上的人对我们很好，给了我们一些米，一些水，和一张旧席子，试图让我们做一个帆。

不久，我们以为看到了一艘英国小帆船，我永远不会忘记我们当时的激动心情。但过了很长时间，我们发现错了。

快到天黑的时候，我们拾到了一个小南瓜，我吃了一点，这是沉船后我第一次吃东西。我们就这样被潮水不停地驱赶着，又看见了一条汽船，我们使出浑身解数想吸引他们的注意，我们高举着一支桨发出求救的信号，可是我们又一次失望了。[①]

斯科特等人被抓，小艇上的安妮和道格拉斯等人还在死亡线上来回漂移，登上另一艘清军船只的英国人去向不明——16日便以这样的方式结束了。当然，他们很快会在宁波的监狱里重逢。

真的非常巧合，16日，舟山也出大事了。

第四节　活捉

9月16日晨，驻扎于舟山的马德拉斯炮兵上尉安突德，醒来后便向同事们提起了昨晚那个奇怪的梦：他被当地村民绑架了，四脚朝天像头猪似的被绑在一根竹竿上，而且就在营地不远处。

谁也没当回事。

在军事秘书乔斯林笔下，安突德是个性格开朗的人，"这位军官在全军上下都受待见，他在执行军事任务时，经常到定海一带的乡间去，和当地村民们成了好朋友"[②]。

素描，是安突德的特长，乔斯林说他在乡下为村民们画像时，常常赢来惊叹声，这更使安突德乐此不疲。

16日是星期三，上午10点，安突德和一个印度老水手带着大

① 　Anne Noble. Loss of the Ship Kite[G]//The Chinese Repository: Vol.X. Canton: The Proprietors, 1841:202-204.
② 　Jocelyn. Six Months with the Chinese Expedition[M]. London: John Murray, 1841:122.

大小小的测绘工具离开营地,从定海的北门出去,在距营地1公里多的北方大道左边,有一些房子和花园,路从那里向西分岔。沿着这条路前进,他们登上了山间的隘口,然后向左转,来到了一个小山顶端,在那里他插了面旗子当标记。

山的西面有一条又长又美的山谷,直通定海营地西北方的平地。安突德沿着这一侧的山路往下走,路的右边是一座庙宇,两边都是茂密的树木,他意识到自己走得太远了。他想只要能穿过这个黑暗而危险的地方,就立即返回营地。

没过多久,他发现他和他的随从(那个印度老水手)被一群人紧跟着。起初,安突德并没过于惊慌,也许他认为这帮中国人不敢怎么样。他和老水手向左转,打算再次上山。

他几乎没来得及转身,就见一个中国人手里拿着一把锄头,冲向老水手。老水手显得非常惊慌,避开袭击后立即向安突德靠拢。安突德从老水手手中接过他用来插旗杆的铁锹,将那个中国人赶了回去。更多的人拿着双叉矛等武器,重新发起进攻。

寡不敌众,安突德和老水手不得不逃跑。途中,安突德命令老水手尽量爬上山去,因为他认为中国人是冲着自己来的。但是老水手拒绝离开。此时,山坡上出现了武装人员,看起来两人逃脱的机会更渺茫了。

安突德做了一个性命攸关的决定——强行穿过这个长长的山谷。事后他回忆:

> 但是我跑得不好,我那可怜的老雇工跑得更差,所以我沿着山谷慢慢地走,不时地回头,不让中国人靠近。与此同时,山谷里的所有人都在我们面前大声呼喊……我无法让老水手离开我并设法不被注意到地逃走,所以我们一起走在小

路的拐弯处，这条小路现在已经穿过了长长的山谷（东西走向）的南边，我遭到了几个拿着棍子和石头的坏蛋的攻击。我冲过去，他们把我团团围住了，然后我可怜的老水手往回跑了大约80码[1]，在那里他被后面跟着我们的人群追上，被打倒在地。……我想朝他挤过去，但没能成功，我看见那些恶棍使他脸朝下躺着，用大石头砸他的头。我不怀疑他死了。

我现在明白了，企图逃跑是徒劳的……我开始尽我最大的努力反击，想让那些坏蛋们付出代价。他们人数众多，占了上风，我被打倒在地。

他们没有猛击我的头部，而是把我的手绑在身后，把我的脚踝绑在一起，在我嘴里塞了一个大东西。然后，他们猛击我的膝盖，刚好击在髌骨上，以防我逃跑。然后我被放进一顶轿子里，这轿子显然是专门为这种意外事件准备的。[2]

安突德被俘当天，英军都不知情，因此错过了最佳营救时间。第二天清晨，官兵们才发现指挥官不见了，于是紧急出动，但已于事无补，只好把抓获安突德村民的家属绑来泄愤。

当天下午约3时，安突德就被送到了宁波的监狱，他是清方捕获的军衔最高的英军官。

此时，斯科特一行正在被押送前往宁波，还漂在江面上的安妮一行遇到了新情况。

前一天晚上，江浪异常激烈，一支桨也被冲走，他们全身湿透，挣扎在生死线上。

---

[1]　1码≈0.9米。
[2]　J.Elliot Bingham. Narrative of the Expedition to China: Vol.I[M]. London: Henry Colburn, 1843:280-283.

第二天，他们又遇上一艘船，请求对方将他们带到舟山去，善良的船员答应了，可是船主似乎发觉了什么，表示拒绝，但好心地将他们引航到一条运河口，并告诉他们运河里风平浪静，可以从镇海口出海，然后返回舟山。

安妮一行沿着河航行，天下起了小雨，到了晚上，他们来到了一个不知名的地方，周围有很多中国人，小艇就在这个地方停泊了。

安妮这样讲述当时的情景：

> 他们显得很友好，给了我们一点米饭。虽然我们已经很久没吃东西，但船上没有一个人抱怨，现在中国人送来的米饭也吃得很少。
>
> 雨下得很大，我们都躺在船底，把旧席子铺在上面挡雨。
>
> 大约晚上12点钟的时候，我觉得我听到了脚步声，便抬起头来。看见大约20个中国人提着灯笼在我们的船周围。我叫醒了道格拉斯中尉。
>
> 然而，他们仍然表现得很友好，给了我们更多的食物。
>
> 到了早上，我们光着脚去了一户中国人的家里，想问些情况。我们坐了一会儿，他们说要给我们弄点吃的，然后带我们去舟山。我们相信了，便跟着他们，来到一座寺庙避雨。
>
> 这时，有一个人离开了我们，我们怀疑出了问题，动身去夺我们的船。可为时已晚。我们刚登上河岸，回头一看，只见一大群士兵、一名军官和许多中国人正在追赶我们。
>
> 我们立刻想到刚才离开的那个人出卖了我们。这个时候想逃跑是不可能的，抵抗也是徒劳的。我紧靠着道格拉斯中尉，他勇敢地挡在我面前（因为我被打了好几次），最后他们

把铁链套在我们的脖子上，赶着我们沿着一条不到半码宽的小路向一座大城镇走去。每一条街，都似乎有成千上万的人，他们挤在一起盯着我们看，我们可以说是寸步难行。他们野蛮的叫声可怕极了。

他们把我们带到一座满是士兵的庙里，一个坏蛋从我的手指上抢走了我的结婚戒指，这是我唯一珍爱的东西。唉！我没能保住这个信物——它寄托着我丈夫对我所作的爱的承诺。我永远不会忘记那座庙宇，还有他们那凶狠的嘴脸和野蛮的行为。

如今，道格拉斯中尉是我唯一的朋友，患难中我们彼此安慰，现在却要被分开。士兵们将道格拉斯中尉反手绑在一根柱子上……我们期待着死亡以最残酷的方式降临，我已经无视死亡的痛苦了，现在我只感到孤独。[1]

安妮·诺布尔，这位可怜的女士怎么也想不到，一年前的9月，她还和丈夫待在风景旖旎的法国波尔多港口做着开航前的准备，那时，斯科特也刚从英国赶到波尔多向她的丈夫报到，一切都曾是那么美好，新的生命在她腹中萌芽，未来充满着希望。

命运却安排"鸢号"驶向了一条罪恶的不归之路，英国人以国家的名义侵略了另一个国家，战争的苦痛，却要由无辜的人来承担。

无数中国人的家，被英军的炮火所摧毁。

她的家，又是被谁摧毁的呢？

---

[1] Anne Noble. Loss of the Ship Kite[G]//The Chinese Repository: Vol.X.Canton: The Proprietors, 1841:194.

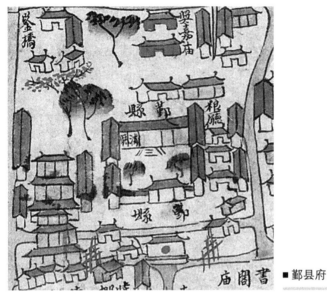

■ 鄞县府

第五节　引发英国人愤怒的笼子

9月17日下午约3时，安突德被送到宁波鄞县监狱时，"鸢号"的被俘者还在押解途中，不过安突德不会感到寂寞，这儿已经有近10名英军俘虏了。

随军记者在安突德被俘后便发回了报道："目前已有7名部队人员被绑架，安突德上尉是唯一的欧洲人，并且我方没有采取比逮捕妇女更积极的措施来阻止这种行为。当地人还有几次企图绑架军方人员的行动，但都以失败告终。然而，在其中一场战斗中，对方尽管没有成功，女王的一名军官却受了重伤。又有一次，49

团的2名军官和3名士兵被大约200名英勇的清军士兵袭击了。"①

这些碎片化的信息，传递出了舟山军民顽强反抗侵略者的决心。

安突德先是被关押在一个营房，旋即又被带到清当局官员面前，对方问他有多少船，多少人在舟山。这场审讯，应该是布定邦担任翻译，安突德事后回忆说是"一个在英军登陆定海约两个星期后被抓住的买办担任了翻译"。

之后安突德被喂饱，投入监狱里。在那儿，安突德打听到，在英军向定海发起攻击时，由"威里士里号"侧舷发射的第一发炮弹，使驻地的海军将军受了致命伤，岛上的一名副官也被第一颗向岸上发射的炮弹击中阵亡。

安突德被关进一个木制的笼子，长、高各约0.9米，宽约0.6米。他的手被铐着，一根长约0.3米的棍子连着手铐和脖子上的铁环，双脚戴上了很重的脚镣。他估计这些铁家伙重约8千克，而他戴了4个星期。在笼子里，一条铁链拴在他的脚镣上，到了晚上，狱卒就在他身边开着灯睡觉。

这只笼子，中国人称为囚笼，历来是囚禁重犯的刑具，英国人事后据此批评清政府虐待战俘，连安妮这样高贵的女性都被囚禁于笼子里，这让英国民众愤怒无比。

在媒体的渲染下，英国人的愤怒很快达到了顶点，他们要求英国远征军迅速出动解救同胞，而在英军1841年第二次攻占定海并占领宁波后，炮兵部队将曾关押安妮的监狱夷为平地，"没有留下一块石头，这是为了报复敌人给诺布尔夫人的'待遇'"。甚

---

① Asiatic Intelligence-China. The Asiatic Journal and Monthly Register for British and Foreign India, China, and Australasia: Vol.XXXIV[M]. London: Wm.H.Allen and Co., 1841:31.

■ 英俘示众情景

至连英国新任全权大臣璞鼎查在发动第二次定海之战前也说，他"十分期待夺取宁波，以报复那里人们对英国囚犯的虐待"。[①]

在伊里布被撤职后，接任的裕谦确实有残忍的虐俘行为，但对象不是这批俘虏，历史在这里产生了误会，应该予以澄清并将之同裕谦之后的行为切割。

安突德身材比较高大，囚笼又很狭小，这使他非常苦恼。第二天，他又被带到官员那儿，被讯问了英军舰船的情况。也许是安突德认为布定邦的翻译不够专业，他主动提出画一幅画，得到了官员的许可。

才艺在此时派上了大用场，素描画使官员对他的印象大大改观，对方变得很有礼貌和友好，并请安突德和买办翻译吃了一顿饭。在这之后，他得到了一些热水，得以清洗在打斗中留下的血渍和污垢。不久后，安突德凭着他的绘画才能，进一步赢得了官员的好感，他得以换到一个新笼子（长约1米）。被释放后，安突德回忆

① Alexander Murray.Doings in China[M].London:Richard Bentley & Co.,1843:61.

■ 关押安突德和安妮的囚笼

起这个稍大的笼子时，不无安慰地自嘲："这个就比较舒服了。"[1]

关押安妮、安突德以及所有英国囚犯的笼子之所以引发英国人的愤怒，与西方人的历史心结有关。

大航海时代，葡萄牙人入侵非洲的安哥拉，战争结束后，胜利者把战败者关在一个铁笼子里示众。三四个世纪以来，这个场景屡屡出现在欧洲戏剧和文学作品中，在他们看来，这是对人格的一种极大摧残。

然而，在大清，用囚笼来囚禁重犯，是普通得不能再普通的事。

1894年，《英国画报》刊登了一篇关于50年前"鸢号"失事以及安妮等人被关押情况的文章，客观地描述当时发生的一切，也

---

[1] Stanley Lane-Poole. Caged in China[G]//The English Illustrated Magazine: Vol XII. London: The Illustrated London News, 1895:4.

充分展现了中西方文明的冲突。那时候，"鸢号"船员斯科特还活着，这篇文章的作者也采访了他："的确，据已公开的资料和中国一些上了年纪之人的回忆，过去半个世纪没有发生过把欧洲人关在笼子里的事情。当然，当地人也经常被关在笼子里，这不是一种酷刑，而是作为一种方便的拘禁方式。……把犯人关在可携带的笼子里，而不是把他关在普通的监狱里，这与中国人的观念是相符合的。在中国，'监狱不一定是石墙'，'牢笼也不一定是铁栏'。木制笼可以满足所有需求，尤其是当犯人的手脚被锁住、铐住，头部被铁枷锁套住的时候。无论如何，安突德上尉和他那些不幸的同伴们并没有抱怨他们的拘禁方法是不适当的。当笼子被换得更大一些的时候，他们得到了异乎寻常的解脱。"①

1841年英军占领宁波后，安突德把关押自己的囚笼运回了英国驻印度马德拉斯炮兵部队驻地留作纪念，这个笼子一直存放在部队仓库里。

在被释放9年后，安突德晋升为少校，继续在英国驻印度的炮兵部队服役。有一天，哈利·帕克斯前往部队，见到了那只囚笼。帕克斯难以相信身材如此高大的安突德会像《天方夜谭》里的魔鬼那样，被关在如此小的空间里，帕克斯在1849年12月16日写给朋友的一封信中透露了这个细节："安突德少校长得非常壮实，按比例来说是一个高大的人……我对他能被关进从中国带来的笼子表示怀疑，他回答说，用铁条敲击脚踝、膝盖、头部和肩膀，或许就能钻进去了。他的这个笼子放在马德拉斯炮兵部队的仓库里

①　Stanley Lane-Poole. Caged in China[G]//The English Illustrated Magazine: Vol XII. London: The Illustrated London News, 1895:3.

（我就是在那儿看见的）。"①

1894年时，这只囚笼被转移到英国，存放于圣乔治堡的博物馆里，从尺寸上来看，它应该是关押安突德的第一只笼子。

关押安妮的囚笼，1894年时被收藏于英国皇家联合慈善机构，它也是在英军1841年攻陷宁波时，由皇家海军上校W.H.霍尔带回并赠予的，内部尺寸几乎和囚禁安突德的笼子一样。

关于安突德被俘，清朝文献的记录也差不太多，光绪《定海厅志》记云："定海民包祖才暨弟阿四执英官安突德于北门外，献诸宁波，续获喇打里等二十余人。"

第六节　惊魂时刻

"鸢号"船员斯科特被抓获后，他知趣地没有反抗，因此也没有受到暴力对待，只是被双手反绑着一程奔波，捆绑斯科特的绳子勒进了肉里，让他疼痛难忍。他也不知道在抓捕过程中逃跑的同伴们此时命运如何，但从几个武装人员猛击企图反抗的印度水手情形来看，斯科特感觉他们凶多吉少。

不知走了多久，来到了一个大村庄，俘虏们被单独关押起来。此时，斯科特感觉到了深深的恐惧。他是英国入侵者中的一员，英国人毁掉了中国人的家园，占领了他们的城镇，现在他们以任何方式对待侵略者，都是情理之中的事。

唯一不确定的，是死的方式。

就在斯科特胡思乱想之际，有个陌生的看守走进来，把他提到院子里，绑在了走廊里的一根柱子上，绳子勒得很紧。

---

① 　Stanley Lane-Poole. Caged in China[G]//The English Illustrated Magazine: Vol XII. London: The Illustrated London News, 1895:4.

斯科特以为末日来到，用肢体做了几个想喝水的动作。没想到，对方还真满足了他的要求。

接着，他看到一个"麦尔威厘号"上的士兵也被带出来，绑在他对面的柱子上。此时看热闹的村民蜂拥而来，隔在两人中间，稀奇地打量着这两个金发碧眼的外国佬，这使得斯科特无法和那个士兵说几句话，因为两人甚至都看不见对方了。

想象中的酷刑、杀戮并未降临，不久之后，有一个男人押着斯科特走向了另一个院子，那儿堆放着数量不少的棉花。房里，有个看起来地位很高的人站在角落，望着窗外，里面还有其他人。

带斯科特进来的那个男子，见到那人后便赶紧跪下，同时命令斯科特也跪下。但斯科特只是鞠了一躬。

站着的那个人并未计较，挥了挥手。

令斯科特意想不到的一幕出现了。

他被领到后院，押送他的那个男人给他拿来了米饭和蔬菜。

斯科特疑惑不已，他本以为即将遭受的不是毒打就是暴刑，或许还会让他选择一种死法。现在怎么改好饭好菜地招待了？

他并没有表露出感激，因为这一刻他认定：这帮人，一定是想把我当奴隶卖了。

吃完饭，他又被带回来，这回是被紧紧地绑在一棵树上，看守和那个地位很高的人也不知去了哪里，现场只有当地的村民，他们高声议论着，时不时前来捉弄这个外国人。他们做着各种手势，想让斯科特明白他们想说的话，事实上斯科特也确实很轻松地明白了他们的意思：有的人说他的头会被砍掉；有的人说他不会失去头，但他的眼睛、舌头、鼻子和其他一些身体器官，都会被割下来扔掉。

甚至一些女人也加入了争论，比起男人，这些女人更喜欢戏弄斯科特。

感觉过了相当长一段时间，终于等到有人走来，把斯科特从树上解下，押着他走了一小段路，来到了一个不知名的地方。这时有一个人离开了，临走前和头目说了些话，斯科特猜测，此人是被派去购买工具之类的东西，比如斧子等。另一个人则搬来块石碑，要求斯科特跪在前面。

斯科特再一次感到末日来临，但他也再一次拒绝跪下，即便是死他也要死得有尊严一些。

这些人并没为难他。没过多久，那个离开的人回来了，手中没有携带凶器。随后，人们将斯科特带出了村子。

斯科特一直想不明白，杀个人为什么要有这么多莫名其妙的程序？

他被十几个武装人员押到一条运河的岸边，再走不远，来到了一座桥旁，他见到了之前一起反抗的几名同伴，这一刻，斯科特再次认定他们将被再次集中行刑。

但斯科特等人被押着继续往前走，走不远又碰到两个被俘的同伴。每一次停下来，斯科特都以为是人生的终点，然而都不是。

后来的行程中，斯科特终于想通了，这些人带着他，是去和其他俘虏会合。

这带来的便是另一个费解的问题：会合后，要去干什么？

终于，在他们来到的又一个院子里，斯科特惊喜地发现了3名被囚禁的船员。此时，他的胆子有些大了，试着央求一名武装人员，示意捆绑太紧，能不能稍微松一松。那人同意了，其他3人赶紧作了同样请求，他们都如愿了。

这是一个非常好的信号，透露出了生存的光亮。

只要不死，什么都好说。

有一个中国人拿了一大包糕饼进来，一一分送到俘虏手中，又拿来了饮用水，这让他们喜出望外。在烈日下走了那么多路，他们确实非常需要水和食物来补充体力。

吃完喝完，他们先后被带到院子里，斯科特的双脚被五六根铁链拴着，脖子上套了枷锁。

尽管被用上重刑具，但斯科特和其他英国人还是感到松了口气，因为至少在短期内他们性命无虞。至于接下来会面临什么，管它呢，还有比被当场砍头更可怕的吗？

接着，其他囚犯也都被戴上刑具。院子里看热闹的人越来越多，有的拉扯着他们的头发，有的用烟斗敲打他们，有的朝他们吐口水。最后，看押的武装人员将他们带到大门边的一个小房间里，又给他们吃了些米饭。

在那里，斯科特明白自己所处的地方是一个监狱，因为这儿还有其他囚犯，都是中国人，而且上镣铐的方式和英国人一模一样。

随后，斯科特及所有英国囚犯被押解着，穿过城镇，来到了运河边，有几艘船早就等候在那里。斯科特和一名印度水手被拖进其中一艘，其他囚犯两人一组被带到各自的船上，每艘船都有几个士兵看守。

船只沿着运河顺流而下，这时，惊魂甫定的斯科特，终于有闲心打量起周边的环境。他在回忆录中，记下了押解途中他所看到的景色和接下来的意想不到的遭遇：

　　……我可以看到，运河向四面八方伸展开去。河岸上有许多轮子和各种各样的机器，用来从运河里抽水，灌溉稻田。有些机器靠人工驱动，它们工作时就像在跑步；有些靠水牛驱动，它们一圈又一圈地走着，就像我们偶尔在磨坊里看到的马一样。

黄昏时分，我们来到了一个大城镇，在那里我们不得不换船；这是一件相当棘手的事情，因为看守只给了我们很少的帮助，而且，我发现很难从一艘船爬到另一艘船上。成功上船后，我躺在新运输工具的底部，那个看守小心地把我的脖子系紧，让我逃不出来。

晚上十点左右，我们到了另一个城镇，但是由于时间比较晚，这里的一切都很安静。我现在已经上岸了，穿过城镇去往官府，在路上，我被绊倒，摔断了脚镣的铆钉，同时摔破了膝盖。那个看守什么也没说，只是静静地等着，直到我再次站起来，然后我们继续前进，直到我们来到官府。

我坐在其中一个台阶上，一个军官给我拿了些糕点。看到我膝盖的伤口有点深，他就拿了一个小瓶子，从里面倒了些药粉撒在伤口上，血立刻止住了。伤口一两天就好了。①

这是一种从地狱到人间的意外之喜，斯科特感受到的这种来自中国人的暖意，并不是孤例，此后，他还将感受到更多。这使他深深地明白，善良的人们在对待放下武器、失去抵抗能力的俘虏时，依然处处闪现着人性的光芒。

囚犯们被允许就地休息，但不允许讲话。过了不久，一名官员在两名军官陪同下出现。囚犯们被命令站起排成两排，官员们走过来，在每个人面前都作停留，用手势询问来华的船上有没有枪炮或鸦片。

① John Lee Scott. Narrative of a Recent Imprisonment in China after the Wreck of the Kite[M]. London: W.H.Dalton, 1841:28-29.

斯科特并没有记录他们的回答，但可以推测，没有一个人有胆承认——他们的内心一直在祈祷，但愿中国人能把他们当成商船船员。

他们当然害怕。承认有枪炮，他们便是侵略者，除了地狱，他们还能去哪里？

和同伴合谋掩盖真相的斯科特，此刻真的不知道，他的所有想法都是错的！

清军士兵领着所有人来到了一间杂院，里面火把透亮，斯科特发现屋里还躺着几个人，他们显然已经睡着了。起初他以为是中国囚犯，但走近一瞧，发现竟然是"鸢号"上的2名船员，其中一位是韦伯。

很明显，二人曾经反抗过，因此被打得很惨。从他们口中，斯科特才了解搏斗后的情形：当时只有4人从现场逃走，其余的人全部被捉，2名海军陆战队员在押解途中丧生，但他们戴着镣铐的尸体还是被运送到了这里。

至于安妮、道格拉斯中尉以及小艇上其他人的命运，他们一无所知。

当天晚上，几个人相互安慰着，躺在松软的稻草上过夜。

明天，他们又会迎来什么呢？

第七节　押解

第二天，斯科特等人醒来才发现，他们所在的地方是一座寺庙。栏杆外面有一个大厅，两边各有一排座位，中间是个宽敞的空间；栏杆里面的顶端，是个绿色的丝绸篷子，下面则是几尊雕像，身披不同颜色的丝绸，非常漂亮。靠墙站着四个真人大小的雕像，一个全黑，一个全红，另外两个杂色，人们还给这些雕像配备了不同的兵器。

整幢建筑没有任何装饰，要不是有这些雕像，人们很难想象这是一座寺庙。

看守很早就将早餐端了上来，有糕点和茶。斯科特等人刚吃完，就见看守抬了两个木笼子进来，将他和另外一名同伴塞进去，抬到门外示众。

寺庙外，早已聚集了大批百姓，男女老幼都有，有些人的穿着打扮显示出他们上流社会的身份。大约2小时后，斯科特被抬进屋里，换另外2个囚犯示众。这两人比较幸运，抬出去没多久，天就开始下起了大雨，人群渐渐散去了。

中饭和晚饭差不多，都是一盆饭、蔬菜、糕点和茶。看守并不给他们准备白开水，但每当他们提出要喝水，便会有人端来淡茶。这天晚上，他们依旧在稻草上过夜。

第二天晚上，更多的囚笼被抬到庙里，看守们给了每个囚犯一件宽松的外衣和一双鞋，并准备了尽可能多的糕点，随后命令所有囚犯都钻进笼子里。

斯科特发现这些木制囚笼过于狭小，不可能挺直身体，坐着极不舒服，躺下更是奢望，所有人只能蜷缩在笼子里。有几个笼子的上端有可供头钻出的洞，上面有盖子，斯科特的笼子就是这种式样。

他们被抬到一条大江边，又由士兵抬到船上。每艘船放两个囚笼，由一名军官和几个士兵看守。和斯科特同船的是一名海军陆战队员，他的模样看起来很惨——他曾经反抗过，挨了打，而且他的痢疾也比较严重，差点死于途中。

船在码头边等了很久，将近午夜时分，来了更多的人。士兵、杂役在岸上来回奔跑，叫喊着，伴随火光之下的锣鼓声，岸边俨然闹市。他们在每一艘船上盖了些东西，之后，船开始往下游驶去。

第二天早上，斯科特发现他们已经离开了大江，在一条比较宽阔的河里以很快的速度前进着。透过覆盖物空隙，能看到两岸景致优美，田野肥沃，但没人会告诉他这是什么地方。斯科特内心忐忑不安，不知前方会有什么在等着。但从被诱捕后的遭遇来看，中国人似乎一直带有善意，不会要他们的性命；要杀，不会等到现在。

经验告诉斯科特，只要不反抗，乖乖地听从中国人的安排，便不会有事。除了被村民嘲弄和示众外，一路上他都没有受到过虐待，相反，还得到了优待。

现在的斯科特，最大的心愿是中国人不要识破他们真正的身份：如果是普通商船的船员，他们或许一直能拥有这样的待遇；但如果是侵略者中的一员，那后果就不堪设想了。

船在左岸的一个城镇停了下来。

士兵们上岸，买了些柴火，在船上准备着早餐。他们自己吃的是米饭和一些叫不出名字的食物，给斯科特等人吃的依旧是糕点和茶，同船的海军陆战队员病得太重，一直在讨水喝，这请求，从来没被对方拒绝过。

大量的看客挤上船，几乎把船倾覆。清军士兵对这些行为好像不闻不问，充分满足看客的好奇心。不久后，船离岸，又扬起了帆。

船抵达了又一个大城镇，还是在左边靠岸。

这时，清军士兵出示了两样被帆布包裹着的东西。当斯科特看到它们时，有种万念俱灰的感觉。他感到，自己之前仅存的侥幸，是如此幼稚可笑，因为清军士兵很早就知道了他们真正的身份。

第一片帆布下，是从沉没的"鸢号"上打捞出来的一门近距大威力臼炮和它的炮架。

掀开另一片帆布，还是一门臼炮和它的炮架。

"鸢号"被征用后，和其他所有被征用的商船一样，由军方安装上了两门近距臼炮，又在舟山进行了火力改装。

现在，一切都明摆在清当局的眼皮子底下。

还有什么比这两门炮更有力的证据？

此时的斯科特也许并不知道，他们已经抵达了宁波。

清军士兵将最直接的证据摆放在终点，这顿时让囚犯们垂头丧气起来，不祥的预感向他们袭来。

两个杂役拿着一根长竹竿踏上船，将竹竿穿过囚笼，抬起笼子上岸。沿途跟着许多看热闹的人，时不时透过木条缝隙对英国人进行羞辱性的折磨。

从囚笼中向外望去，斯科特发现有些街道还很漂亮。最后，他被抬到了一个开阔的地方，穿过走廊，前面出现大厅，两边都有栏杆，栏杆后面有几匹强壮的马，都套着马鞍和笼头。

有些囚犯比斯科特早到。所有的囚笼都被排成两排，在每排的最后，都有一个清军士兵端着枪监视。枪口虎视眈眈，现场杀气腾腾。

大批的人从门外走来，他们都穿得相当华丽，绸缎衣服上绣着各式各样的人物造型，每个人的手里还都拿着扇子。

其中一两人的胸前挂着镀瓷釉的钟表，表上坠着金链子。

来者很客气，他们吩咐仆役给囚犯上水果、茶点，客气地请他们吃。

斯科特等人面面相觑，清方明知他们是侵略者，怎么还款待起来？

不久后，他们就被抬出，民众瞬间围上前来，撕扯着他们的头发。此时斯科特感到很幸运，因为他在"鸢号"失事前几天，刚好将头发剃得很短，这让民众无处下手。

杂役们再次将他们抬起，穿过许多街道后，来到了官府门口，所有抵达此地的囚犯，都被放在同一个院子。一些军官进来，打开囚笼盖子，斯科特被放出来带到另一个院子。

他发现，有4名"鸢号"的船员坐在树下一个角落里，大家对视着，发现都变了很多。

斯科特想和同伴说些话，但看守催他继续前进。走出不远，他发现前面有一个戴着很重镣铐的英国人，此人他之前从未见过，不是"鸢号"上的士兵，更不是船员。

听到斯科特的镣铐发出的叮当声，那人回过头，说了几句话，但斯科特当时并未听清他在讲什么，于是问对方是谁、怎么来到这儿的。

就在那个英国人想作答时，看守推着他进入了另一个通道。

事后，斯科特才获知，那人是马德拉斯炮兵连的安突德上尉。

斯科特在看守的带领下，来到了一个铺着柏油的小院子，有几个官员已经在场等候了。

······

安妮在那个满是士兵的庙里被抢去结婚戒指后，和道格拉斯中尉分开了，她和"鸢号"大副维特以及一个印度男孩一起被带离庙宇，前往不知名的处所，未来同样充满了不确定性，她在书信中向朋友诉说了当时的遭遇：

……维特先生和其中一个男孩，还有我，又一次被拖进了雨中。我光着脚，每走一步都要滑倒，最后他们不得不给我拿来一双草鞋。我努力抓住一个用链子拴住我的高个子男人的外衣。我的头发散乱地挂在脖子上，衣服上满是泥浆，又被雨淋得湿透，看上去一定很可怜。

在这种情况下，我们必须步行至少20英里，经过无数的城镇，所有的居民都挤在我们周围。他们的叫喊声太可怕了。我们两次穿过几乎齐腰深的河水。又到了一座庙宇后，被允许在一些石头上休息。他们给了我们囚服和一些食物。

晚上，他们在一座大寺庙的两边铺上席子和被子。维特先生和男孩站到一边，向我们的天堂神父祈祷了一会儿。我躺下却无法入睡，我们脖子上的链子被拴在墙上。我可以向你描述这场景：寺庙点燃的灯笼照着我们可怜的床；周围尽是些黑着脸、面目可憎的中国人（我记得有8个人），他们吸着一种有着长长管道的烟；四周的锣鼓声和其他喧嚣声持续了整个夜晚。

天终于亮了，看守们给我们送来一些水，这是一种很大的安慰。然后他们把我们带到一个露天的院子里，让无数的看客都能看到。他们在这里测量了我们的身高，我们头发的长度，并以一种精确的方式记录下每一个特征。然后让我们写一篇关于"鸢号"失事的报告。

晚上，我被带去见一位官吏的太太和女儿们。虽然我的相貌一定很难看，可是她们对我并没有丝毫的同情，反而把我当作笑柄。我努力让她们明白，我在沉船中失去了我的丈夫和孩子。

我们在这里待了两天三夜，被周围的人一再嘲笑。21日

（星期一）早晨，他们把我们的锁链取下来，命令我们跟着他们走。他们把我们的衣服和棉被放进一个小笼子里，我认为这是一个关野兽的合适地方。

我的笼子高不到1码，长0.75码多一点，宽0.5码多一点，门开在顶上。我们被推进去，脖子上的链子被锁在笼盖上。他们把一根长竹竿从中间穿过，由两个男人各抬一头。这样，我们就从一个城镇颠簸到另一个城镇，忍受着围观者的侮辱，他们的喊声是可怕的。

我们又在另一个城镇停了下来，被带出了笼子，脚上戴着沉重的铁链，铁链长0.5码。维特先生和印度男孩的手腕上也戴着镣铐。……他们被带上了一条船，我上了另一条船。我们就这样在一条运河上过了两天三夜，我没有吃任何食物，因为他们无论如何都不允许我走出我的小笼子，你可以判断我所受的苦难。

我想我们是在23日（星期三）到达宁波的，你可以想象我找到我的朋友道格拉斯中尉时的快乐。我很高兴听到他的情况比我好得多，而且是不久前才到这儿来的。我也满怀感激和喜悦地听说，所有"鸢号"的船员都是被中国人从沉船上带走的，他们都被囚禁了。

但是，所有这些好消息证实了我最大的恐惧，我所珍爱的一切都被埋在大海里了。唉！我能说什么呢？亲爱的孩子……我忠诚的丈夫……我的心撕裂了，他们比我自己的生命珍贵一万倍……①

---

① Anne Noble. Loss of the Ship Kite[G]//The Chinese Repository: Vol.X. Canton: The Proprietors, 1841:195-197.

第八章 释俘还地

第一节　伊里布的烫手山芋

英国俘虏终于集中到了宁波的监狱，他们一次次被提审。可是所有人都不会想到，在审讯他们的官员中，有一位竟然是大清帝国的钦差大臣伊里布。

英俘看不清伊里布的真面目，历史中的这位钦差大臣，也让他的同胞猜不透。

他起先主战，抵达浙江后，却采取种种拖延之策，极力避免与英军发生冲突；他在历史中留下妥协的骂名，但有人对比中英双方实力后，认为无论是谁领战，在硬实力对抗下都不可能战胜英军，并进一步认为他这么做是一种无可奈何的保全之策。

伊里布到浙江后半年多时间的所作所为，让人很难判断他是睿智还是糊涂。

但是如果情报系统通畅，伊里布得以及时获知英军在定海饱受疾病困扰，严重时仅有几百人能投入激战的消息，他会不会痛下决心收复定海？

也许会。

也许不会。

但这是清军在鸦片战争中为数不多的胜机。

■ 清朝时的宁波城

设若清军抓住这次机会赢得一役，哪怕面临的是英军更为疯狂的报复，历史的格局也会有所不同。

当年68岁的伊里布是封疆大吏中排名第二的两江总督，仕途已达到人生顶点。在鸦片战争爆发之初，他多次就抗英、水师防堵等事上奏清帝，这是他在定海失陷后被任命为钦差大臣的重要原因。

8月上旬，伊里布接到谕令，任命他为钦差大臣赴浙，两江总督由裕谦署理。道光在8月6日的上谕中对他寄予厚望："……该督接奉此旨，即将总督盐政关防著裕谦兼署。该督即行驰赴宁波，察看情形，再定进剿。……伊里布厚集兵力，相度机宜，务须好谋而成，以副朕望。"①

对伊里布来说，这确实是块烫手山芋，也许，他心里早有预料，但君要臣接，臣不得不接。因为在定海之战爆发后不久的农历六月二十六日，道光曾下旨《著两江总督伊里布拣选水师数千名豫备调遣事上谕》："……江浙相距较近，浙省倘有警报，该督一面奏闻，一面派兵迅速驰往应援，毋稍延误。至江浙交界洋面，督饬水师认真防堵，毋令窜入。"②

精明过人、人情练达且深谙道光帝心思的伊里布，在这一刻肯定有所预料，作为两江总督，抗击英军入侵，他是躲不过的。

七月初七，就在道光任命他为钦差大臣的前两天，他上奏一封，要求闽粤水师北上和江浙水师一同会剿英军，奏折中口气异常严厉："……突入浙洋，肆其狂悖，若非大加剿戮，使之创巨痛

① 军事科学院战理部三处.中国近代战争史资料选辑：第一次鸦片战争（第2册）[M].1978：129.
② 炎明.浙江鸦片战争史料（上）[M].宁波：宁波出版社，1997：103.

深，不足以彰挞伐。"①

他的调兵建议，并未被道光采纳。

8月9日，道光再下旨催复定海。

8月13日，伊里布奏《起程赴浙日期折》："……查该夷自攻陷定海以后，船只日增，人数日众，分拨险要，以抗我师。诚如圣谕，必须厚集兵力，好谋而成，方克制胜。……并带署镇江府知府黄冕、卸署金匮县知县试用通判孙逢尧及佐杂三员，随往差委，以收指臂之助。"②

老谋深算的伊里布见无法甩掉这块烫手山芋，在奏折中刻意突出了道光"好谋而成"的谕令，为自己留足了后路。

这之后，他一直在拿道光的这四个字做文章，却迟迟不见行动。确实，任何一个处于他这个位置的人，都很难作出抉择，虽然广东、福建的捷报一封接一封，但明眼人都能看出是怎么回事。

清军的实力，和船坚炮利的英军不在同一个档次，想收复定海，谈何容易？

所以，伊里布和在天津与英军谈判的琦善采取了同一种策略：拖。

翻查伊里布的奏折和道光给他的谕令，很容易发现他前后态度的变化。七月十五日（8月12日）他由江苏宝山县起程，七月二十六日（8月23日）抵达宁波后，定海镇军事官员都处于关押提审状态，他不可能不详细询问战况以及敌人的军事实力。尽管随着张朝发死去，所有责任都推到了他的头上，但伊里布的内心，必定有了变化。

① 炎明.浙江鸦片战争史料（上）[M].宁波：宁波出版社，1997：114.
② 军事科学院战理部三处.中国近代战争史资料选辑：第一次鸦片战争（第2册）[M].1978：137.

　　而早先抓获的布定邦、印度水手等战俘所提供的一手材料，伊里布也不可能不掂量。9月中旬抓捕的安突德、道格拉斯、安妮等英国籍战俘，则向伊里布以及其他清朝官员提供了完整而详细的英国社会、经济、工业、军事等发展情况。这些因素交织，让伊里布从主战转为观望，最终采取拖延策略而被后人认为畏葸不前。

　　但是，清帝自他上任以前就频发圣旨，严令他及时收复定海，怎么办？

　　起先，伊里布很为难，君命难违，他一直在找"好谋而成"的充分理由，并老老实实地谋定而后动，为自己争取时间。

　　8月16日（七月十九日），他上奏《俟抵浙后妥筹剿办机宜并确访入寇根由折》："奴才抵浙后，即相度机宜，熟筹良策，或多设疑兵以分其众，或阴遣间谍以败其谋，或先攻其分据之区以孤其声势，或直捣其屯聚之处以溃其腹心，务求计出万全，不敢稍从轻率。……不但当此用兵之际，一切发谋决策，贵乎知己知彼，且将来何以弭边衅，何以靖海疆，尤贵深悉夷情，相机酌办。"[①]

　　伊里布抓住了道光的痛处，因为自开战以来，道光不知己、不知彼，夜郎自大，结果处处被掣肘，处处被误导，在福建的邓廷桢7月后的几封奏折提到英军真正实力后，道光才始有觉察，但也只是开始而已。

　　伊里布接下来的行动是造船，8月18日，他奏道："至水战全凭船只，现闻该夷（英）船极高大，我兵亦必须乘坐大船方可制

---

① 军事科学院战理部三处. 中国近代战争史资料选辑：第一次鸦片战争（第2册）[M]. 1978：138-139.

胜。"①他要求江苏崇明此前防堵英军有功的田松林带1200名精兵赴浙协防。8月19日，余步云提出相反意见："……总宜多调水陆官兵，此时造舟不及，应购买商贾大船以代之。水陆并进，水兵攻其船，陆兵拔其城。城复之时，逆夷失所依附，且沿边炮火严备，使水米无资，自必困败，我水陆官兵乘势追剿，不难灭此朝食……"②

8月23日，无可奈何中的道光再下一旨："……总之，行军之道，谋略为先。……收复之策，务须通盘筹画，确有把握，谋定后战……"③

两天后，闽浙总督上奏："……起丁忧总兵官葛云飞，署定海镇总兵官。"

8月28日，抵达浙江后的伊里布向清帝要人，要求造炮："此时浙兵虽已到齐，然可以遣调之水师不过三千，陆兵则除分守各隘外，可备攻剿者，亦不过二千余名。……寿春兵素称精锐，王锡朋又久历戎行，晓畅军务，深堪倚赖。……奴才现已札饬王锡朋带兵来浙……闽省产有巨木，应请敕下该督赶紧制造，并添铸四五千斤大炮数位。……"④

9月5日，道光的一道谕令让伊里布大松一口气："该大臣务须加意防堵，仍不时密派得力之人，分投侦察。该夷（英）所恃，全在船坚炮利，一经登陆，其技立穷。该大臣总当镇静持重，不

---

① 军事科学院战理部三处. 中国近代战争史资料选辑：第一次鸦片战争（第2册）[M]. 1978：145.

② 军事科学院战理部三处. 中国近代战争史资料选辑：第一次鸦片战争（第2册）[M]. 1978：146.

③ 军事科学院战理部三处. 中国近代战争史资料选辑：第一次鸦片战争（第2册）[M]. 1978：152.

④ 军事科学院战理部三处. 中国近代战争史资料选辑：第一次鸦片战争（第2册）[M]. 1978：157.

可在海洋与之接仗，如敢登岸，即行痛剿。倘探得该夷船只驶出外洋，即可不必穷追。"①

此时，道光或已明白清军与英军在海上的军事实力差距，口气顿缓，但他还不了解英军陆战实力，是以令伊里布海上严防，瞅准机会在陆上痛揍英军。9月16日的一道圣旨很能说明道光当时矛盾的心情："如该夷人入口滋扰，即开放枪炮，尽力歼除，不必因天津禀诉一事，转滋顾虑。惟不得于洋面接仗，致有损失。……至定海一县数百之地……务须密加察访，以为进攻计。"②

8月初，懿律和义律率领主力舰队出现在天津海口，引起了朝廷强烈的不安，伊里布也一直冷眼旁观琦善的动静，看看他能不能在天津和英军谈妥。

谈妥，则浙江无战事。

天津方面采取的，也是一个拖字，拖得英国人实在有些没办法。

实际上，琦善确实捏准了英国人的软肋，冬季将至，受季风影响，在舟山的英舰难以北上驰援，天津海口的这支舰队，又将受到冰天雪地的考验，只要拖入严冬，困也得困死他们。

琦善提出，天津不久后怪冷的，换个暖和的地方继续谈，去广州。

懿律显得很犹豫，将清政府改换地方谈判的建议汇报给了远在英国的巴麦尊。从巴麦尊的回信中，可以看出英军的难处："……至于你们同意返回广州进行交涉一事是否有利，女王陛下政

---

① 军事科学院战理部三处. 中国近代战争史资料选辑：第一次鸦片战争（第2册）[M]. 1978：166.
② 军事科学院战理部三处. 中国近代战争史资料选辑：第一次鸦片战争（第2册）[M]. 1978：173.

府是难以判断的；……显然，英国军队出现在广州以北，已经给予中国政府一个重大的和最有力的印象；因此，可以认为，你们在那里进行交涉将是最有利的，因为英国军队在那里出现已经引起极大的疑惧；如果中国政府的目的在于拖延，那末，很显然，在帝国最南端的广州进行交涉，比在白河口或在较广州距北京更近的任何其他地方去交涉，可以更好地达到目的。……不过，我毫不怀疑，你们有充足的理由同意将交涉移往广州；而且我能够想象到季节已将近终期，北季风即将到来以及岸上部队和舰队水兵中间流行的病疫，会促使舰队司令官懿律认为，在春季之前采取任何积极的战争行动都是不明智的。"[①]

这封汇报信，来回得近一年时间，对于懿律的决定不会有什么帮助。

但是，它提供了一个信息：英国人，左右为难。

琦善要的，就是"左右为难"这四个字。

耍枪炮，你们强。

耍嘴皮子？

你们差的不是一点点！

第二节　释俘还地

伊里布在浙江盼星星盼月亮，盼着琦善那边有个好的结果。但没有等来好消息，只是听说英军同意就算改换谈判地点，在他们的要求被满足之前，也决不放弃已经占领的定海。

"收复定海"这个烫手山芋，还得伊里布自己捧着。

---

① 胡滨. 英国档案有关鸦片战争资料选译（下）[M]. 北京：中华书局，1993：687-688.

然而，就在此时，事情突然出现了转机。

那是9月19日，伯麦发来一道函，要求清方释放被俘的安突德上尉，并指责清方的煽动行为："……在知道此事^①的结果之前，英国人将不进一步采取一切敌对行动。我忠实地遵守了这个诺言。然而，尽管我这方面抱着这种克制的态度，我有理由知道，宁波的官员们和其他当权人士经常煽动这个岛屿上的人民对我们采取暴力行动，并拒绝向我们供应食物。比这一点更糟糕的是：前些天，有一名心腹仆人被偷偷地带走了；而且仅仅三天以前，一名英国军官和他的仆人在乡下行走，未携带武器，被一些流氓和不法之徒捕获，并被解往宁波，无疑是送到阁下那里。……我要求释放这位军官——安突德、他的仆人以及当初提及的那个心腹仆人……"^②

英军俘虏，最开始并未引起道光重视。他早在六月二十八日即谕令沿海各地捉拿汉奸，"逆夷文字不通中国，必有汉奸为之代撰。且夷船多只闯入内洋，若无汉奸接引，逆夷岂识路途？……一经获案，严究有无通夷导逆情事，从重惩办"^③，但仅仅只是要求惩办汉奸，令"英夷"失导。定海民众擒获英军俘虏以及之后擒获"鸢号"船员等，宁波方面也曾就此上奏，但圣心不以为意。

其实道光倒真不是不以为意，他要求捉拿汉奸以获"英夷"详情的心情是迫切的。自定海失陷后，他多次谕令江浙闽等沿海各地捉拿汉奸，但最初的目的，只是想了解英军实力。

至于英军俘虏对时局有何影响，他倒真没考虑那么远。比如

---

① 指白河谈判。
② 胡滨. 英国档案有关鸦片战争资料选译（下）[M]. 北京：中华书局，1993：690-691.
③ 中国第一历史档案馆. 鸦片战争档案史料（第2册）[M].天津：天津古籍出版社，1992：203.

九月初二，伊里布奏称，定海捕获安突德，镇海捉获汉奸2名，道光只是在奏折上批了"另有旨"三字，并未当场作出明确安排。

然而，英海军司令、一级准将伯麦的来信打破了平静。

伊里布立即掂量出了战俘的分量，他迅速向道光上折，明确提出了"释俘还地"的初衷："至奴才抵浙以后并未接有夷书，八月二十七日……系夷目伯麦照会……欲求将被获之该国武官晏士打喇打厘等释放。其时奴才尚未知直隶作何查办，惟思抚驭外夷之道，总在示之以诚，倘果能先服其心，自可期渐就吾范。……该夷果能交还定海，撤退兵船，奴才自当仰乞恩施，将晏士打喇打厘及各男妇概行省释……"[①]

道光接报后龙心大悦，批下"所见甚是"四字。

9月24日，伊里布立即嘱革职留用的乌尔恭额和祝廷彪回信，这封信，让伯麦也大吃一惊，因为英方根本没想到有这么多俘虏在宁波。信中说："那名心腹仆人以及信中所说的军官安突德都在此地。但是，不仅安突德和一些其他的人被天朝捕获，而且还另有一些陆续被俘并解送前来；已有黑、白两种肤色的英国人二十名以及一名英国妇女。目前他们都受到很好的待遇，丝毫未受伤害或损害。"[②]

从这封信中判断，安妮等人已经押送到宁波，但还有"鸢号"船员或其他被俘者正在押送途中，因为事后据斯科特回忆录统计，在宁波关押的英军战俘总计约有40人，而清方的回信中，仅提及20余名。

信中，清方首次提到了释俘还地："根据您来信的语气，如

---

① 中国第一历史档案馆. 鸦片战争档案史料：第2册[M]. 天津：天津古籍出版社，1992：419.
② 炎明. 浙江鸦片战争史料（上）[M]. 宁波：宁波出版社，1997：183.

果您想要求将安突德和其他的人送交给您，那么，贵司令官应首先放弃定海城，并且率领全部舰队自定海郊区的道头撤退。那时，钦差大臣伊里布将恳求大皇帝施予天恩，释放安突德。"①

有这么多的人被俘，着实出乎英方意料之外。9月28日，懿律、义律返回舟山，发现部队的疾病趋于恶化，现在更有战俘这一令人头痛的事，他们在29日给巴麦尊的一封信中这样写道："我们很忧虑地通知阁下：我们在昨天返回此地的时候，接到关于部队健康状况的令人苦恼的报告；而且另一个痛苦的事件，是马德拉斯炮兵部队的安突德上尉于本月17日②被俘。附上的信件将告诉阁下，他已被解往宁波；而且您从那些信件中还将看到，另有28人已落入该地的官员们手中。"③

随后一段日子，围绕这几十名战俘，双方展开了频繁的交涉。

9月25日，"布伦海姆号"舰长、高级军官辛好士爵士致信伊里布，要求清方从人道主义出发，提供被俘人员的姓名，并且要求清方允许被俘者给他们的亲属和朋友写信。信中，辛好士特别要求清方释放被俘的那名女性。

9月28日，伊里布亲自给辛好士回信，重申了先还地再释俘的主张："如果贵国愿首先交还定海并撤退它的部队和船舰，那么，钦差大臣将把此事上呈大皇帝，请求恩准释放并交还安突德和所有男人及妇女。"伊里布的回信，根据英方要求，逐一列明了战俘姓名，总计29名。信中还请英方放心，"在他们被拘留期间，没有受到丝毫伤害，对他们所需要的食物继续给予充足的供应。同时，

---

① 炎明. 浙江鸦片战争史料（上）[M]. 宁波：宁波出版社，1997：183.

② 据《中国丛报》等所记，安突德被俘日期为9月16日。

③ 胡滨. 英国档案有关鸦片战争资料选译（下）[M]. 北京：中华书局，1993：689.

对他们中一些病患，甚至还提供医疗方面的护理"。①

9月29日，懿律亲自致函伊里布，提出以被英方扣留在定海港的30余艘中国商船交换战俘的要求，并且发出了动武的威胁："在懿律自白河回来之前，留在此地负责指挥的军官已经扣留了满载宝贵货物的帆船达三十艘以上。这些帆船仍在此地；懿律不能够释放它们，直到他认为中国高级官员们倾向于按照同样和平友好的精神办事为止……如果不把在此地被捕获的人们交回来，懿律必须认为中国已经开始采取敌对行动。对这一点应有明白的理解。"②

同时，懿律也写了封信给英国的巴麦尊，告知英方将采取的措施，其中包括扩大战争，巴麦尊收到信件后如此回复："非常遗憾的是，女王陛下政府已经获悉，你们在第四号信件中所说的那些英国臣民落入了中国人手中。但是，女王陛下政府完全同意英国海军军官为索回那些人们所采取的步骤……你们感到有责任表示你们的意见，认为如不延长敌对行动，你们是否能够获得对所有那些要求的全部承认，是很可怀疑的。"③

但是，此时的懿律即便想扩大战争，恐怕也有心无力。根据一些英军官兵的回忆录，10月至11月，占领定海的英军迎来了疾病高峰，真正能投入战斗的士兵，一说只有五六百人，一说有七八百人，总之，不超过1000人。

英国政府担心，疾病暴发是由于英国人不适应舟山的气候。

① 胡滨. 英国档案有关鸦片战争资料选译（下）[M]. 北京：中华书局，1993：695.

② 胡滨. 英国档案有关鸦片战争资料选译（下）[M]. 北京：中华书局，1993：695-696.

③ 胡滨. 英国档案有关鸦片战争资料选译（下）[M]. 北京：中华书局，1993：708.

巴麦尊在一封回信中表达了英军应该撤离舟山、寻找其他殖民地的想法："只有一种考虑会导致相反的结论，那就是考虑健康问题。……如果经过严格的和彻底的调查之后，证明舟山的气候中有某种东西对欧洲人的体质具有不可医治的危害，那么，该情况可能提供一项充足的理由，另行择定某个岛屿作为永久保留的据点……在那种情况下，可能应当撤出舟山……"①

10月1日，伊里布就懿律来信中指责清方在天津谈判期间采取敌对行动捕获战俘一事作出回复："当安突德及其同伴被捕获的时候，贵舰队司令官尚未南旋；本钦差大臣也尚未奉到皇帝的旨意，最初不知道贵舰队司令官正在天津附近进行交涉，以致当时双方互相处于敌对的地位。……无论在哪一种情况下，他们被捕获都不是没有理由的。"信中，伊里布再次敦促对方，只要英军撤离舟山，所有的外籍战俘将被释放。②

同日，懿律接到伊里布书信后，即托清方信差回复了一封信，强硬地表达了他的立场："在安突德被释放以前，不可能就任何问题重新开始谈判。这是舰队司令官所作的决定。"③

10月2日（农历九月初七），义律和马礼逊赴镇海，与伊里布、余步云等面谈，未出解决方案。

10月4日（农历九月初九），伊里布上奏清帝，将这些天来与英军交涉情形如实禀报，提及10月2日义律要求面晤前，"即据义律付给回文，声明定海一事可以酌商。奴才见其语意，似有可乘之机，传令进见"。④

① 胡滨. 英国档案有关鸦片战争资料选译（下）[M]. 北京：中华书局，1993：711.
② 炎明. 浙江鸦片战争史料（上）[M]. 宁波：宁波出版社，1997：188-189.
③ 炎明. 浙江鸦片战争史料（下）[M]. 宁波：宁波出版社，1997：770.
④ 炎明. 浙江鸦片战争史料（下）[M]. 宁波：宁波出版社，1997：186.

　　道光在这句话后罕见地留下近200字的朱批："所谕原是，但目前若无慈溪、余姚之役，其不易易，朕立意如此羁縻理之，想卿亦以为然也。再，本因办理不善，致被狡焉思逞，有以召之也。若再误之于后，衅端何时可弥？且英夷如海中鲸鳄，去来无定，在我则七省戒严，加以隔洋郡县俱当有备，而终不能我武维扬，扫穴犁庭，试问内地之兵民，国家之财赋有此消耗之理乎？好在彼志图贸易，又称诉冤，是我办理得手之机，岂非片言片纸远胜十万之师耶？"①

　　伊里布在这道奏折中，对10月2日和义律的会面情形描述得异常详细，在他心目中，安突德等战俘"奇货可居"："被获以来，已据伯麦、辛好士、懿律四次请释，义律复不惮亲自进内为之吁恳。是晏士打剌打厘必系与该夷目等大瓜葛之人，该夷等之坚求释放，亦必有万不得已之情"②

　　双方经过几轮唇枪舌剑后，懿律于10月5日再次致函伊里布，表示先前对清军于天津和谈之时捕捉战俘的指责，是他自己弄错了。这封信的口气已有所软化，并且提出了想和伊里布会晤的要求："仔细考虑已经发生的所有事情之后，据懿律看来，相互之间存在着误解。一方面，懿律可能事前没有明确了解到，当安突德及其仆人被捕时，阁下没有接奉皇帝关于在进一步解决各项事务之前不采取战争行动的御旨。……退还定海的问题并不困难，但只能够结合所有其他一般问题加以讨论。……它只能够同钦差大臣琦善进行讨论……懿律要求获悉，是否可以期望钦差大臣琦善

①　中国第一历史档案馆，等.鸦片战争在舟山史料选编[M].杭州：浙江人民出版社，1992：89.

②　中国第一历史档案馆，等.鸦片战争在舟山史料选编[M].杭州：浙江人民出版社，1992：91.

到达宁波，而且何日到达。"①

10月7日（九月十二日），道光专门就释俘还地下了谕令，表示伊里布这事办得漂亮，"如果该夷确系退兵交地，始可将擒获之人全数交还"②。

中英双方虽然短时间内不可能就释俘还地达成一致，但此前从天津会谈后传出的英军欲撤兵一半的消息和随后的停战协定，还是为双方带来了难得的和平时期，清方随即向民众发布了不再对英军进行骚扰的布告。

第三节　独探狼穴

释俘还地，成为双方这段时间交涉的重点，伊里布为探英军虚实，曾数度令家仆张禧（也作张喜）以送信、犒赏等为名，深入狼穴，获得了翔实的一手情报，事后张写有《探夷说帖》等文，虽然具体情形都是他的自述，但观察到的一些英军情况，对伊里布而言极具军事价值，伊里布的决策必然也受这些情报的影响。

张禧长年跟随伊里布，是其心腹，能言善辩，有胆有谋。1840年正月间，他跟随由云贵调任两江总督的伊里布到姑苏，之后又跟随伊里布抵达宁波。

他在《探夷说帖》一文中，记下了10月2日伊里布、余步云和义律在镇海交涉战俘的详情。

> 该夷目折回定海，因定海百姓擒获安突德等，率同该国

---

① 胡滨. 英国档案有关鸦片战争资料选译（下）[M]. 北京：中华书局，1993：774.
② 炎明. 浙江鸦片战争史料（上）[M]. 宁波：宁波出版社，1997：190.

译官马礼逊、参将鸦沙利，前来镇海，叩关求见。中堂同余宫保、乌游击，至镇海会同祝军门，在东岳宫与义律会面。义律除冠举手，问伊中堂好，并问琦中堂好。饮茶之后，求释放安突德。中堂谕令交出定海，方能释放，并云在此好为看待，并无损伤。义律等欠身称谢。

义律欲以扣留商船换安突德，中堂不许，谕令速赴广东听候查办。

义律云："不释放安突德，终不赴粤。"

中堂云："大皇帝格外施恩，准尔通商，尔等将何以报答？"

马礼逊云："通商是两国皆好，不是专为英国。"

中堂又与言通商之事，彼云："通商乃是小事，两国罢兵修好，然后凡事皆可商议。"又云："前已相好二百年，以后还相好八百年。"

中堂云："以后好里还要讨好。"

马礼逊再求释放安突德，中堂云："释放安突德，必须奏请旨。"

马礼逊云："再请旨亦易，此处至京不过十几天，不比吾国有半年路程，既不能释放，但望好为看待。"

中堂又言定海，彼云："定海小事，我们不要定海。"

中堂再言通商之事，马礼逊云："我等不为通商而来，为伤国威而来，伤我们船又伤了我们人，都是贵国大宪作的事，如何讲法？"

中堂云："林大人办理不善，已经革职。"

彼连云："不敢，不敢。此是贵国之事，似不与我们相干。"

中堂云："尔等称兵犯顺，占我城池，伤我官员，大皇帝不加计较，已是格外施恩。况又准尔通商，更当何以报答圣恩？"彼俱语塞。

中堂云："我们办事，必令你们下得去，亦必令你们回得国，覆得命。你们亦须教我们下得去，教我们奏得大皇帝，教我们大皇帝下得去。"

义律即脱帽举手称谢。临别义律等欲见安突德，中堂云："见安突德无话可说。"彼云："不过安慰其心。"中堂不许，中堂令回去好好斟酌，再作商量。该夷等遂归。①

10月2日的交涉，没有达成实质性协议，但英方得到了清方善待战俘的允诺，伊里布则一直在揣摩义律口气，想从中探得英军撤离定海的可能性。

10月21日，懿律派人送来文件和寄给安突德等人的衣物，此时伊里布有了新的盘算，想和英军最高统帅懿律面晤，但担心派属下前去定海，一旦被英军扣留，难以向道光交代。他打算派张禧前去，当面和懿律谈一谈。张禧深知此行凶险，责任重大，"禧私心自忖，数载以来，受恩深重，无可报效。值此海疆不靖，何敢稍存推诿之心？即于大海波涛之中，死于夷人刀剑之下，亦分所当然，况禧见其来文桀骜，胸怀不平之气，藉此可以大义痛责该夷，使该夷知天朝不可轻犯"。②

第二天，张禧着六品顶戴，和千总谢辅陛、兵目陈志刚坐小

---

① 齐思和，林树惠，寿纪瑜.鸦片战争（第5册）[G]//中国史学会.中国近代史资料丛刊.上海：上海人民出版社, 1957: 335-336.
② 齐思和，林树惠，寿纪瑜.鸦片战争（第5册）[G]//中国史学会.中国近代史资料丛刊.上海：上海人民出版社, 1957: 336.

船出口前往英舰，"时值风暴大作，禧想如不前去，中堂谓禧有惧怕之心。于是迎风顺水而行，风浪愈大，谢辅陛等似有惧色。禧言为官当忠报国，死何足惜？"①

下午3时至5时，张禧登上英军武装汽船，由义律接待，张禧提出想看看英舰构造，义律也不隐瞒，陪着他看了个遍："其船底圆面平，色黑白，前后两桅，桅又分枝，并有横杆，中置烟冲，其船比江浙粮艘较大，中舱煤火焰之则水滚机动，机动则漾轮转，轮转则船行矣。火益大则船益速……"②

汽船的船头船尾，各安有两门大炮，"俱系自来机关，封口炮子式如雷槌，底有小口，口用绵封贴，内包小子，类百颗，名为飞弹"③。翻译马礼逊告诉他，这门炮射程可达4.5公里，中国大炮与之相比，主要是火药无力。

这是张禧第一次赴英军营，但没见到懿律。临别时，义律托他送一些衣物和300元番银给安突德，由于当天大风，张禧就近由黄旗港上岸，再由陆路回30余公里外的镇海，重物携带不便，答应第二天来取。

回到镇海后，张禧向伊里布详述了在英舰上的见闻，同时提出多带人手，以赏犒为名，再赴定海探看进剿的可能性。

第二天，伊里布稍稍改了一下计划，仍命张禧带谢辅陛、陈志刚两人同往，以免英军起疑。张禧嘱谢辅陛等人载着鸡鸭牛羊等先行一步，他则登上来接他的英军武装汽船。

① 齐思和，林树惠，寿纪瑜. 鸦片战争（第5册）[G]//中国史学会. 中国近代史资料丛刊. 上海：上海人民出版社，1957：337.
② 齐思和，林树惠，寿纪瑜. 鸦片战争（第5册）[G]//中国史学会. 中国近代史资料丛刊. 上海：上海人民出版社，1957：337.
③ 齐思和，林树惠，寿纪瑜. 鸦片战争（第5册）[G]//中国史学会. 中国近代史资料丛刊. 上海：上海人民出版社，1957：337.

这一次，张禧如愿见到了懿律，在他的自述中，当晚他和懿律同住一舱。

次日，张禧以到道头验收清方送达的物资为名，在一名翻译陪同下前往道头，半路上，"禧向该译官言，拟观贵国船只，以广识见。该译官即命黑夷荡桨，各处游行。大夷船三桅九篷，三层炮眼。次等者二桅九篷，二层炮眼。小者二桅四篷，一层炮眼。又有三桅九篷，大炮稀少者，系该国商船。遂由竹山门至道头。竹山门一带，俱有夷人白布帐房，竹山门内，堆有炮子数堆。定海战船，多被夷人拆毁，其未拆者，俱有黑夷居住。过竹山门二里，即是道头，道头约长二里，临水处安设夷炮四门。店房多被拆毁，其未拆者，俱夷人在内。定海城在道头之北，只能见西北一带城墙，并镇署旗杆"①。

张禧想进定海城细看，但这一要求被翻译婉拒。午后，张禧按伊里布吩咐，邀请懿律前往镇海面晤，懿律没有答应，反而提出清方应向定海人民出告示，不得再袭扰英军，这也是双方停战的前奏。张禧回镇海后，伊里布慎重考虑了懿律这一要求。

……

在中英双方就战俘问题持续交涉之时，《中国丛报》等媒体的随军记者已经在10月抢先发布了安突德、"鸢号"船员被俘的消息，引起了各方高度关注，尤其是唯一的女性俘虏安妮的遭遇，更使英国在华各阶层激愤不已。此后事件逐渐明朗，经各方渲染后，安妮、安突德等战俘被关在囚笼里的消息使英国人的愤怒达到了顶点。

虐俘，这是一个历史的谣言，至少从英军战俘事后的回忆录

① 齐思和，林树惠，寿纪瑜. 鸦片战争（第5册）[G]//中国史学会. 中国近代史资料丛刊. 上海：上海人民出版社，1957：339.

267

来看，伊里布兑现了向懿律作的承诺，这些战俘在狱中根本没被虐待，反而过得挺滋润。但谣言一直在持续，以至于在1841年英军第二次进攻浙江时，英国新任全权大臣璞鼎查表示"十分期待夺取宁波，以报复那里人们对英国囚犯的虐待"。

清军虐待战俘的事，确实有，但那是伊里布被免职后，裕谦对战俘的残忍行为，这笔账无论如何也算不到伊里布头上。

第四节　师夷之长技以制夷

安突德到宁波监狱后立即被提审，清方录有一份他的口供：

> 年三十二岁，英国甚正埠人，官居急顿甲花沙之职，管领孟加剌国黑兵。英国凡贸易的称美士，作官的称晏士。
>
> 上年广东贸易总商急顿义律等，奏我国王，不知写的什么。国王是女主，名域多厘，现年二十一。就发大兵船两号，一是晏士懿律，即爵子伯麦统领，一是加伦波休剌，即布耳利统领。每船安炮七十四位，载兵七百名，并招集望味、生巴波，即新加坡、孟加剌各国兵船，共四十一只，内有火轮四只。孟加剌本红毛属国，离英境四十余日，风顺可到。是便道招来的，有船六十，我坐他三十一号，带兵三百六十，上年岁底自国动身。前有人到过舟山，画得地图，因一迳驶来。
>
> 六月破城后，我在南门外扎帐房十二屯兵。城内外共屯三千余兵。船上除水手外，有兵亦三千余，白兵二千四百，黑兵数多千余，都系孟加剌种。那火轮船中冒起黑烟，是用煤炭烧烈冲动轮盘枢纽，转旋行走。

现在懿律同义律驾船四只，前往天津。布耳利尚住舟山道头，泊有七八只余船，分泊各海口，探听消息。这铜暑名不顿利弗而哆，上安铜板钻眼，并设小镜，旁刻尺寸广数，向日窥量，对山远近。廿一日，我带黑兵七名，在舟山青林岛上量测山形，被这些人将兵打散，击毙撑伞的一名，把我拿来送案。英国会写汉字的名郭士立，因自幼在广贸易，故能汉文，在我国管得簪文地方。至吴淞炮台难攻，乍浦船不能入，崇明四面浅滩，探船尚搁象山，石浦水势更浅，惟道头好泊船，是以想长住舟山。①

安突德和道格拉斯、安妮、斯科特等人曾无数次被提审，清方除了盘问英军在舟山的部署，还反复问及英国社会、经济、工业、军事等情况，甚至连工人工资这样的细节都不放过。以至于安妮感到无比厌倦和无味："他们以向我们询问英国的事情来取乐，如海军和陆军的人数、军官的军衔和收入。我常常不得不重复我的悲惨故事，特别是在其他军官到来的时候……他们详细询问了我们各自的家庭情况。……他们反反复复地提一些很愚蠢的问题要我们回答，还把我们所有的答复都记下来了。"②

以"鸢号"船员斯科特为例，这个年轻的普通船员在被关押期，单是从监狱前往高级官员行辕接受讯问就不下4次，可见清当局提审他们的频率之高。

英国人不知道，有一个中国人，正惊异于这些"很愚蠢的

① 齐思和，林树惠，寿纪瑜. 鸦片战争（第3册）[G]//中国史学会. 中国近代史资料丛刊. 上海：上海人民出版社，1957: 247-248.
② Anne Noble. Loss of the Ship Kite[G]//The Chinese Repository: Vol.X. Canton: The Proprietors, 1841:198.

问题"。他的视线穿透笼罩中国历史的茫茫黑暗，看到了中国的未来。

这个中国人，叫魏源，后世将他视为和林则徐一起率先跨进近代门槛的先进的中国人，最早具有近代意识的民族觉醒的代表，中国近代爱国思潮的开创者。

魏源在林则徐的嘱托下，编写了中国第一部系统介绍全球各地、介绍近代世界的巨著《海国图志》，在书中提出了近代中国向西方学习的第一个完整的、影响百余年、启迪几代人的主张——师夷之长技以制夷。

这一主张，也是中国思想从传统转向近代的重要标志。

它的灵感，却诞生于魏源提审安突德之时。

出生于 1794 年的魏源此时早已过了不惑之年，仕途上却一直不怎么得志，其时连进士也尚未考中。长期在江苏巡抚陶澍那儿当幕僚，协助陶澍办理漕运、水利等事颇有成绩。

他在审完战俘后写下一篇实录性文章《英吉利小记》，文末特别注明："初二十年，钦差大臣伊里布视师宁波时，源为友人邀至军中，亲询夷俘安突德，爰录梗概，而旁采他闻以附其后。"[①]

由《英吉利小记》开始，魏源展开了对世界的深刻思考。

这篇小文，2000 余字，却包罗万象，不管是安妮视为"愚蠢"的那些琐碎问题，还是其他要事，均被记录于内。

比如军官工资：

> 武官以火器考试入伍，月俸多者番银三百圆，次二百六十圆，以次递减。其每月俸番银二千五百圆者六人，

---

① 魏源.海国图志（二）[M].济南：山东画报出版社，2004：856.

千五百者三十余人。今在舟山之伯麦，即月俸二千五百，布
耳利月俸千有五百，一如中国之将军，一如中国之总兵也。①

这么个小问题，魏源直指"夷之长技"的根本，在日后的
《海国图志》中他指出："人但知船炮为西夷之长技，而不知西夷
之所长不徒船炮也。每月出兵以银二十圆安家，上卒月饷银十圆，
下卒月饷银六圆，赡之厚故选之精，练之勤故御之整。……行列
严整，岂专恃船坚炮利哉！无其节制，即仅有其船械，犹无有也，
无其养赡，而欲效其选练，亦不能也。"②

清当局审讯英俘的官员曾让安突德画了多张英国皇宫、伦敦
地形图，魏源将其概要收录于《英吉利小记》中：

国都地名伦墩，距海口二百里，有河通海，河广三十丈。
王宫皆在城外，示守在四方之意。若环以城垣，则四方不畏
服，以为示弱。其山后为旧王宫，山前面建者为新王宫。旧
宫方四里，为朝贺之所；新宫甫营四十余年，方二里，为游
幸之所。左隔河为城，距宫十五里。城外为太医院，医官数
十，国中就医者以千计。右三十里则先王之墓在焉。河桥五
道，河中多火轮舟，过桥则倒其桅而过。火轮舟行最速，所
以通文报。盖王宫依山阻水，山上有炮台，以师兵为营卫，
故不必城中而后固也。③

① 魏源.海国图志（二）[M].济南：山东画报出版社，2004：854.
② 刘东.近代名人文库精萃：林则徐 魏源[M].西安：太白文艺出版社，
2012：65-66.
③ 魏源.海国图志（二）[M].济南：山东画报出版社，2004：854.

1841年年初，英军撤离舟山、伊里布被清帝免职后，魏源进入新任钦差大臣裕谦的军幕。他针对定海提出了两条防务措施：一是暂时弃守定海，专守镇海海岸，集中精兵，不许来犯的英军内窜；二是防守定海为下策，即便要守，也要重建要事，坚筑内城。此外，他认为当时清军"包涉海市埠于城内，左右抵山，其三面则以山为城"的守城策略是错误的，因为"守舟山已为下策，况所筑者，又必不可守之城乎？天下无一面之城，此乃海塘耳，非外城也。贼左右翻山入，即在城内矣。备多则力分，山峻则师劳"。[①]

事后，这两条建议都被认为是可取的，尤其是第二条——1841年英军第二次攻击定海时，就是以清军的侧翼为主攻方向，清军准备达半年多的防御线一举攻破。

可惜，这两条建议都未被裕谦采纳。

而他的《海国图志》，最初的命运几乎就跟这两条建议一样，问世后仅刊印千册便被清政府列为禁书，官方指责它"张外夷之气焰，损中国之威灵"，几同弃书。直至英法联军攻陷北京，关心西政和西学的开明人士渐多，此书才渐受重视。

然而，墙内开花的《海国图志》，却将"香气"传到了日本，简而言之，它启发和推动了日本的明治维新，促进了日本近代社会的转型。

日本人第一次见到《海国图志》是1851年，当时驶往日本长崎的中国商船"亥二号"上带有此书3部，由于涉及基督教等敏感内容，这3部书被日本当局收缴。1854年，当局解禁此书，并分2批相继买入15部，图书价格由最初的130日元上涨到180日元。

---

① 刘东. 近代名人文库精萃：林则徐 魏源[M]. 西安：太白文艺出版社，2012：99.

由于过于畅销，1859年时它的市场价格涨到了436日元。《海国图志》成为幕府统治末期日本迈向维新的指南，"使'幕末'日本知道世界上有军事大国欧美列强的存在；这些列强，以武力为背景逼迫清朝对外开放，从而对奉行锁国的日本提出强大警告；日本出现了受这一著作启发的众多开明人物，他们形成了肩负明治维新事业的阶层"。容应萸指出，"日本明治维新以来的近代史，就是'师夷长技以制夷'的表现"，"无论日本明治维新的思想家及志士的思想是否是魏源思想的直接或间接产物，又或还是不谋而合、不约而同的结果，他们之引魏源为同志，对其思想产生共鸣，并以此来支持自己的立场和论点，却是不容置疑的"。源了圆称日本在亟须了解世界的时候得到了《海国图志》，以至受到日本人近乎狂热的追捧，它是对"幕末"日本影响力最大的一部著作。[①]

扼腕痛惜。

当19世纪末的甲午战争爆发，日本也用坚船利炮敲击大清时，清朝的统治者有没有回过头，张望一下1840年的宁波监狱？

那时，魏源坐在这一头，安突德坐在那一头，一个个"很愚蠢的问题"划过历史时空，架起中国人看世界的一道无形桥梁。

如果，当初中国人能够走到桥的彼端，世界将会怎样？

---

① 顾春.海国图志与日本[J].河北民族师范学院学报，2017（3）：45-54.

第九章　历史的谎言：虐待战俘

第一节　安妮的狱中生活

安妮和安突德上尉、道格拉斯中尉、斯科特等人，在宁波的监狱里到底过得怎么样，有没有被虐待？

他们的自述，将是最好的证明。

安妮入狱，在当时的社会掀起了轩然大波，围绕安妮身份的讨论则引发了一串荒唐趣事。

在一次提审时，安妮意外地听到了一些话："他们详细询问了我们各自的家庭情况，特别是我们和维多利亚女王是什么亲戚关系，以及我本人是不是她的妹妹。尽管我声明了我不是她的妹妹，但大家都说我是……"安妮莫名其妙地成了女王的妹妹。

清军俘获了"英国女王的妹妹"，这在当时传得沸沸扬扬，还随即衍生出多种版本：一说是英王三公主，传到日本后安妮甚至成了英勇骁战的女将军，最离谱的版本，当数夏燮在1865年刻印的《中西纪事》中说安妮是英国女王本尊：

> 伯麦踞定海数月，闻抚事定，辄听洋艘四出游奕。行至余姚，有土人诱其五桅大船搁浅内滩中，获白夷数人，内夷妇一人，装饰甚盛，有传其为外洋之公主者。伊相闻之，飞

檄余姚县设供帐，委员护送入粤。时白夷有善绘事者，上海
知县黄冕得其所绘彼国朝仪图以上，则英国女主也。（予亲见
其图说，女主之婿曰博雅那，同在朝班序立。凡大臣入朝，
率屈一膝，以手执女主之手而嗅之。后见台湾所进图说及西
人记载，皆与此同。）①

根据安突德入狱后的情况来看，这个天大的误会也许由他
而起。

黄冕是魏源的好友。伊里布赴浙时就随带着黄冕，而魏源是
应"好友"之邀赴浙，后世有人认为就是黄冕邀请了魏源。无论
是魏源单审安突德还是和黄冕同审，安突德所画的英国皇宫、伦
敦地形图落入黄冕手中都是大概率的事。

可能，安突德把英国女王画得和安妮太像。当然，这仅是推
测。但夏燮凭借一幅画图便作出如此重大的论断，而且还以"予
亲见"和"后见"之说来印证，也未免太武断了些。

当时，有人还煞有其事地作出分析，认为清当局如能利用好
英王三女儿，那么以后也就不会发生第二次定海被占领的事：

舟山群岛者，浙江沿海之门户也。道光二十年，英兵陷
之，其兵舰复窜赴各口，有驶至余姚县者，胶沙不能行。乡
勇聚而攻之，擒一英女，询之，知为英王第三女也。当时浙
省官吏，若能用和平之手段以羁縻之，假以礼貌，使不失其
王女之贵重，而后要挟议和，则我国主权或不至十分之损失。
而当时官吏不省也。②

---

① 夏燮.中西纪事[M].长沙：岳麓书社，1988：78.
② 小横香室主人.清朝野史大观[M].上海：上海书店，1981：13.

■ 1849年初版的
图画小说《海外
新话拾遗》

　　这事在1840年12月传到日本，更是引起了轩然大波，继而以
讹传讹，滥加发挥，衍生出了一系列荒唐的传奇故事，成为鸦片
战争史上的一堆笑料。日本学者认为"诺布尔"在英文中本身就
含有高贵的意思，于是清方翻译时产生了最初的误会。1843年，
日本作家佐藤在刻画抓捕诺布尔夫人的场景时，描写了她在刀光
剑影中杀死四五个男人。更有把安妮当成武士来写的：英军中有
一位女将勇猛异常，"神变万化，轻如蝴蝶逐花，风吹红叶"；该
女将后来在余姚县被俘，她竟是老英王的三公主，当今英国女王
的妹妹。

　　1849年初版的《海外新话拾遗》则把安妮的身份故事演绎成
了图画小说。

　　再离奇一点的如《海外实录》——安妮成了英军总司令。

　　……

　　安妮在狱中被虐待，这让英国社会在之后得以站在道德制高点，他们要求英军迅速出动解救同胞。英军炮兵部队1841年占领宁波后摧毁监狱，以及新任全权大臣"十分期待攻占宁波"，都和此事有一定关系。未亲身经历宁波囚禁生活的英军马德拉斯工兵部队奥克特洛尼中尉仅凭道听途说，就在《中国战争》中写下"他们在监狱里受到严刑拷打"这样的话，更加深了英国人的不满情绪。

事实恰恰与此相反，无论是在安妮本人的书信中，还是在"鸢号"船员斯科特的回忆录中，都没有安妮在狱中被虐待的描述。还是让安妮自己来讲述狱中的待遇吧：

> 我想我们是在23日（星期三）到达宁波的。你可以想象我找到我的朋友道格拉斯中尉时的快乐。我很高兴听到他的情况比我好得多，而且是不久前才到这儿来的。我也满怀感激和喜悦地听说，所有"鸢号"的船员都是被中国人从沉船上带走的，他们都被囚禁了。
>
> ……在宁波市，我遗憾地发现了另一个俘虏，马德拉斯炮兵队的安突德上尉，他后来成了我最善良、最真诚的朋友。还有那个买办（翻译），我想你对他有些了解。我最残酷的痛苦现在已经结束了，我悲伤的情绪却加深了；但我知道我仍然享受着许多祝福。安突德上尉的监狱就在我的隔壁，这使我有幸经常见到他。官员们给了我一些颜色鲜艳的中国衣服。尽管我很痛苦，但我还是不得不穿着它。按照看守人的说法，我被关在一个干净的监狱里，在我被囚禁的时候，有一个女人照料我。
>
> 与道格拉斯中尉在官员待的地方共进早餐后，我去了我的孤独的牢房——那小而肮脏的房间，它的两边只是一扇格

栅……几乎不适合居住，它唯一的"家当"在我的笼子里（我晚上还是睡在那里，我见任何官员时都在那里面），还有一盏灯、一张旧桌子、一把凳子。"鸢号"失事后，这是我第一次能够自己梳洗。

当我看到为三位先生准备了一间大房间，让他们住在一起时，我不禁高兴起来——道格拉斯中尉到目前为止，不得不忍受普通监狱里的种种不舒适。后来，我们只在被带出和吃饭的时候见过面……在他们的好奇心得到满足后，我就很少见到三位先生。

绅士们从普通监狱里被带出来两天后，所有剩下的俘虏都被带到一个很远的监狱，借口是要住得好一些，除了两个生病的人。看到他们从我面前走过，我感到一种悲哀的满足，但是我不被允许和他们说话。看到他们愁眉苦脸的样子和憔悴的面容，我的心都要滴血了。

10月8日，安突德上尉收到了几封来自舟山的信，信中透露了获释的希望。他好心地把他的大部分衣服送给了我。买办现在从我们身边被带走了，这使我非常痛苦，因为我现在没有一个能与之说话的人了。他们现在给了我一张床架，我发现这是一件奢侈的事，因为我一直躺在肮脏的地板上。我有时被允许去看望生病的囚犯，和他们交谈，回想起可怕的过去，我几乎感到一种安慰。获知我已故的深爱的丈夫和孩子的不同版本的消息，我的心经常被悲伤地撕裂。有一次，有人告诉我，他看见我丈夫到船舱去救我们的孩子，后来死去了，怀里抱着孩子。这样的叙述使我度过了许多不眠之夜，但后来，当我见完所有的犯人，仔细研究这个事实时，我发现这个谣言是没有根据的，因为他们在船翻后没有见到船长。

10月8日这一天，我的身体很不舒服。两天后，我遭受了剧烈的疼痛，由于疼痛，我整晚无法躺下。……而且我的手腕上还戴着镣铐。因为我病得很重，他们便将镣铐取下，但也只取下了一晚。9日，我非常高兴地看到买办回来了，他被派往镇海，以确定英国代表是否真的是义律上校。……

14日，他们又派了一个女人来伺候我，带着一个4岁左右、乖戾的小男孩，他哭了一整天。……另一个妇人也带来了她的女儿，所以在我的肮脏的小屋里有四个肮脏的生物。这几乎是难以忍受的，经过我多次恳求，在相当长一段时间后，两个孩子都被带走了。

18日（星期天），我听到了一个不幸的消息，我们的一个水手被死神带走了。我见过这个可怜的孩子好几次，我相信他永远也不会好起来了，我们有几分钟的时间可以谈话，却都用在严肃的话题上。虽然他瘦得像个孩子，身体也很虚弱，但他还是戴着铁镣，直到最后一刻。死之前一两天，他告诉我，他知道他永远不会好过来了，但是他的心里很平静。我热诚地希望上帝与他同在。我们最后一次分手时，他非常认真地说："上帝保佑你，太太。"

26日，我们都被上级官吏召见了。我感到很难过，因为我一个人在路上，几乎没有想到会有什么快乐等着我。衣服和信件已经从舟山寄来了，我自己和我亲爱的孩子的衣服多得很，我完全没有理由去期待，但是，正如我后来所听到的，我要感谢亲爱的普劳德芙特太太。一看到为我失去的爱人准备的衣服，我就不知所措。

……在这些信件中，我收到了一封非常亲切的信，里面有我的朋友贝利上尉送给我的一双可以接受的鞋子。绅士们从全权代表那里得到了300元钱，得到了大量的衣服、葡萄酒、麦芽酒和其他物品。所有的囚犯都有衣服给他们。所有的英国人，除了那两个病人，都在场，令我们非常满意的是我们的镣铐被解开了。我们还被告知，我们肯定会在五六天内获释。那时，每个人的心里都充满了喜悦，但像往常一样，我的心里也掺杂着苦涩的悲伤——想想看，我从一个幸福的妻子和快乐的母亲变成这样，只有多么短的时间，现在我必须孤苦伶仃地回去。……我们开始相信这个好消息。不过我当时并没有想到，我们还得在这所凄凉的房子里捱上四个月。

11月1日左右，有公开的消息说，我将被单独送到舟山去，其他人将被送到广州去。因此，他们就写信给他们的朋友，我本来是要收下这些信的，但是，正如我们以前听到的许多谣言一样，这也被证明是毫无根据的。后来，前面提到的两名海军陆战队员被转移到另一所监狱。我确信，他们中的一个正在死去，我非常担心他永远也到不了监狱。他太虚弱了……几天后，我听到了他去世的消息。……监牢太小了，他们不得不互相挤着才能转过身来。虽然他们的指挥官规劝说，一定要让他们出去走走，呼吸新鲜空气，但是他们从来没有被允许做过什么运动。我经常给小伙子们写几行字，我对他们和全体船员都有很深的感情。道格拉斯中尉现在能够为他们提供资金，在四个月的监禁期间，他只有一次被允许去看望他的手下：因为，看守一看到他对他们的幸福深为关心，急于改善他们的生活条件，就再也不让他见他们了。我很高兴地看到道格拉斯中尉对于"鸢号"的船员表现出来的高尚情感，他们吃尽了苦头。

当我们在舟山与朋友们的私人交流渠道畅通时，我们的喜悦难以言表，我的朋友，当我收到您的第一封信（12月29日）时，我们得到了极大的安慰。在此之前，我们听到了另一名海军陆战队员的死讯，他的死讯深深地影响了我们……

9日，我再次因收到你的两封信感到幸福。……

你的第一封信里附了一本《圣经》，这是一件无价之宝，你为它长久而虔诚地祈祷。但是，为了避免被人发现，我不得不在夜里读它，这样它就成了我真正的秘密宝藏，从此以后，它就成了我永远的伴侣。2月2日，星期二，我听说官府召见了几位先生来收衣服和信件，我焦虑不安地观察了整个下午，每时每刻都盼望着他们的来访。可是，我不得不一直等到第二天，当我被叫到官员面前的时候，我的朋友，我又收到了你的另一封最深情的信，里面有大量的衣服和我所需要的一切安慰。……我深受感动，我推断，如果我的囚禁不被延长，就不会有那么多的事情发生。但翻译向我保证，我将在三周或一个月内获得自由，这让我感到高兴。这个时候他们对我很好，我去看了官员的夫人，她给了我一些水果和人造花，这是我从一位中国女士那里得到的第一个善意的表示。他们允许我一直待到晚上，我又一次因为见到了我的同胞们而高兴起来……

2月8日，我有幸拜访了一些中国海军军官，他们告诉我，我们将在两周内离开宁波。我们认为这消息是真的，但是直到14日我从你那里得到好消息时，我才确定。无法用语言来描述当时的感受，我原以为先生们在前一天就已经知道了，所以我们初次见面并不像平常那样愉快，但是他们一看完我的信，就热烈而真挚地互相祝贺起来。我再次高兴地欢迎他们来到我的牢舍，在那里我们给各自的朋友写回信。[①]

在狱中拥有两名女仆的安妮，时时承受着丧夫失子的巨大悲痛，对战争抱着极大的仇恨。但是，她的信中，却见不到受到清方虐待之词。

如果说狱中的书信或被清当局审查，安妮无法传递遭受虐待的信息，那么不妨看看她出狱后的所言、所写——从能搜集到的信息来看，安妮同样未指责清方虐待。

而斯科特、安突德等人获释后所写下的回忆录等文字，更为安妮狱中书信内容的真实性作了有力证明。

所有证据指向四个字：没有虐待！

第二节　清朝官兵对异国文化的尊重

安突德被捕次日便被送到了宁波监狱，他的素描技能有了广阔的用武之地。被俘后不久的一天，他被提审，问及英军占领舟山以及英军舰船等情况，由于语言上的障碍，他"主动提出画一幅，得到了对方的许可。这幅素描使他的主审官非常高兴，对安突德也变得礼貌而友好，并请上尉和买办吃了一顿饭"。在得知安突德有绘画上的专长后，清方给他提供了绘画材料。

大约在被俘后的第 5 天，即 9 月 22 日前后 "鸢号" 斯科特等人刚刚抵达宁波时，安突德得到了换到更大囚笼里的 "奖励"。"安突德以他的幽默感和勇气，以及他的肖像画天赋，迷住了俘获他的人。高级官员们常来找这位'宫廷画家'，并为他的作品支付每

---

① Anne Noble. Loss of the Ship Kite[G]//The Chinese Repository: Vol.X. Canton: The Proprietors, 1841:196-201.

幅画12个猪肉馅饼的报酬。"清朝官兵对异国文化的尊重，也体现在一些细节上："审问结束后，安突德上尉被带了进来，由于他是个'杰出的上尉'，他被允许坐在房间的地板上，而我们则坐在外面的石头上……一盘蛋糕和一杯茶也递给他……有人病了，在安突德上尉的恳求下（他有很多机会去见清朝官员），一位医生来了……"①

根据"鸢号"船员斯科特回忆，他比道格拉斯中尉、安妮等人早几天到宁波。根据安突德的回忆，他是22日首先见到道格拉斯，于23日见到了安妮。

斯科特刚被押送到宁波的伊里布行辕时，见到了一个英国军官，当初他并不知道此人是安突德，只是心中更为不安。他被看守押着，走过一个过道，来到了一个铺有柏油的小院子，里面有几个官员在场。

他只是一个年轻而普通的船员，因此审问的时间并不长，官员们问了他的姓名和几个与"鸢号"有关的问题：打算到哪儿去？为什么要去？为什么迷路？对其他一同押到的囚犯，问的也都是类似的问题。

随即，他们的名字被写在一张棉布上，有人过来将棉布缝在他们的背面。然后，他们被带到了另一个地方。在那儿，清军士兵将所有的囚笼集中起来，围成一圈。趁这难得的机会，斯科特和几名同伴开始交谈。

被清军从沉没的"鸢号"上救出后，他们分乘两船，斯科特这时才知道，乘坐另一艘船的同伴比他们早两天被捕，早早地就进了笼子。斯科特随后又从特维泽尔等人处获悉，在抓捕过程中，

---

① John Lee Scott. Narrative of a Recent Imprisonment in China after the Wreck of the Kite[M]. London: W.H.Dalton, 1841:56.

好些人四散而逃，其中有2名海军陆战队员被清军士兵开枪击伤，有4人在抓回后被严重刺伤。

现在围成一圈摆在院子里的囚笼中，关着一名在船上就患了严重痢疾的海军陆战队员，他仰卧在笼子里，腿高高地抬起，脚跟放在笼子上部的木框中，盖子是被掀开的，但他已经完全没了知觉。蛆虫在他周围爬行，身上散发的气味很难闻，显然已死了很久。清军士兵见了他都是捂着鼻子绕道走。

这时，斯科特见到的那个英国军官从院里走出来，见到了这悲惨的一幕，他随即和身边的翻译交谈，翻译又和两个清军士兵交涉了一会儿，两名清军士兵虽然看上去极不情愿，但还是给这名海军陆战队员换了个干净的囚笼，并且整理了尸身。

黄昏来临时，他们又被关在笼子里，抬过宁波城，来到了监狱。

牢舍是个长长的房间，用格栅分成四个部分。斯科特发现这里还关押了8名印度水手，其中一些人已经在囚笼里住了两个月。

安突德、道格拉斯、"鸢号"大副维特和安妮被关押于同一处，而斯科特等人则和下级官兵、印度水手关押在一起，周围还有很多中国囚犯。

他们在这儿听到了中国乐器的演奏："第二天早上，我们刚吃完早饭，一些中国囚犯就开始在院子里不同的地方独立地演奏音乐。其中一种乐器有点像曼陀林，演奏方式也差不多。但这是一件极其单调的事，音符变化不大，这首歌同样糟糕……几乎不能称它为音乐。另一种是类似小提琴样的乐器，这种乐器发出的声音小得可怜。……他们专注地'吹拉弹唱'，整天胡吹乱拉，连吃饭都顾不上。"[1]

---

[1]　John Lee Scott. Narrative of a Recent Imprisonment in China after the Wreck of the Kite[M]. London: W.H.Dalton, 1841:54-55.

在监禁的头两周，包括安妮在内的俘虏们都被关在囚笼里。但允许在白天出笼活动活动，到了晚上又得回到囚笼里。令战俘们始料未及的是，看押他们的清朝官兵，对异国文化表现出极大兴趣和尊重，战俘们的素描、书法，能卖钱、换食物。

安突德因为绘画技能而受到的优待，斯科特等人也很快得到了："这里有一张桌子和一张沙发。我刚在椅子上坐下来，一个穿着讲究的中国人就把纸、墨水和一支笔放在我面前……我立即遵照他的要求，给他写了几行字。我写完后，把笔还给他，他拿出一些铜钱递给我。我手头拮据，这些钱是不能拒绝的。于是我收下了相当于四便士的铜钱……他给我们端来了茶点、煮熟的鸡蛋、切成小块的鸡肉和猪肉，还有两种糕点，一种是素色的，上面有小籽，另一种很像饺子，里面有猪肉末。……要我再给他写点东西。我当然同意了，然后他拿出一些普通的白色扇子，我在扇子上面写了几行字，他似乎对我的表现很满意。沃姆威尔也给他写了一些。作为回报，他给了我们两个篮子，里面装满了甜甜的糕点，非常好吃。后来他来过几次，每次都带着一点表示感谢的东西。"[1]

清朝官兵对异国文化的尊重，还集中体现在圣诞节上。当时，异教是被清政府严格禁止的，来自英美等国的传教士绞尽脑汁也无法打通传教之路就是明证，然而，这些战俘却在狱中过了圣诞节。

在12月25日前几天，斯科特等人就秘密策划过节，并且暗中购买了一些肉和其他的食品，"这样我们就不用吃米饭、萝卜和小鱼这样的非英国食物了"。几个月来，斯科特等人在狱中和看守关

① John Lee Scott. Narrative of a Recent Imprisonment in China after the Wreck of the Kite[M]. London: W.H.Dalton, 1841:77.

系良好，"经过一番劝说，我们说服了老狱卒，让我们喝点酒，是一种很像杜松子酒的酒，用大米酿制。……我们过了一个比想象中愉快的圣诞节。吃过晚饭，我们把狱卒叫了进来，祝他健康，他非常高兴。事实上，他的确非常高兴，跑出了我们的房间，马上回来了，带着一只羊腿，说'这是送给你们的'。我们把它挂在外面，第二天就吃掉了"。[1]

第三节　搬家

在宁波，斯科特等人一共被关押过两个地方，先是和安妮、安突德、道格拉斯、维特、布定邦关在一起，不久之后，他们被带到另一个地方，与军官们分离了。

被抓的最初12天，他们晚上都被囚禁于笼子里过夜，手脚都戴着长长的镣铐，几个囚笼的镣铐绕到囚房另一边，被锁在一起，除非哪个囚犯能带着三四个囚笼一起跑，否则没人能逃脱。

斯科特囚房的对面关押着道格拉斯和维特，安妮、安突德一人一个囚房，被关押在另一个院子里，即使是放风的时候，也没有机会见面。

白天，他们被从囚笼里放出来，还被允许在监狱的院子里散步、闲聊，可以无拘无束地三五成群，各自讲述被俘后的情况。

由于安突德令人惊叹的绘画技能，他和清朝官员、狱卒的关系非常好，还能经常见到各级官员，他通过这层关系，常常为英军战俘争取福利。比如对患有严重痢疾的2名战俘，在抓捕过程中因反抗而被击伤，之后又被镣铐磨破皮肉导致溃烂的同伴，安突

---

[1]　John Lee Scott. Narrative of a Recent Imprisonment in China after the Wreck of the Kite[M]. London: W.H.Dalton, 1841:89.

德请求狱方为他们提供医疗服务。

他的请求被满足了，一位医生很快就来到监狱，皮肉溃烂的战俘很快被治愈了。但是对那些患了痢疾的人，他有些无能为力，只是搭了搭脉搏，仔细看了看，然后走开了，吩咐狱卒，打开这些战俘囚笼的盖子，取下镣铐，让他们用一个相对舒服的姿势待在里面。这些措施虽然疗效不佳，但总算让病人可以舒一口气。

在这个监狱待了不久，一个星期一的早上，道格拉斯中尉过来告诉斯科特等人，说大家都要搬到一个更舒适的地方去。他和维特很快就被带离了。

这天的晚饭吃得比较早，吃完，斯科特等人就看见几个官吏进来，其中一个拿着块小木板，上面写着几个他们不认识的汉字。所有的囚犯像是预感到了什么，现场骚动起来。狱卒过来，解开贯穿所有囚笼的长铁链，带走了5个囚犯。

过了一会儿，狱卒回到囚房，又带走5人。接下来一批轮到斯科特，他被带到一个比较小的院子里，狱卒从他脖子上取下枷锁，解开他手上的镣铐，但脚上的镣铐仍锁着。

他被命令坐在一张小凳子上。斯科特有些不安地环顾四周，他看见了安妮。

这是自沉船以来，斯科特第一次见到船长夫人，他立即站起身朝这位可怜的女士走去，但是他身边的看守拦住了他，告诉他不能说话。

斯科特用手势和安妮交流了一会儿，很快便被带到监狱门前的一个空地上，那儿停放着几顶轿子，轿夫们等在轿子旁，有几个士兵在附近看押，看守命令他进入其中一顶。

等囚犯都进入轿内，轿夫便弯腰将竹竿架到肩上，抬着囚犯用很快的速度行进，几个士兵在前面开路。

斯科特好奇地朝外张望，这是一个相当宽阔的街道，两旁店铺林立，百业各具，装饰着大小不一的各色旗帜，有些店铺布置得很精美，有些店铺门口摆放着形态不一的守护神。经过几家肉铺、菜铺时，他见到一串串肥瘦相间的猪肉挂在梁子上，鹅、鸭、蔬菜和鱼都摆在宽阔的街道边出售，就像在市场里一样。虽然天已黄昏，但生意很不错，不少摊位前挤满了人，囚犯们的轿子在士兵开路下抬过来，所有的人都挤到了街边来看热闹，尤其是妇女和儿童。

经过了几座桥，桥下的河水呈黑色，还散发着令人不舒适的味道。

轿夫们力气很足，抬着囚犯一路小跑，穿过了不知多少条街，终于在一个不知名的地方停下，士兵命令囚犯们都出来。

斯科特等人被押到左手边一个院子里，他发现有几个官员早就在这儿了，见到其中一位官员帽子上的顶珠，他和几个同伴吃了一惊。

在监狱虽然没几天，但他们已被一级级、一轮轮地提审，也学会了从官员帽子上的顶珠来辨别官阶。他们平常也在私下里交流，认为官阶最高的戴的是红色顶珠，接下来则是蓝色顶珠、白色顶珠和水晶顶珠。

战俘们的认识大体不差，清朝官员的顶珠，一品为珊瑚，俗称亮红顶；二品为起花珊瑚，俗称暗红顶；三品为蓝宝石，俗称亮蓝顶；四品为青金石，俗称暗蓝顶。

现在，斯科特等人见到的那位官员，顶珠是红色的，他们面面相觑，认为见到的应该是最高等级的官员。

斯科特等人向那位官员鞠了一个躬后便被带离，来到一个院子，之前从监狱被带出来的英国人都集中在这里。

■ 英国人画笔下的
清朝猪肉摊贩

　　斯科特走进一间方形的小房间，发现地上铺着席子，看起来像垫子。他们知道这儿是他们的新住所，与囚笼相比，这个地方让他们感到很满意。

　　过不了多久，又来了几个囚犯。不大的房间里坐了11个欧洲人和4个印度水手。9个人坐在一边，斯科特和另外5人在另一边，他们这边的其余空间被一个水桶和两个小洗脸盆占据。

　　天黑了，战俘们舒展四肢，这是他们进囚笼以来第一次躺下睡觉，空间足够大，每个人都仰卧着。

　　斯科特无比感慨："相比于笼子，这里简直是天堂！"

　　他们以为这是暂时的待遇，所以尽情地舒展身躯。

　　第二天早上，他们发现情况变得更好，有个仆人端来了水让他们洗漱，这是被俘以来头一次。

　　伙食也很丰盛，战俘们发现想吃多少米饭就可以吃多少，不过菜有些不习惯，比如有一种炖菜，放在盘子里很像煮过的布条，还有咸鱼。盛菜的盘子是用普通的陶器做的，形状像碗。

被关押在这个地方的15个囚犯，就餐时分成3组，每组5个人，每组都有一桶米饭、一盆炖菜和一条咸鱼。

吃完这顿饭后，斯科特开始环顾四周。前一天来这儿时天已经黑了，加上劳累和被放出囚笼的欣喜，使得他无暇打量周围的一切。现在，他发现在关押他们的房间隔壁，有一间挺不错的屋子，里面有一张床、两三把椅子和一张小桌子。

这间屋子里，看起来软禁着一位年迈的军官，斯科特猜测这位军官的地位一定非常高，因为所有的士兵和负责看守英国战俘的狱卒都很尊敬他，而且每天都有两个年轻人来找这位老军官，他们站在他面前，双手背在背后，像小学生一样，听他训导着什么。

斯科特并不知道浙江官场发生的震动，在定海失陷不久，浙江巡抚乌尔恭额和浙江提督祝廷彪就被清帝免职，后改为革职留营、戴罪图功。从斯科特回忆录所记来看，这位被软禁的军官，极有可能是祝廷彪，而关押他们的这个地方，应该是钦差大臣伊里布在宁波的行辕。

现在，战俘们提着的心放回了肚里，因为他们明显感觉到，清当局和英军在交涉，而且这种交涉对他们的待遇改善起到了相当大的作用。从被带到宁波的那天起，他们在狱中就未遭受过刑讯逼供等虐待，现在他们的情况变得更好了。

更让他们欣慰的是，他们不会再回到囚笼里了。

斯科特用轻松的笔调，在回忆录中写下了此刻的心情，战俘们甚至调侃着是否可以越狱：

　　……（那位老军官的住处）看起来像我们的住处一样，是一个小庭院，里面也有一些像前面提到的那样用来收集雨水的大平底缸。我所住的那间屋子，两边是木头，另两边是白砖（它们太薄了，放在一起又太不牢固，不需要多大力气就可以抠出来）。地板上积着一英寸厚的尘土，天花板（相当高）上布满了蜘蛛网。这是一个我们很容易就能逃出去的屋子。可逃出去之后，我们就不知道该走哪条路了，而且我们的衣服和相貌会立刻暴露我们的身份。这样做的后果可能是致命的……①

负责看管15名战俘的是一位年老的狱卒，有时很急躁，有时很粗鲁，但大多数时间是彬彬有礼的，斯科特说："总的来说，他对我们很友好。"②

在老狱卒所在宿舍的左边，有一条通向厨房的道路；右边的一条路通向一个大院子，院子的两边各有一间宽敞的屋子，看上去像祭祀的地方。

战俘们所在房间的门外有一条过道。这条过道通向另一个大院子，院子的一边用墙围起来，另一边是一间敞开的大房间，里面有椅子、桌子和睡椅，椅底是藤条做的。——应该是警卫室，斯科特总是能够看到清军士兵在里面掷骰子和打多米诺骨牌（疑是麻将），而他们的武器（火绳枪，弓和箭）则散落了一地。

不久之后，战俘们又有了新发现：警卫室后面有另一个通道连着一间关押着16个印度水手的房间。这些人的情况看起来就没那么好了（关押他们的房子，比关押英国战俘的小很多，而且没

---

① John Lee Scott. Narrative of a Recent Imprisonment in China after the Wreck of the Kite[M]. London: W.H.Dalton, 1841:64.

② John Lee Scott. Narrative of a Recent Imprisonment in China after the Wreck of the Kite[M]. London: W.H.Dalton, 1841:108.

这边舒服）。

为什么这些印度水手的待遇不及英国战俘呢？斯科特等人分析来分析去，在临近年底的时候，终于得出他们认为比较科学、比较靠谱的结论：印度水手吃饭时常吃得满地都是饭粒，而中国人认为"粒粒皆辛苦"，糟蹋粮食是要遭雷劈的。

不远处，是一座规模很大的庙宇，斯科特无法在关押的地方仔细观察。

第四节　狱中回忆：人性之光

一天过去，又到了晚饭时间，这顿饭和早上的一模一样。吃完后，战俘们将房间打扫了一番。这时有个军官进来，开始向战俘们分发地毯：每两个人垫一块。已是深秋天气，这些地毯给了战俘们很大安慰，原先，他们本以为要在单薄的席子上度过寒冷的冬季，现在看起来担心是多余的。

这里的夜晚，巡夜人会发出噪声。在原先的监狱关押时，斯科特就曾被吵得整宿睡不好觉。从入晚起，离监狱不远的地方就会有人拿着一面大锣，隔一段时间敲一番，然后有个男孩又隔段时间用竹片敲打发出声响。中国人称之为"报更"，可是英国人觉得这是对睡眠最大的干扰。不过他们后来也学到了新的知识——这里的夜晚，大概分为五个时段，每到一个时段，便会有各种奇怪的敲击声响起。

换到新监狱后，巡夜人就像在他们之前待过的监狱里一样按时上了岗，但斯科特发现，这儿不像之前那么吵，守夜人常常睡着而忘记报更。

第二天早上，来自旗舰"麦尔威厘号"的一名一等兵，痢疾加重，禀报看守后，狱方很快派来医生，开了一些药，是一种味道很苦的褐色混合物。英国人发现，中国的这些医生，对于治疗痢疾这类病毫无把握，因为喝了这些药以后，一等兵的病情不仅不见好转，反而越发严重，身体变得越来越糟。之后，他又被送进了原先的监狱，那儿还留着两个痢疾非常严重的病号，都是海军陆战队员，已病得无法行走，所以没被一起带来。

不久，另一个男孩也死了。

■ 英国人所绘的中国更夫

这个男孩，就是"鸢号"沉没时，被斯科特从沉船上捞出来的那位，他逃过了一劫，却没能逃过第二劫，虽然狱方提供了各种条件，医生也及时赶来了，但疗效确实不好。

在这里，每天都有很多人在窗外围观，这些人的穿着都很华丽，他们像围观动物一般饶有兴致地对高鼻梁、蓝眼睛的西方人指指点点。最开始，战俘们有些胆怯和不安，但渐渐地，他们发现围观者没有恶意，胆子于是大了起来。

大到什么程度？

伸手向围观者要钱、要烟草、要糕点，以及任何能想得到的新鲜食物，还次次都能要到。

斯科特在他的回忆录中记下了这样一个细节："如果他们拒绝给我们任何东西，我们就立即把窗板关上，这样他们就看不见我们了。这时我们的看守会很快出现，把他们都赶走。"①

后来，窗子被看守关了一个多星期，这些人再也没有出现。

由于屋子里挤了15个人，室温较高，空气流通不畅，战俘的身上开始有跳蚤了。他们惊恐地发现，如果任由这东西繁殖下去，15个人都有被跳蚤"活活吞噬"的危险。

于是，他们学会了一个很多底层中国人都拥有的本领："早上的头等大事就是翻整我们的衣服，杀死我们能抓住的跳蚤——一种最恶心的消磨时间的方式，但也是最必要的。一天的其余时间要么是在房间里走来走去，要么高谈阔论，要么睡觉。"②

大约两个星期后，在狱中担任翻译的一个买办来了——他可以从他舟山的朋友或同事那儿拿各种东西。

这使所有人都非常吃惊。

也就是在这个时候，战俘们获知中英双方正在就释放俘虏、交还定海之事紧张交涉，但消息的准确性不够，一说很快就能释放，一说看起来没戏，各种相互矛盾的消息令战俘们既期待又紧张。

斯科特和"鸢号"其他船员一样，在舟山都没有亲属、朋友，甚至连认识的人也没几个，他们把一切都托付给了道格拉斯中尉，毕竟，8月初他们从舟山出发时，道格拉斯被任命为"鸢号"最高指挥官，现在船长约翰·诺布尔不幸离世，道格拉斯成了他们的主心骨。

翻译临走前告诉大家，再过3个星期左右，所有人都能获得自

---

① John Lee Scott. Narrative of a Recent Imprisonment in China after the Wreck of the Kite[M]. London: W.H.Dalton, 1841:68.

② John Lee Scott. Narrative of a Recent Imprisonment in China after the Wreck of the Kite[M]. London: W.H.Dalton, 1841:69.

由，回英国。不过他又补充了一句"清官员是大骗子"——战俘
们只听进了他前面的话，想象那会是真的。

时间过得很快，被关押在这里的战俘们的生活波澜不惊，患
了痢疾的船员们的身体在一天天好起来，战俘们都说，这是回到
英国的信念在起作用。

有一天晚上，战俘们正在吃晚饭，过道里传来一阵响声，有
一位曾经招待过斯科特等人的官员走进来，将所有的白人带了出
去。外面，停放着一些轿子，白人战俘挨个钻进，由轿夫抬着，
往一个不知名的地方而去。

战俘们被抬到了一个官员的庭院，四周栏杆上插着一些小旗
帜，有黄的，有红的，上面都写着汉字。轿子并未停下，径直穿
过一扇大门，来到两扇大折叠门前，斯科特见到每扇门上都画着
一个花哨的人物，手里拿着一把剑，很像扑克牌上的国王，只是
没有国王好看。

在大门的两边，各有一扇较小的门，轿夫从其中一扇门进去。
战俘们的轿子在这里停下来，看守命令战俘下轿。

在院子的尽头，有一顶红绿相间的绸篷，战俘们坐在华盖下
等候。

不一会儿，有人领着他们穿过一个地方，斯科特感觉很奇怪：
这地方看上去明明是个花园，可既没有花，也没有绿植。

官吏们聚集的地方是一间相当大的屋子，前门敞开着，屋内
悬挂着四个大灯笼，此外还有其他大小的灯笼点着，将屋里照得
白昼一般。

又来了一两个官吏，大家鞠了一躬，然后敬茶，开始谈正事。

这时买办进来了，拿出几封信和包裹，递给斯科特看。打开
这些东西，斯科特发现是从舟山寄来的，里面有各种各样的衣服，

还有军官用的一些很不错的东西，有寄给安突德和道格拉斯中尉的，有寄给安妮和她儿子穿的一些衣服，但是"鸢号"的船员好像并未收到什么东西，尽管之前道格拉斯也给他们写了需要的一些日常用品。

这时候，斯科特等人才明白带他们来的真正用意，原来是舟山的信件和物品寄达这里，官员需要英国人来读信，以便判断信里是否有瞒着他们的内容。

读完信后，安妮、道格拉斯、安突德和他的同伴被带了进来。斯科特和"鸢号"的其他船员对他们船长的遗孀充满了关切，自"鸢号"失事以来，他们还没能说得上话。

官员通过翻译告诉英国人，一切顺利的话，6天之内应该会送他们到舟山去。

这消息令他们欣喜异常。官吏还问他们是否需要御寒的衣服，因为气温正在一天天地冷下来。

斯科特按捺不住兴奋，脱口说道："如果我们这么快就要回舟山，就不需要你们的衣服了！"

尽管如此，官员们还是送给他们一个装着秋冬衣物的大篮子，这些都是官员们自己的，于是，他们每人拥有了一件宽松的外套和一条用粗棉布衬里的灯笼裤。

这一刻，斯科特确实心存感激，因为这是一种人与人之间的关爱，与战俘、官员这些身份没有任何关系。他在回忆录里感慨道："这些衣物穿在身上虽然很笨重，却能御寒。如果不是这些官吏的好意，我们将几乎赤裸地暴露在即将到来的严寒季节里。"[1]

事实上，他们并没有在6天内回舟山，也不可能知道中英双方

---

[1] John Lee Scott. Narrative of a Recent Imprisonment in China after the Wreck of the Kite[M]. London: W.H.Dalton, 1841:74.

交涉中的波折，一直到16周后，他们才真正被释放。

分完衣服，官员们又商量了一阵，战俘们再次被叫进屋去。

这一回，战俘们的内心，就不单单是感激了——他们卸下了每个人脚上的镣铐，从唯一的女性安妮开始。

这一刻，斯科特感到夜色中亮起的，是一种人性的光芒。

战俘们都感到极大的安慰，他们的腿长期被镣铐拴着，肌肉已经相当僵硬了，而且不少人的腿上已经皮开肉绽，铁圈已经深深地箍进了肉里。

卸掉镣铐的斯科特被一个穿着讲究的中国人带到一间屋子里，那里有一张桌子和一把椅子。他刚在椅子上坐下，那个中国人就把信纸、红纸、墨水和一支刷子一样的笔（毛笔）放到他面前，从他比画的手势中，斯科特猜出对方想让他写一些字。

斯科特也不知对方用意，有些忐忑，顺从地在纸上写下一些英文字母。却见那人拿了些有果馅的糕点递了过来，接着又递过来一些中国钱，相当于4便士左右。

斯科特愣住了，突然间又明白过来，安突德的绘画技能不是也让他获得了不少福利吗？

他默默地算了下，不由得窃喜：只写了6行字，就得到4便士，这买卖太划算了，是相当高的报酬。

随即，中国人又给英国战俘端来不少好吃的。

第五节　狱中回忆：恶作剧

解除了镣铐的战俘获得了真正的自由，在回程路上，每个人都是轻松的，仿佛在这个新地方，他们不是战俘，而是大清的客人。

这种心理不足为怪，因为接下来的日子里，他们确实像在做客。

回到关押地，战俘们看到印度水手正焦急地等待着他们的归来。他们告诉印度水手，官员们承诺所有人将在6天内回到舟山。这一好消息顿时让印度水手精神大振，但接着他们又陷入沮丧，因为他们见到英国人的镣铐被解除，自己却依旧被镣铐牢牢地禁锢着。很快，印度水手便开始破口大骂起来。

第二天，狱卒送来了中国制造的鞋子和长袜给英国战俘，却没有印度水手的份。狱卒做了个手势，表示印度水手的衣服正在制作中，很快就会做好。

让斯科特写字的那个穿着考究的中国人又来了，大概觉得斯科特的字写得挺好，要他再写一些。斯科特怎么也没想到，在中国的监狱里他还能被当作书法家或艺术家来对待，他很快就满足了对方的要求，中国人看起来很满意。另一个船员沃姆威尔自告奋勇，也在一把扇子上题了字。

作为回报，那位中国人给了他们一人一个篮子，里面装满了甜饼，英国战俘尝过后都觉得非常好吃。斯科特把这位中国人称为"我的朋友"。后来，这位"朋友"又来过几次，每次都带着一点表示感谢的东西。

6天后，战俘们发现他们并没有被释放。有些人说，也许要等到印度水手的外套准备好之后。但是不久后，印度水手的衣服也被送来了，战俘们却仍然被关在监狱里。

新衣服也带来了那些令战俘们感觉非常恐怖的小怪物，在前一个监狱关押时，他们不得不花费大量时间和精力与它们做斗争。现在，工作量更大了，因为他们发现，除了新衣服里夹带的跳蚤，看押他们的狱卒身上也有这些小怪物。它们的传播恐怕比疾病的传染更加迅速，有时候在墙上也能发现，猛地掉下来，蓄谋已久似地掉到战俘们身上就不见了。

又一周过去，获释的期待感一天天变淡，斯科特甚至放弃了迅速获释的一切幻想，取而代之的，是希望被监禁一两年而不是10年、20年。现在，所有人都因为不确定而有些害怕起来。

闲暇的时光，战俘们常会被院子里两个士兵之间的打斗逗乐——他们认为这是一种最不愉快的打斗，因为这两个士兵都有"尾巴"，从后脑勺一直垂到屁股。打斗一方用手抓住对方的"尾巴"，猛一使劲，就能把对方拖倒在地。两个人就这么扯来扯去，直到一方认输为止。

这条"尾巴"，也让战俘们能逮着机会跟清军士兵较量一番。有一次，一个喝醉了的士兵摇摇晃晃走到窗前，战俘们冷不丁地从窗内伸出手，揪住他的辫子，将它紧紧地系在栏杆上。士兵在窗外大吼大叫，直到他的同伴过来帮他解开辫子。战俘们知道，这样的恶作剧，并不会引来士兵的报复，在大多数情况下，清军官兵还很乐意观看这样的恶作剧。

进入初冬，战俘们穿上了官员所送的以及狱方做的棉衣，这些棉衣很厚，穿着很舒服，但那些跳蚤肯定比战俘们更舒服，它们躲在棉衣的任何角落，"衣食无忧"，战俘们却只能干瞪眼——厚厚的棉衣为这些恐怖的小怪物提供了避风港，想要准确地"缉捕"它们，比从英国到中国的旅程更加辛苦。

幸好，天气越来越冷，这些小怪物似乎变得越来越迟钝，咬得不像初冬时那么厉害了。

在这个地方，战俘们一天只吃早饭和晚饭，中午什么都不允许吃。他们猜不透中国人的安排，也许这是中国监狱独特的规定。但战俘们饿得慌，于是用旧衣服做了一个布袋，早饭的时候，狱卒一走出房间，他们就大量囤积食物，偷偷藏好当午饭吃。

事实上，狱卒早就发现了，但并不多加干涉。

斯科特经过长期观察，有了新发现：天冷以后，中国人常常随身带着装满热水的小茶壶，他们不断地从壶嘴里啜饮热茶；还有一种有把手的长条形器皿，铜质的，里面同样盛满了热水，壶盖上有几个小洞，冒出热气。

斯科特又搞过几次恶作剧，在他的回忆录中有这样的描写：

> 他们要么穿着宽松的长袖揣着这些东西，要么坐下来把脚搁在上面以取暖。但我本以为蒸汽会弄湿他们的衣服，让他们觉得冷。
>
> 在其他人和狱卒谈得很投机的时候，我一个人溜到了过道。这里的人正在端饭和盘子，我偷偷地拿去了守夜人晚上用的那根竹片和棒子。
>
> 到了晚上，我们看见士兵们在找竹片，但是我们一直保持沉默，直到天黑的时候他自己找到了竹片并威胁说要把我们铐起来。这对我们起不了什么作用。不久之后，另一个囚犯把属于一个士兵的茶壶顺走了。我们藏了它好几天，直到主人发现它的藏身之地。我们告诉他，除非付钱，否则我们是不会交出来的。我们强迫他用100枚或100枚以上的硬币赎回他的茶壶，这让他很不高兴。[①]

这让他们看起来一点都不像囚犯，那名士兵用钱"赎"回了他的茶壶。双方的关系挺融洽，之后还将更融洽。

大约在11月底的一个晚上，有个留在原先监狱里的海军陆战队员来到了战俘们被关押的地方，斯科特等人惊奇地发现，这名

---

① John Lee Scott. Narrative of a Recent Imprisonment in China after the Wreck of the Kite[M]. London: W.H.Dalton, 1841:81.

原先患有严重痢疾的队员，不仅病愈了，而且变得十分健壮。

不久后，这名海军陆战队员为斯科特等人带来了一些钱，说是道格拉斯中尉和诺布尔夫人吩咐的——舟山方面给关押在宁波的英国战俘寄了一些钱，清当局同意让他们转交。这样，每一个白人能得到400便士，每一个印度水手能得到300便士。

这段时间，斯科特等人开始学些中文，不是出于热爱，而是为了区分一些食物的名称——特别是珍贵食物的名称。有了钱之后，战俘们很容易就能委托狱卒替他们购买猪肉、牛肉以及各种各样精美的糕点，而且，还能买到燕窝汤。

"这汤好喝极了。"直到回到英国开始写回忆录，斯科特还如此感叹。[1]

这天晚上，狱方请来医生给一名新送到的海军陆战队员看病，那位老狱卒按照医生吩咐给海军陆战队员拿来了一剂药，他服了下去。

斯科特在回忆录中说："那天晚上，这位老狱卒总是提着灯笼到我们的窗前，观察那个生病的海军陆战队员。"[2]

很显然，老狱卒非常关心这名海军陆战队员的病情，好像是老父亲关心他的孩子一样，这份情让英国战俘们难以忘怀。

但是很遗憾，快到早晨的时候，这名海军陆战队员的情况变得更糟了，他渐渐失去知觉，不久就咽了气。

他刚死，老狱卒就走了进来，之前他一直在窗边观察。现在，他给逝者穿上一件长外套，背在背上，并示意"麦尔威厘号"的

---

[1] John Lee Scott. Narrative of a Recent Imprisonment in China after the Wreck of the Kite[M]. London: W.H.Dalton, 1841:83.

[2] John Lee Scott. Narrative of a Recent Imprisonment in China after the Wreck of the Kite[M]. London: W.H.Dalton, 1841:84.

一个一等兵帮忙，不要让逝者的腿拖到地上。战俘们陪着他穿过大门，走了一段路，来到了一个开阔的地方，那里有个棚子，里面有些稻草。

老狱卒把尸体放在地上，用大衣盖得严严实实的，好像在告诉亡者，会让他很体面地离开这个世界。

"鸢号"从舟山启航时，"麦尔威厘号"上一共来了7名海军陆战队员，现在仅剩下2名，严重的痢疾夺走了另外5人的性命。

不久之后，又一个队员生了病，而且迅速恶化，他不得不搬出斯科特住的房间，战俘们希望他能被带到原先的监狱，因为那儿有安妮等人在，也许能得到更好的照料。

这名队员在先前被抓捕的时候，中了好几枪，伤口至今没有愈合。得了痢疾之后，这些伤口迸裂开来，弄得他满身是血，看起来非常惨。不久，战俘们听到了他的死讯。

现在只剩下一个海军陆战队员了。

第六节　狱中回忆：女人公寓

这天，监狱里新来了一个翻译，自我介绍说刚从广州过来。他带着两封信，分别是安妮和安突德写给他们在舟山的朋友的，安突德要求给战俘们送些衣服和别的东西。那个翻译告诉战俘，和平很可能要来了，他们应该会在短时间内被释放。

战俘们抱怨房间太小，除了米饭什么也没得吃，还说有时想吃点肉。翻译承诺会和官员们谈谈，让他们的要求能得到满足。

翻译离开后，战俘们并不太把他的话当一回事，因为这些天来，类似的话语已经重复过很多次了。不过有一事战俘们还是很期待，他说要么是安突德上尉，要么是道格拉斯中尉，过几天会到这儿来看望大家。

翻译并没欺骗他们，两三天后，道格拉斯中尉来到了这个监狱。他似乎对战俘们所受到的待遇、所处环境感到不满，表示马上会向狱方反映，要求改善条件。

战俘们从道格拉斯口里了解到，他们写给舟山朋友的信，很多都被狱方扣留了，也许是出于担心，也许出于其他目的。在舟山的军方很久没有收到战俘们的信，于是贿赂了一个中国人，联系上道格拉斯后，才得知真相。清方并没发现这个隐藏在他们内部的间谍。也正因为他的存在，道格拉斯和舟山方面保持着经常联系，并得以获知清方和英军交涉的情形。他告诉战俘们，获释日期将近，而且机会很大。

道格拉斯还告诉同伴，他之前已经好几次提出申请要来这儿看望大家，但没有得到官员们的允许。他问之前请清方送来的肥皂等物品有没有收到。

战俘们一齐摇头，他们一样都没收到。斯科特怀疑是中国人吃了这些肥皂。

临走前，道格拉斯给了每人1元①，让他们买些更好的食物，并答应很快会再见，那时他们的处境一定能得到改善。他在之后的14天内，继续提供每人每天1元的资金。

钱，战俘们确实每天都能收到，但监狱看守变着法子盘剥，每次都能从战俘们手中拿走1~2元。看守将外币兑换成清币，大约1元兑1000文，而战俘们每人一般只能得到932文，最多也只能得到950文，余下的都进了看守的口袋。

斯科特留心算了下，看守们一共克扣走了9元。这在当地可是

---

① 为外币，斯科特的原文为"dollar"。

一笔不小的钱。

过了个开心的圣诞节后，元旦即将来临。

现在，从原来的监狱转过来的那名海军陆战队员，是英国战俘中唯一还戴着镣铐的，斯科特等人决定替他主持公道。

有一天，他们设法把镣铐卸了下来（卸镣铐非常容易，因为它不是被铆接在一起，而是用挂锁锁着的），并撬起房间角落里的一块地板，把镣铐藏在里面。然后战俘们给那名队员穿上一件鲜红的长裤。

不知是有意还是无意，看守们从来没管过这名队员的镣铐是不是还在他的脚上，斯科特事后不无得意地回忆说："它被留在洞里作为留给老鼠的遗产。"

斯科特还在回忆录中写了桩趣事：

一天晚上，当我们吃晚饭的时候，一个士兵走到窗前，模仿我们用筷子吃饭的笨拙动作来取乐。

这种无礼的行为激怒了我们的一个同伴，他跳起来，往脸盆里倒满了水，把脸盆里的水从铁栏杆内泼到士兵的脸上。士兵吓了一跳，水顺着他的脸颊往下流，流进他的衣服里，他一定非常不舒服。

但他唯一的报复是一边咒骂一边向我们挥拳，然后跑开了。

当我们发现这样做并没有给我们带来任何伤害……以后凡是看到不肯付钱偷窥的人，我们都会把水泼在他们身上把他们赶走。不久，我们拥有了一大笔钱。

我们的行为使老狱卒非常开心，他经常带人来看我们，然后走到他们后面，给我们做了一些手势，示意让我们把水泼到他们脸上。不过……来访者通常都躲避得很及时。①

新一年的1月，天非常冷，下了好几场雪。狱卒有时让战俘们共用一只陶罐取暖，罐里有几块木炭。为了保持陶罐里的温度，不让火熄灭，战俘们竟然把门闩和地板的一部分撬掉用来生火。他们这样做也没有被惩罚。

斯科特特别在回忆录中提到了一些细节：

> 我们的房间太挤了，不过还是有点冷。为了取暖，我们就在房间里跑来跑去，玩跳鹅和一些别的游戏。此外，我们买来了烟斗和烟草，经常抽烟，这样能让我们暖和一点，或许还能防止疾病在我们中间蔓延。
>
> 我们可以看到那位住在我们隔壁房间里的老军官，一连几小时坐在他的院子里晒太阳，抽着一根长长的烟斗。
>
> 他裹着两三件衣服……头上戴着一种奇怪的头饰，像古代小丑戴的帽子，只不过没有铃铛。②

这天，一位官员来到监狱，要带几名战俘到官府。斯科特认出这个人就是他的"朋友"，也就是要求他在扇子上题字的那个人，他高兴地把那位中国官员介绍给同伴们。

斯科特和沃姆威尔随即被选中。到了官府，那名广东翻译也在场，他从舟山带来了几只箱子，里面装的是信和其他一些物品。

---

① John Lee Scott. Narrative of a Recent Imprisonment in China after the Wreck of the Kite[M]. London: W.H.Dalton, 1841:91.

② John Lee Scott. Narrative of a Recent Imprisonment in China after the Wreck of the Kite[M]. London: W.H.Dalton, 1841:92.

和上次一样，斯科特等人先把信的内容读给翻译听。

信中包含着和平缔约的好消息，战俘们这回高兴了，因为这是个权威消息，来自英国方面，英国人相信这是真的。

为了防止英国人在翻译信件时弄虚作假，官吏们把他和沃姆威尔分开，先由斯科特来读信件，读完后就被带到外面，沃姆威尔进来读信。这样做挺费时间，他们一整天几乎就待在房间里反复读信。

中午的时候，仆人端进来一张小桌子，上面放着为他们准备的点心，还有被切成小块的冷肉、煮熟的鸡蛋和一个金属罐子，里面装着肉。

可口的饭菜让两人充满了干劲，斯科特回忆说，当时"口译继续进行着，充满活力"。①

很快到了晚上。

斯科特读完最后一封信后，由沃姆威尔读，空闲时分，斯科特偷偷溜进了一个军官的房间，他看见军官和另外三个人在吃饭。斯科特有些馋，便比了个手势，问能不能让他这个外国人一起用餐，但是他们拒绝了。

斯科特有些不甘心，他见桌子中央有一个大容器，是个可以加热的容器（斯科特不知道这是中国的火锅），容器里盛着浓汤，里面还放着蔬菜和肉，都被切成了小块。桌上四周摆着许多大盘子，里面装着切好的猪肉和其他禽肉，骨头都已被剔除，还有腌过的鱼和用浓汁腌制过的蔬菜。其中有两个小盘子，一个盛着虾，一个盛着某种海产品，还有一个小盆，盆里盛着白色的猪油。军官们把筷子往猪油里蘸了蘸，和米饭混在一起。

---

① John Lee Scott. Narrative of a Recent Imprisonment in China after the Wreck of the Kite[M]. London: W.H.Dalton, 1841:94.

米饭又白又细，装在一个小木桶里。盆子见空的时候，仆人就去添来新的。

他们所用的筷子像是用乌木做的。盆和盘子看上去有些透明，是非常漂亮的瓷器，上面画着人物和鲜花，颜色非常鲜艳，就像精美的艺术品。

■ 英国人所绘的19世纪初期的中国妇女

军官们吃饭时，有两个仆人站在他们后面，用欧洲仆人的勤勉态度侍候着他们。

斯科特一直站着看他们吃饭，军官们吃完，仆人们各就各位，吃他们吃剩下的。

斯科特再一次做出能否让他入席的手势，可是令他沮丧的是，这些仆人以主人为榜样，将他排除在他们的餐桌之外。不过，他们还是给他倒了点热水，里面飘着两三片茶叶。

两次被拒，斯科特快快地离开，却无事可做，百无聊赖间，他走到门口朝外看，见对面一座楼里有个小女孩从门口走出来，楼里还传来一阵嘈杂的声音。

年轻的斯科特突然起了好奇心，想去看看这是什么地方。他环顾四周，见吃完饭的军官们待在另一个房间，两名仆人还在吃晚饭，没人注意到他，于是，他朝那幢楼跑去。

等外出的女孩从外面回来时，他立刻跟在她身后。然而这情景很快被楼里的女士们发现了，她们见到女孩身后跟着一个外国人就跳了起来，发出尖厉的叫声，并且"砰"的一声把门关上了。

军官们立刻跑来，抓斯科特回去，一边走，一边开怀大笑。

斯科特在回忆录中不无遗憾："所以，我想去一个中国女人公寓的尝试失败了。"①

第七节　狱中回忆：离别

斯科特回到刚才读信的那个房间，和同伴一起完成了最后的工作。小餐桌又被抬进来，食物和中午的相差无几。有一位满脸笑容的胖老头通过翻译问斯科特："你们国家有没有下雪？"

斯科特回答说下得比这儿大，积雪比现在堆在地上的要多得多。

胖老头对他身上的蓝色法兰绒衣服非常感兴趣，斯科特犹豫了，他本想把它送给这位老人，但这是他现有的最暖和的一件衣服，最终也没舍得给。

官员所在的房间布置得相当豪华，有上漆的扶手椅、几张沙发、软垫、小桌子，木头上都镶嵌着各种各样的装饰，屋里摆放着几个漂亮的瓷器花瓶，还有一个装在木匣里的小英国钟，上面用黄铜镶嵌着。天花板则被漆成浅黄色，涂上了清漆，上面悬挂着四个装饰华丽的大灯笼。地上只有木板，光秃秃的，还不太干净。

当斯科特回到监狱，打量自己的住处时，悲哀地称这里真是悲惨的地方。

当时其他人都已经躺下睡觉，当他们听说和平的消息是由英军方面传送过来的，都兴奋起来。

---

① John Lee Scott. Narrative of a Recent Imprisonment in China after the Wreck of the Kite[M]. London: W.H.Dalton, 1841:97.

一两天后的晚上，从监狱不远的那个庙宇方向，传来了银铃的声音，时不时地还有鼓声响起。虽然这边看不到庙宇里的动静，但从响动判断，庙宇内肯定在举行一场盛大的仪式。快到中国的农历新年了，大量的祭拜者正从四面八方赶来。斯科特等人白天见过这些人，所有的祭拜者穿着都非常讲究。

那位住在他们隔壁的老军官，也换上了新年的服装，是件华丽的长褂，花纹有点像格子，但颜色更为多样，也更为鲜艳，衣服胸口处的刺绣图案是某种非凡的动物，这是中国特有的一种贵族式打扮。

他走了出来，所有的士兵和狱卒都走到他跟前，向他鞠躬行礼。老军官非常和蔼地还礼。

人们退去后，烟花朝四面八方绽放，点亮了夜空。

春节对中国人来说是盛大的节日，但对关押着的这些战俘来说，却是非常大的麻烦，商店普遍要关两个星期，他们喝不到燕窝汤，并且只能买到普通的糕点。

安妮托人给他们送来了一些关于新教的书籍。他们知道，异教在中国是被禁止的，所以偷偷将这些书藏起来，趁狱卒不在的时候阅读，斯科特说，这使他们"能够以比以往更体面的方式打发时间"[1]。送给战俘的物品都需要经过仔细检查，而这些书能够送到他们手中，是否说明对他们已经十分宽容？

春节过后，战俘们计算着日子，他们心里都有一种预感，被释放的日子正在一天天临近，虽然说不准是哪天，但已经很近很近了，他们当然急于离开这儿。

斯科特心中有一种微妙的情感，很难说它是不舍，因为没

---

①   John Lee Scott. Narrative of a Recent Imprisonment in China after the Wreck of the Kite[M]. London: W.H.Dalton, 1841:101.

人会觉得待在监狱是件高兴的事。他比以往更加仔细地观察起中国的一切。他长时间地观察狱卒，看士兵理发、洗头，觉得十分有趣。

春节过后不久，他和沃姆威尔又被官吏叫去，这一回，斯科特发现了一些秘密。

他见到的信，内容虽然和以往大同小异，但其中一封信引用了一句拉丁文，斯科特察觉到，写信人想通过这种特殊的方式，传递一些不想让清朝官员知道的信息。

他没把这句话翻译出来，因为他猜想，这是舟山方面给这儿的英军军官的一些秘密信息。

斯科特猜对了。在他们入狱期间，驻守舟山的英军一直通过其他渠道在进行着秘密的工作，甚至买通了狱方，打算让安突德等军官越狱。军官们可以轻而易举地离开监狱，并安全抵达舟山，但安突德、道格拉斯并没有放弃这里的同伴，想和大家一起走。很显然，这是不可能的事。

有一天，老狱卒来牢舍，用手势告诉战俘们，他们可能很快就要走了。他显得很伤心，手放在胸前，眼里含着泪水，似乎是在表达他的依依不舍。

最后，他控制住了自己的感情，跑回房间。在那里，他把自己关了一整天。

斯科特这样回忆老狱卒在那天做的事："最后，他给我们送来了炖牛肉、燕窝汤和用人参做的食物，他以此向我们表示不忍离别和对我们的敬意。"①

在长期相处中，战俘们对老狱卒也产生了感情，斯科特在回

---

① John Lee Scott. Narrative of a Recent Imprisonment in China after the Wreck of the Kite[M]. London: W.H.Dalton, 1841:104.

忆录中花了不少笔墨来描述这位老人，其中一段回忆是关于老狱
卒祭神的：

> 我们被关在狭小的空间里，看不到他们的宗教仪式。然
> 而，有一两次，我看见我们的老狱卒向他的神祭拜。仆人们
> 在院里的不同地方放了三张桌子（其中一张正好放在我们的
> 窗前），桌子上摆着装满了猪肉、鱼和蔬菜的盘子，大家把筷
> 子挨个放到盘子的边缘，然后，他们在碗里装满热米饭。每
> 张桌子旁边都放了一堆薄纸。
>
> 在每一张桌子前面，这位老先生都跪了三次，每次都朝
> 地面磕三下头。然后，他在一个小杯子里装满了酒，点燃那
> 堆纸，把酒洒在地上。
>
> 当他在所有的桌子前跪拜完毕，并且烧了那三堆纸后，
> 他回到自己的房间，仆人们把所有的器具都搬走了。我想他
> 的虔诚使他变得仁慈了。他为他的神所预备的一切美好的东
> 西，都分给了我们这些可怜的因犯。[1]

从进入2月开始，狱中的气氛就开始诡异起来，不断有士兵朝
战俘们做手势，战俘们从手势中判断，这是士兵在传递他们很快
就要被释放的信息。然后，斯科特等人发现士兵的数量也在减少，
这回，他们真的开始相信自由近在咫尺了。

2月下旬的一天早晨，战俘们还没起来，有个负责照料战俘狱
中生活的小男孩来到窗前，推开窗子，要他们赶紧起来，因为马
上会有人带他们离开了。

---

[1]　John Lee Scott. Narrative of a Recent Imprisonment in China after the Wreck
of the Kite[M]. London: W.H.Dalton, 1841:130.

但是，战俘们不相信这突如其来的幸福，小男孩得到的唯一"答复"，便是从屋子各个角落里乱飞出来的鞋子。

没过多久，老狱卒来了，做了同样的手势，战俘们判断出来，小男孩的话是真的。但仍有人不敢相信，认为可能是安突德、道格拉斯和清当局的交涉交生了效果，这是打算将他们关押到一个更大、更宽敞的监狱去。

但斯科特比较乐观，他认为即便不是释放，换个大监狱也是好消息，他的乐观情绪感染了其他人，战俘们都欢乐地收拾起东西来，老狱卒比画着告诉他们把地毯也带走。

牢舍外面的院子嘈杂起来，来了许多以前没见过的士兵，而负责看守战俘的士兵则带着他们的行李准备离开。

老狱卒把他准备的一些物品，挨个分给战俘，几个杂役进来扛走了战俘们整理好的地毯。

斯科特等人把一本《新约》送给了老狱卒作为留念。他在回忆录中描述这位老人有时候脾气暴躁，有时候会很生气，"但总的来说对我们很好，也很体贴"。[1]

战俘们依次走出，发现过道里停满了轿子，这是送他们离开的。

"1841年2月21日，我们离开，在那里我们被囚禁了5个月左右。"斯科特记道。[2]

......

无论是在安妮写给朋友的信中，还是在安突德被释放后写下的回忆文章中，抑或是在斯科特的回忆录中，都没有看到战俘在狱中

---

[1]　John Lee Scott. Narrative of a Recent Imprisonment in China after the Wreck of the Kite[M]. London: W.H.Dalton, 1841:130.

[2]　John Lee Scott. Narrative of a Recent Imprisonment in China after the Wreck of the Kite[M]. London: W.H.Dalton, 1841:130.

被虐待的事，更多的反倒是中国军民对他们的同情和给予的人道主义待遇。

所谓清军虐待他们，要么是别有用心的弥天大谎，要么是混淆了时间和人物——那个人不是伊里布，而是裕谦。英军1841年2月底从定海撤离后，伊里布被免职，裕谦接任钦差大臣，他对之后捕获的英军战俘，采取了极其残忍的剥皮、抽筋等虐杀手段，国际社会对此予以谴责也在情理之中。

但1841年2月获释的这批战俘，得到的确实是人道主义待遇，它应该与裕谦对待战俘的方式相区别，璞鼎查以此为借口施加报复，是错误的。

还是来听听斯科特怎么说吧。

1894年，《英国画报》刊登了斯坦利·莱恩-普尔的一篇调查文章，斯坦利访问了当年英国战俘中唯一写下回忆录的斯科特。

斯坦利在文章中写道：

> 尽管他们被严厉对待，但中国人是否有意虐待他们还是个疑问。至少斯科特先生为他的狱卒们作了如下证明——
>
> 在笼子里，中国人总体上对我们很好。……除了士兵的鞭子和几个热烟斗穿过笼子的搅动之外，我们没有受到过其他骚扰。……在许多情况下，我还感受到了一些小小的善意。
>
> 例如，当我快要昏倒时，一个好心的中国人给我拿了水和一些糕点。无论我们停在哪里，总会有人给我们一些糕点或一小撮烟草。
>
> 甚至连士兵们也很善良。在一艘船上，我被放在一个印度水手旁，他的双手仍然被绑在背后，躺在地上痛苦地呻吟着。我把卫兵的注意力引到那可怜的家伙身上，他们中的一

个立刻为他松了绑。

我摔下来……膝盖受了重伤，血顺着腿淌下来。一个官员来了，他从口袋里掏出一个瓶子，往伤口上撒了一层粉末，伤口就止住了血。

总之……中国人并不像描述中的那么坏。[①]

随着事件的推进，媒体的各种消息也接踵而来，《中国丛报》记者用了一种不确定的口气来报道他们所采访到的事实："在宁波，诺布尔夫人和其他英国囚犯据说得到了非常友善的对待。"[②]

①　Stanley Lane-Poole. Caged in China[G]//The English Illustrated Magazine: Vol XII. London: The Illustrated London News, 1895:8.
②　Hostilities with China[G]//The Chinese Repository: Vol.IX. Canton: The Proprietors, 1840:643.

第十章 大撤离

第一节 乔斯林的叹息：我们错了

英军军事秘书乔斯林也病了，而且病得很重。1840年10月24日，正当中英双方就"释俘还地"的交涉进入胶着状态时，他离开了舟山。

"10月24日，由于严重的疾病，我已不能再继续执行任务了，我带着给女王陛下政府的公文动身前往英格兰。"[1]

这位子爵在舟山待了不足4个月，见证了英军军事部署、攻占定海等一系列重大事件，在当年底从澳门前往孟加拉转船途中，他写下了《在华六月记》一书。由于他最接近英军决策层，也由于他写下这本书时，离鸦片战争爆发才过去几个月时间，因此他的回忆录，可以说最接近真相。

书中，乔斯林纠正了他自己和英军开拔前的一个错误认识：我们无法赢得中国民众的支持。

英国决定对中国动武前，驻扎在印度等地的英军官兵，乐观地认为他们来到中国后，必会得到中国人民的欢迎，因为他们深受清政府的压迫。但是，他们没有估计到中国人民在面对外来侵

---

[1]　Jocelyn. Six Months with the Chinese Expedition[M]. London: John Murray, 1841:136.

略时，激发出的保家卫国意识是那么强烈、那么真挚。

乔斯林最早认识到这一点是来自两个渔民，那是7月初英舰刚刚驶抵舟山之时，英舰误入捕鱼区域，损坏了渔网，渔民前来交涉。当英国人兴致勃勃地告诉二人，他们是来赶走清官员、占领定海时，两个渔民的反应，与他们所设想的恰好相反。

而在张朝发的师船上，当官员们当众宣读英军的宣告书时，围拢过来的普通士兵所表达出来的愤怒，又使乔斯林深深感受到，自己的想法错了，英国人的想法错了。

《亚洲月刊》的相关报道，则为乔斯林在中国的遭遇添加了有力的注脚："乔斯林勋爵陪同这支分遣队……代价是酷热难耐，许多士兵都在高温下死亡。乔斯林勋爵已经清楚地表明，'那种认为一个民族，只等待以外国人的标准来摆脱暴君枷锁的想法是多么错误'。政府强加给我们的'广州思想'之一，在我们看来是不光彩的，它指示远征军指挥官告诉民众，我们不是来向他们开战的，而是向他们的统治者开战的，以期激起民众对政府的反抗。但他们的行动表明，他们更痛恨入侵的野蛮人。事实上，乔斯林勋爵宣称，'原住民对统治者的仇恨和厌恶在印度广为流传'，这是一种虚构的说法。"[①]

至少在乔斯林离开前，他遇到、听到的一系列事件，都有力证明当地民众抗拒侵略，他们一直在与英军斗智斗勇。这样的事例不胜枚举：

> 英人之盘踞甬东也，其魁郭某、朴某，常以暇日出游市

---

① Asiatic Intelligence-China. The Asiatic Journal and Monthly Register for British and Foreign India, China, and Australasia: Vol.XXXIV[M]. London: Wm.H.Allen and Co., 1841:220.

肆。庚子副车卢君派，奇士也，恨英人之蹂躏我内地，思欲
歼之以泄其忿。短衣草履，伪为卖饧者，肩一担而往，密缝
火药于所披絮袄内，以避城门之盘诘。入城则倾置一小瓮。
往返数回，积至十余斤，乃坚塞其口，加以药线，安放担中，
停市口以待。阅数日，果见两人联袂至。某大喜，潜燃药线，
跳身他处遥望之。二人行至担侧，忽轰然一声，火光乱迸，
屋瓦皆飞。朴去稍远，仓皇避去。郭则焚及其衣，几至糜烂。
一时城中大乱，某乘间而逸出，以计之不成，懊悔者累日。①

浙东人民志切同仇的反侵略抗争，从几则公呈中可见一斑。
道光二十年十一月十八日（1840年12月11日）《定海被难绅士等公
呈》云："窃英夷盘踞定城，当其初至，亦思要结民心，故虽掳
掠，无非牛马猪羊，尚未肆其毒性。后见民心不附，渐次猖狂，
结队成群，或数十人，或百余人，各乡各岙无不遍历。遇有衣服
银物牲口食物，恣意抢夺，稍或抵拒，即用枪打剑击"。②

这份公呈披露，在靠近定海县城的周边乡村，如东乡之甬东、
西乡之盐仓、北乡之小河庄以及其他近城一带，"遭毒尤甚"，百
姓"或因伤殒命，或受伤沉重，痛苦颠连，不堪枚举"。而随着英
军抢劫范围的扩大，离城五六十里远的马岙、小沙、大展、北蝉
等地也备受其害。就在几天前，英军突发限令，限百姓十日内完
粮纳税，否则"即行编号剪辫，改换物色。可怜定邑百姓一闻此
信，恸哭震天，概欲挈家避难"。③

① 小横香室主人. 清朝野史大观[M]. 上海：上海书店，1981：14-15.
② 中国第一历史档案馆，等. 鸦片战争在舟山史料选编[M]. 杭州：浙江人民
出版社，1992：137.
③ 中国第一历史档案馆，等. 鸦片战争在舟山史料选编[M]. 杭州：浙江人民
出版社，1992：137.

这份公呈发出呼吁："百姓虽愚，当无不感激仁慈，奋身应命。犁锄棍棒，皆可为兵；妇女儿童，咸知杀贼。逆夷虽勇，内外夹攻，将一鼓而尽歼矣。"[1]

镇海等地耆民也奏呈，要求朝廷将已撤之精兵追回，重兵弹压。"……一旦如定海之沦于夷虏，近在接壤，能不为之愤扼乎？唯有伏求大人俯鉴。前者所集之兵，均为守备，非如福建寿春之兵调作战用，再赐将已撤之兵速即追回。"[2]

"鸢号"船员斯科特在被关押期间，曾听到不少清朝军民伏击英军的事例："……这些印度水手在舟山被捕获的时间不同，当时他们正在为船只获取淡水。我相信这地方周围有固定的中国人队伍，他们抓住了每一个离队伍很远的外国人。一次，一个港口战舰的船员，他和他的同伴们走了不远，突然被抓住了……幸运的是，他的战友们就在附近，一听到枪声，他们立即前去营救，把局势扭转过来。他们从中国人手中夺过武器，很快就把他们赶跑了，在战斗中打死了几个人。"[3]

"指挥官现在禁止军官在没有适当护送的情况下，前往超出营地范围的区域……"[4]

"一些中国人，他们的舢板和货物最近被查获，里面有被绑架的欧洲军官，被堵住了嘴。要不是有巡洋舰的援助，中国人几乎

---

① 中国第一历史档案馆，等.鸦片战争在舟山史料选编[M].杭州：浙江人民出版社，1992：138.

② 中国第一历史档案馆，等.鸦片战争在舟山史料选编[M].杭州：浙江人民出版社，1992：139.

③ John Lee Scott. Narrative of a Recent Imprisonment in China after the Wreck of the Kite[M]. London: W.H.Dalton, 1841:128-129.

④ Asiatic Intelligence-China. The Asiatic Journal and Monthly Register for British and Foreign India, China, and Australasia: Vol.XXXIV[M]. London: Wm.H.Allen and Co., 1841:30.

得逞……"①

"'皇后号'汽船的三副古德温先生的肩膀被中国人严重割伤。据我所知,他一直在和其他人一起寻找食物……"②

"谣言又来了。据说,在这样一个黑暗的夜晚,我们会被突然袭击,然后被驱逐出这个岛。"③

乔斯林离开了中国。关押在宁波的英国战俘,也迎来了被释放的日子。

第二节　大撤离

关于英国战俘离开宁波的时间,斯科特的回忆录和安妮的回忆发生了一天的偏差,斯科特认为是2月21日离开宁波监狱前往镇海的。而安妮3月1日在英舰"布朗底号"上所写的一封信,表明她是2月22日离开宁波前往镇海清军军营的。

但从两人所写内容来看,他们是在同一天黄昏时分抵达镇海的,两人还见了面,最后安妮先被送往定海。

斯科特说,21日早晨,他在老狱卒陪同下走出监狱大门,看见一大群人聚集在一起,他们并未打扰这些战俘,目送他们安静地向前走去,一一进入轿子后,轿夫们便抬着他们穿过宁波城,到了一个他们从未到过的地方,两旁街道的建筑和装饰都是一样的。

---

① Asiatic Intelligence-China. The Asiatic Journal and Monthly Register for British and Foreign India, China, and Australasia: Vol.XXXIV[M]. London: Wm.H.Allen and Co., 1841:30.

② John Lee Scott. Narrative of a Recent Imprisonment in China after the Wreck of the Kite[M]. London: W.H.Dalton, 1841:30.

③ John Lee Scott. Narrative of a Recent Imprisonment in China after the Wreck of the Kite[M]. London: W.H.Dalton, 1841:30.

老狱卒和斯科特乘同一顶轿。

出了宁波城门，有一批官吏在等着他们。这里离河很近，一些小船候在岸边。斯科特目测河的宽度和英国的泰晤士河差不太多。他知道要离开宁波了，不由回头再看了一眼城墙，它厚约5.5米、高约7.6米，但墙体的材料看起来不是很好，有些石头严重风化，似乎能被轻松地击碎。

轿子被抬上小船，很快驶离了河岸。这条河分成两条支流，他们走的是左边那条，另一条不知通往哪里。

小船驶抵对岸，斯科特忍不住又回头，遥望着宁波城的方向，想辨认出关押他们的监狱所在，但他只能看到宁波城高高的城墙，很多地方已经破败不堪，显示着它经历过千百年的风雨沧桑。

轿夫抬着轿子往前，斯科特感觉很冷，要求下轿步行以取暖。得到同意下轿后，他发现自己并不是唯一这么做的人，所有的白人都下了轿走路前进，只有那些腿上还戴着镣铐的印度水手无法这么做。

经过一个村子，到处都是赶来围观的人，他们全部好奇地盯着这群外国人看。

心情愉快的斯科特甚至轻松地打量起村子的情形来：

几乎每一寸土地都被耕种了；所有看起来不好的、无利可图的土地都被坟墓盖住，尤其是山丘的侧面；夏天，高高的草丛和灌木还有其间的白色坟墓组成了一幅图画。有些地方，棺材被放在地上，有些被竹子和垫子覆盖着；……不少坟墓是砖砌的，呈方形，上面覆盖着一块石头……棺材是用很薄的材料做成的。墓地的气味很难闻。①

大群人马继续往前，英国人有时步行，走累了则跳进轿子，军官们似乎急于赶路，几乎不让抬轿的人休息，见到有轿夫稍微停下来一会儿，就用棍子和沉重的剑鞘狠狠地击打他们。

老狱卒担心这些英国人受累，见到他们下轿行走，便会和指挥官去讲几句话，接着又返回来，用手势告诉他们还是上轿坐着比较舒服。但斯科特等人都觉得轿子里太冷，而且被关了这么久，走路于他们而言是件很惬意、很享受的事。

黄昏时分，经过一天的奔波，他们终于抵达了另一座城，和宁波一样，这座城用高高的城墙围了起来。他们穿过几条街道，来到一个大神庙前，院里聚集了许多人，有不少官员，从穿着上来判断，他们级别不低。

斯科特一行坐在轿里，经过了一幢雄伟的建筑，那儿立着4个巨大的人物雕像，高约6米。就在他们进入一扇庙门时，不经意间，斯科特发现安妮和"鸢号"大副维特坐在轿子里被抬来。

斯科特想和船长夫人打个招呼，但轿夫走得太快，等斯科特从自己的轿子里跳出来，安妮和维特已经被抬走了。不过，他见到了道格拉斯中尉和安突德上尉，两位军官告诉他们，诺布尔夫人和维特先生现在已经被释放前往舟山，所有人也很快要被送到那儿去。

这时，一名翻译出来，要斯科特一行跟着他进去，他们来到了一个极其宽敞的大殿里，里面有许多高级官员，被俘的其他囚犯都集中在这里。斯科特这时才知道，钦差大臣伊里布也来到了镇海。

---

① John Lee Scott. Narrative of a Recent Imprisonment in China after the Wreck of the Kite[M]. London: W.H.Dalton, 1841:113.

　　殿里还有一个他们以前从未见过的翻译，他会说孟加拉语，可以为印度水手担任翻译，他过来一一询问战俘的名字和国籍。问完后，有士兵过来，把印度水手腿上的镣铐打开，这些清官员并没多问什么，只是默默地看着。过了一会儿，有几位官员起身离开。

　　接下来是漫长的等待。斯科特等人环视周围，借以打发难捱的时间，他发现他们所处的大殿中央，摆放着三个巨大的人物塑像，全身镀金。在三个雕像的下方，有一个女人的小塑像，用色丰富，形象生动而美丽，在她两边各有一个寺庙的小模型。

　　大厅周围还有其他的塑像，都摆放在壁龛里，斯科特特别注意到一个女性塑像，她头上笼罩着光环，怀里抱着一个孩子。

　　大殿里燃烧着火把，火光闪耀，映照着那些镀金的塑像和军官们身上华丽的服装，与战俘们可怜的装扮形成了鲜明的对比。

　　不久后，留在殿里的清方军官接到命令，于是，他们让战俘们重新上轿，到一个文官的住处集中，准备乘船前往舟山。

　　轿子在黑暗中穿行，但斯科特看到从遥远的地方传来的火光，他判断他们是在海岸边。他们被抬到一个驻扎于大平原的军营里，那儿安放着无数顶帐篷，每隔10多顶，就有一个哨兵拿着铜锣站岗，隔一段时间就敲一次锣，也有哨兵敲着竹片在巡夜。

　　这是哨兵们晚上的第一班岗，时间大约是晚上8时。

　　穿过营地，一行人来到一位文官的院子里，道格拉斯和安突德已经在那儿等着他们了。这个庭院很宽大，斯科特等人下轿后便坐了下来。他们看到府上的仆人为英国军官端来了宵夜，却没有普通战俘的份。他们从早晨开始到现在就没吃过东西，加上一路奔波，个个都饥肠辘辘。

　　在道格拉斯和清官员商量了一会后，战俘们的食物也终于被端了上来，是一些糕点和几只煮熟的鸡蛋。道格拉斯从他随身的箱子里拿出了两瓶酒，和战俘们开怀畅饮，庆祝即将获得自由。

闲谈中，道格拉斯告诉他们，在监狱里，英国方面已经秘密策划了几个从宁波越狱的方案，他们贿赂了负责看管安妮的那名狱卒，只要想逃，随时都可以离开宁波。但他和安突德都提出，只有在所有战俘都能够越狱的前提下，他们才会实施这个计划。很显然，这么多的人同时越狱，声势浩大，当然是行不通的。最后，两位军官放弃了计划，宁愿和他们一起待在宁波。

他们聊到了那个可怜的买办布定邦，也就是这么多天替他们担任翻译的"倒霉鬼"。道格拉斯透露说，中国人拒绝释放他，将把他带到广州审判，在那儿他或许会被释放，或许会被处决。

夜深之时，钦差大臣伊里布来看望战俘们。

伊里布通过翻译向战俘们传达了一个消息：他即将离开宁波，另一位钦差大臣将会来接替他的位置，如果在那之前战俘们还不离开，那么他们将再无机会离开。

此时的斯科特等人对新的钦差大臣没有太多了解，而当他们被释放并从各个渠道了解到一些情况后，所有人都惊出一身冷汗：原来，生和死，于他们而言就差了两三天的时间。新的钦差大臣叫裕谦，是个极强硬的主战派，他上任后，对捕获的英国战俘，施用了剥皮、抽筋等令人发指的刑罚。

伊里布请道格拉斯告诉舟山的英军指挥官，希望他们信守诺言，等战俘们一回到舟山，就立即撤走英军士兵和舰船。清军将随后进入舟山收复失地。

晚上12点左右，斯科特等人前往岸边，经过了两排长长的士兵队伍。斯科特借着火把的光亮细细地打量着他们，在他看来，这些士兵缺乏军人气概，和英军士兵有着极大不同。他们的制服很宽松，前后都印有汉字，除了这件制服，他们身上的其他衣服似乎都是凭他们自己的兴趣搭的。看上去，这就像支杂牌军。

这些士兵被分成三组：第一组拿着笨重的长矛，第二组拿着弓箭，第三组各拿着一把剑。每排士兵的后面都放着一门很大的炮，炮口壁很厚，装不下大口径炮弹。

岸边，帆船早就在等着了。战俘们依次上了不同的船，斯科特这时才得知，安妮和大副维特仍未离开，就在他们前面的那艘帆船上。

大约在凌晨3点，帆船起锚。

斯科特知道，日夜盼望的那一天，真的到来了。

……

关于离开宁波监狱到镇海的那段历程，安妮也有详细记录。

她被释放后，于3月1日在"布朗底号"写了封信，记录了她被释放那天的情景，所记释放日期，和斯科特的回忆录有一天的出入：

> 2月22日，在我起床之前，我的仆人来到床边，叫道："定海，舟山，起床！"买办立刻也来叫我，说我们确实要去定海。但是他并没有想到他不能成为其中的一员。
>
> ……许多人来到我的牢舍，我不得不把门关上，不让他们进来。在梳洗完毕之后，我在买办的帮助下把所有的箱子都整理好。
>
> 这时，买办被几个官吏叫去了，官吏告诉他，他不像其他英国囚犯，他们不容许他同去，而是将他押送到广州。这立刻给我的心里蒙上了一层阴影。几分钟以后，我看到他被关在监狱里，我的心里感到很难过，因为他是我共患难的朋友。

　　我好不容易才穿过人群，来到绅士们的牢舍。在那里，我受到了热烈的欢迎和祝贺，但我们被禁止谈论过去的烦恼。安突德上尉现在坚持要见买办，给他钱，在多次向军官请求之后，他终于成功地从人群中挤了过去。

　　我们在监狱院子里走了很长一段路，直到……走进了我们的轿子。我们由一名警卫护送，队伍过河后，我被密集的旁观者吓了一跳。各级官员都来到了现场。

　　……我们去镇海主要是沿着河边走的，一路上很不舒服，路况非常差，我担心轿夫会滑倒。当靠近镇海时，我的轿子重重地摔在地上，一个轿夫受伤流血了。我撞到了头……在路上，我们遇到了几位使者，他们催促轿夫加快速度。……最后我们安全地到达了镇海，受到了官员们的礼待。我们还没有吃早饭，当绅士们提出想要吃东西的时候，一个系着脏围裙的仆人提着一个装满糕点的篮子进来了，然后给我们每人端来一盆肉。

　　安突德上尉现在被带去见钦差大臣伊里布。过了不久，他回来对我们说，钦差大臣也要见我们……让我们回到舟山后告诉英军指挥官，必须尽快把船开走，因为有许多清兵正等着英军一撤离就进入舟山……

　　最初的方案是，道格拉斯中尉陪我去舟山，安突德上尉暂时留下来，等所有人上船后一起离开。但是当我们和伊里布在一起的时候，道格拉斯中尉告诉他，安突德上尉和剩余的那些人没有任何关系，他请求让安突德陪着我先走，他留下来和船员及其他战俘待在一起。最后决定，两位先生都留在后面，让大副维特先生陪我。

　　……不久，我向两位先生告别，又回到我的轿子里，轿夫把我抬到岸边，翻译送给我一把扇子。在官员府邸，我有幸见到了我所有的狱友，这让我松了一口气，因为我之前并不知道他们也从宁波过来了。已经有好几个月没有见到他们了，我跟他们说了几句话。

我们被带到兵营。时间已经很晚了，天很黑，视线不佳，但兵营似乎很大，占据了一个很大的空间。士兵们所有的注意力都集中在我身上。他们把我抬到离船很近的地方，在摆渡的舢板上放了一把椅子，让我能够坐得舒服。

陪同我的那位官员给了我所有的关切，我们的船停泊了好几小时，好让其他犯人上来。之后船连夜向舟山驶去。[①]

第三节 生与死，三天之隔

钦差大臣伊里布为什么如此仓促地释放俘虏？自然是有他的盘算。此时，道光对他已不再信任，任命裕谦接任。得到消息的伊里布决定铤而走险，是否能翻盘，在此一举。

这个时候，广东谈判的结果已经比较明朗，琦善自作主张地割让香港给英方，英方也表示可以接受。

英军撤离舟山指日可待。

眼见自己苦心经营的局面分晓将见，伊里布又怎肯放弃？

自9月19日伯麦来信要求释放俘虏以来，道光和伊里布一直围绕着战俘出牌。最终，道光耗尽了耐心，伊里布却认为出"王炸"的时机已经来临。但若等到裕谦取代他的地位，"王炸"之功毫无疑问将被裕谦夺走，他能甘心吗？

---

① Anne Noble. Loss of the Ship Kite[G]//The Chinese Repository: Vol.X. Canton: The Proprietors, 1841:202-203.

于是，他孤注一掷，在英方未答应"先撤后释"的情况下，冒险一击，派自己的心腹家臣，带着安突德等战俘前往定海。

如果这一着输了，最坏的结果也就是被裕谦取代。

如果侥幸赢了，待裕谦抵浙时，他已全盘大胜，在道光心目中的地位或能逆转。

这便是伊里布全部的打算，胜利的果实，他不甘心让裕谦来享用。

回顾一下伊里布围绕战俘而使出的"拖"字诀，很容易发现这个过程中道光心态的变化。

九月初三（9月28日），伊里布就英俘一事上奏：

> 查该夷现在为我所获者，尚有宁波、余姚等府县擒获之男妇二十余名，该夷尚未知悉，应即并向告知，许其释放以饵之。……该夷果能交还定海，撤退兵船，奴才自当仰乞恩施，将晏士打喇打厘及各男妇概行省释，即通商一节，奴才亦可代为吁恳等词具复。

> 正在奏报间，即奉明谕示以直隶查办缘由，并据夷人辛好士投具回文，欲奴才先将夷妇释放，其交地退兵之事，以该国水师提督未回，未经复及。……奴才惟有相度机宜，妥为劝谕，令其迅速撤兵，归我疆土……①

道光在这份奏折上，批下"所见更是"4个字。由此，清廷以战俘为筹码的先还地再释俘策略初具雏形。

九月初九（10月4日），伊里布再奏："兹于初六日接夷目懿

---

① 炎明.浙江鸦片战争史料（上）[M].宁波：宁波出版社，1997：182.

律来文，并据义律至镇海叩关求见。查懿律文内，仍系求释各夷……即据义律付给回文，声明定海一事可以酌商。奴才见其语意，似有可乘之机，传令进见。"①

这道奏折，道光罕见地留下近200字的朱批。

而在奏折后文中，道光又朱批"想卿亦必以朕之识见为是也"②，其内心"不战而退人之兵"的想法跃然纸上。

九月十二日（10月7日），道光下达《著钦差大臣伊里布晓谕英人如能退兵交还定海即可将所获英人放还事上谕》，表明他心中盘算已定，这是他首次就"还地释俘"作出明确安排："……将所获夷人优加豢养，未行伤害。尔等果能迅速退兵，交还定海，定将历次所获男妇克日释回。天朝诚信待人，断无加以欺诳之理，该大臣如此晓谕，一面将擒获夷人妥为收管，一面密派明干之人分投侦探，如果该夷确系退兵交地，始可将擒获之人全数交还。其前此擒获收管白黑夷人，亦著毋庸赴广东，统俟交地时一并办理……"③

九月十四日（10月9日），伊里布再奏："今幸晏士打喇打厘等为我所获，该夷屡次求释，情甚迫切，故奴才欲乘此令其全退兵船，交还定海，以期各海口防兵得以全撤。即使该夷无可挟制，则赴粤听候查办，不致妄有所求，可以及早竣事，此奴才所以必欲该夷归我定海之缘由也。"④

道光朱批："若能如卿所言，厥功伟矣。"

然而，事情的进展却超出了君臣二人的盘算，英方坚持清方

---

① 炎明.浙江鸦片战争史料（上）[M].宁波：宁波出版社，1997：186.
② 炎明.浙江鸦片战争史料（上）[M].宁波：宁波出版社，1997：90.
③ 炎明.浙江鸦片战争史料（上）[M].宁波：宁波出版社，1997：190.
④ 炎明.浙江鸦片战争史料（上）[M].宁波：宁波出版社，1997：191.

先释俘，然后才考虑还地。道光此后多次催促伊里布交涉，均无结果，他的耐心渐渐磨尽。

十二月初三（1840年12月27日），道光的一道旨意——《英情有变著钦差大臣并沿海各将军督抚等严密防范事上谕》，使得之前几个月以和为主的情形急转而下："……乃据琦善奏称，此次英夷自浙回粤，更加傲慢等语。该夷包藏祸心，狡焉思逞，恐后此无厌之求益无底止。琦善面授机宜，现在自仍以开导为先，但恐事有变更，如有不得不攻剿之势，则兵贵神速，不可稍有迁延，坐失事机。特此申谕琦善、伊里布并沿海各将军督抚等，务当随时体察，严密防范。其平日得力之将弁及应用之枪炮、火药等件，均当予为筹备。……倘有如定海失守者，则为乌尔恭额前鉴具在，朕必不稍为宽贷也！"①

十二月十二日（1841年1月4日），道光动了杀机，《著钦差大臣伊里布于接到广东用兵知会或英在浙动兵后即行并力进剿事上谕》中下令："倘接到广东知会，该夷业已猖獗，必须用兵，著遵前旨，迅即督令将弁分路进剿。如该夷在浙业已蠢动，滋扰各要隘，亦著统兵并力会剿，毋稍迁延。"②

这道谕令，顿时将伊里布置于进退两难之境。

次日，署两江总督裕谦上奏《攻守制胜之策事宜折》，强硬表态应对英夷下重手，尽快收复定海。

十四日，道光再下旨，主战态度强硬万分："逆夷要求过甚，情形桀骜，不容不痛加征剿，以张国威。……著伊里布确探情形，倘有夷船驶近口岸，即开枪炮，痛加剿洗。……一有可乘之隙，不必俟广东知会，即行相机剿办。固须计出万全，尤当一鼓

① 炎明.浙江鸦片战争史料（上）[M].宁波：宁波出版社，1997：236-237.
② 炎明.浙江鸦片战争史料（上）[M].宁波：宁波出版社，1997：243.

作气。"①

这道上谕，也提及了英俘，但已不再是重点，道光只以"前所拿夷匪，仍行羁禁"一笔带过。

伊里布，犹如坐到了火山口上。

此时，定海的英军逐渐恢复了健康。对清军来说，最佳的收复时机已然一去不返。

世事洞明、熟谙官途的伊里布，对正常情况下中英之间的实力清楚得如同自己的十根手指。

能打吗？跟找死又有什么区别？

翻查伊里布的奏折，他似乎一直力图让道光明白这个理，但他就是不说"不能打"这三个字。说了，他就是历史罪人。

但现在，道光已经发了狠，何策可对？

伊里布又玩起了调兵的把戏，十二月十七日，他上奏《钦差大臣伊里布奏为请调官兵以备攻剿折》，意图以时间换空间，把所有的宝，押在英军最后同意"释俘还地"上。

但是，道光已经没有耐心了。十二月十八日，下达《著钦差大臣伊里布相机收复定海》一旨，口气严厉地戳穿了伊里布的图谋："现在镇海一带存兵九千八百余名，自己足敷调遣。……该大臣务须计出万全，一鼓作气，以褫夷魄而伸国威。勉之望之。"②

"勉之望之"四个字，何止于将伊里布置于火山口，简直是一脚将他踢进了火山。

无可奈何的伊里布垂死挣扎般，又以镇海需要添筹防御工事等为由，尽一切可能拖延着时间。

道光二十一年正月初三（1841年1月23日），道光下旨《著钦

---

①　炎明.浙江鸦片战争史料（上）[M].宁波：宁波出版社，1997：246.

②　炎明.浙江鸦片战争史料（上）[M].宁波：宁波出版社，1997：249.

差大臣伊里布相机进剿克复定海事上谕》，对伊里布"光打雷不下雨"的拖延计，口气已十分不耐烦："现在镇海防兵将近万人，兵力不为不厚。……该大臣务当一鼓作气乘时进发……克复定海，以夺该夷所恃，万勿观望，坐失机宜。"①

正月初四，再下一旨《著钦差大臣伊里布等迅速进兵收复定海事上谕》，口气中不无愤怒："……顺天时，因地利，用人和，以顺过逆，以主逐客，以众击寡，不难一鼓作气，聚而歼旃。必待炮兵齐集，则逆夷兵炮难保不续有增添，设使逆夷先行攻击，岂不让彼以先发制人之势。该大臣既经成算在胸，即当出其不意，迅速进兵，务使定海克日收复，夷船片帆不返。……朕拭目以待捷音之至也。"②

此后数日，道光更是连下谕旨，急催伊里布开战。正月十一日，可怜这位老臣无计可施，最后竟以"广东正在议谈，此时不宜开战"为由，乞求道光再让他拖一段时间："钦差大臣、协办大学士、两江总督奴才伊里布跪奏，为粤省与夷接仗，现又善议，该省正在查办，浙省宜暂缓进兵……"③

道光震怒。

他在奏折中批道："览奏殊深愤懑！不料汝如此游疑畏葸，何能为国宣力也？"④

正月十九日（1841年2月10日），道光忍无可忍，下旨《著裕谦作为钦差大臣驰赴镇海专办攻剿事上谕》："本日据伊里布奏，浙省宜暂缓进兵一折。览奏愤懑，似此畏葸，何能迅速奏功！裕

① 炎明.浙江鸦片战争史料（上）[M].宁波：宁波出版社，1997：260.
② 炎明.浙江鸦片战争史料（上）[M].宁波：宁波出版社，1997：261.
③ 炎明.浙江鸦片战争史料（上）[M].宁波：宁波出版社，1997：267.
④ 炎明.浙江鸦片战争史料（上）[M].宁波：宁波出版社，1997：268.

谦平日办事尚属勇往，著即作为钦差大臣，兼程驰赴浙江镇海军营接印，会同余步云专办攻剿事宜。"[1]

裕谦，终于登上了历史最前沿。他力主对英强硬，通俗点说，要将"英夷"揍得鼻青脸肿——可惜的是，一年后，鼻青脸肿的却不是"英夷"。他也在终于明白两国真正的差距之后，走到了生命尽头。

据英国人得到的情报称，如果让裕谦早3天抵达宁波，那么，被关押的英军战俘，无论是欧洲人还是印度人，一个都逃不了被杀的命运。

留在历史中的裕谦，除了强硬的正面抗敌形象，还有将战俘剥皮抽筋的残忍一面，虽然他爱国仇敌，但是他对待战俘的手段让人发指。

裕谦于正月二十五日（1841年2月16日）自上海启程，二十六日抵青浦，途中即发出咨会，要伊里布暂缓释放英俘安突德等人。二月初七，裕谦抵达镇海军营。

他毕竟晚了一步。据伊里布奏折所记，他已于3天前即二月初四将战俘释放并收复定海。

这三天，便是英俘们生与死的分隔线。

第四节　再入狼穴

伊里布家臣张禧的《探夷说帖》，对伊里布冒险释俘有着比较详细的记录，从他的记录来看，促使伊里布下决心释俘的直接动机，正是裕谦接旨来替。伊里布随即将英俘带至镇海，与张禧等

---

① 炎明. 浙江鸦片战争史料（上）[M]. 宁波：宁波出版社，1997：271.

人商定，由张禧带安妮先行，中堂、余步云带葛云飞等三总兵随后押解安突德等人。伊里布的打算是，在张禧和英军接触后，若英人同意还地则无事，若不愿还地，余步云等人可就地将安突德正法，然后与英军拼死一战：

> 正月二十九日，接两江裕署督咨文，知其奉旨来浙即替，着中堂驰回本任，另有咨文一角，言安突德等不可释放，本大臣尚须查讯，并接浙江抚院来信云：退城之事，万不可信，请派五十人接收城池之话，亦不可听。以致初四日之举，一时不能决。
>
> 初二日，陈志刚持该夷回文归，仍以先交人后交地为词，禧先嘱陈志刚探罗伯聃："初四日，一面交人，一面交城，如果可行，我们张老爷亲送人来，两相交换何如。"罗伯聃云："如张老爷来，似乎可行。"中堂遂传陈志刚询问定海渔人，据云："定海百姓，有逃去的，夷人有上船的，有仍在城内的，夷人所自造之屋，有卖与百姓的，传闻不一。有言夷人直取宁波者，有言夷人先攻镇海者，有言夷人还城之后，难保其不复攻城者，有言既广东有靖逆将军之命，必然不肯退城者，并定海城内尚有夷人二三千兵。"
>
> 中堂与提镇大人议论不决，欲候裕大人到来，一手办理，又获按兵不动之咎。中堂云："进兵不胜其罪轻，按兵不动其罪重。"即向禧云："此次仍须尔去方能了事。"禧前曾屡次回明：夷务大事，夹杂家人在内，将来如有物议，恐于中堂不便。再者万一措辞不当，事有反复，更恐不能当此重咎，当以另派人去为是。
>
> 中堂云："人材难选"。

禧云："江浙两省，文武之中，岂无出色能员？"

中堂云："人材虽有，而于此事不宜。"

禧云："江西、安徽，皆系属境，亦可挑选。"

中堂云："亦不得其人。"

禧云："天下十八省，岂无人材？外省如难得其人，京中并不乏人，亦可奏请拣发数员，军中听用，何必长用一长随家人？有罪，罪归家主，恐于家主不便。"

中堂云："不必固辞，我自有道理，你若不去，三镇台亦必不去，从此大事坏矣。"

禧云："当此两难之际，不可为禧一人而误国家大事。三镇台二品大员，尚不惜身命，禧一长随，何敢顾惜？如或不成，不可后悔。"

"我已熟筹，明知是错，不得不行，权且救此一城兵民。"

禧云："如果要去，安突德是要紧之人，禧万不敢伴去。"

余宫保云："为何不敢带去？"

禧云："外面谣言有卖香港之说，万一再有谣言，吾们卖安突德，如何担得起？"

余宫保云："此言亦是，另派人带去亦可。"

禧云："我把言语去吓他，如不肯先交还定海，则言我们先杀安突德，然后与他打仗。"

中堂、余宫保俱云："此言极是，既合机宜，又有体统，就依如此办理。"

时已二更，遂派三镇台带兵三千过海，以备攻用，设或夷人有变，再作道理。一面提取夷囚。初三日酉刻，夷囚到齐，差禧先持公文，并带同夷妇晏哪拿布①，夷官法提②，连夜过海先行，言明入城交换，并暗探其中有无更变。将安突德等交葛镇台带去定海，并命言明如不交城，则先杀安突德，然后开炮打仗，兵将船只，俱仍泊沥港。禧复回明听禧之消息，再放安突德，约定之后，即押夷俘法提、夷妇晏哪拿布，子刻开船，卯刻行抵定海。③

张禧所记"卯刻行抵定海"，即为上午5时至7时，这和安妮此后所写书信中的时间相吻合：

> 早晨7点左右，我被一艘英国船只所鼓舞。不久，两名海军军官登上了我们的船，约翰逊先生第一个欢迎我重获自由。在很短的时间内，我们看到了停泊在外锚地的几艘船。再过一会儿，整个舰队就出现在我们面前，我看到舟山和我自己一样，都发生了巨大的变化：帐篷已经不在山上了，至少对我来说，一切看起来都很奇怪。当船靠近时，"布朗底号"舰长派他的小艇把我送上了船，我很高兴能参与其中，就这样永远离开了这个民族，我在他们的手里受到了如此深重的冤屈。
>
> 当我安全踏上"布朗底号"甲板时，受到了鲍彻舰长和许多朋友的热烈祝贺，我刚走到甲板上，就听到全体船员热烈的欢呼……只有长期被囚禁的人才能想象得出我当时的感

---

① 即安妮。
② 即维特。
③ 齐思和，林树惠，寿纪瑜. 鸦片战争（第5册）[G]//中国史学会. 中国近代史资料丛刊.上海：上海人民出版社，1957：348-349.

受。每一个人似乎都是我快乐的参与者，每一张脸上都带着由衷同情的微笑。

我一直待在"布朗底号"上，直到我的狱友们到来，他们是我最想见的人。道格拉斯中尉和安突德上尉不久也加入了我们的行列。他们恢复了往日的神采，我的心情也更加愉快了。而在不多的时间里，部分欧洲的船员安全上了船。看到他们消瘦的身躯和苍白的脸色，我感到很难过。我们希望，他们很快就会恢复以前的力量。我相信，如此惨痛的教训将永远不会从他们的记忆中抹去……①

尾随张禧、安妮等人押解着安突德、斯科特的清军，大约于上午10时进入定海港湾。

清晨，斯科特一觉醒来朝外张望，发现帆船已经出了江口，正行驶在大海中的几个小岛之间。

早上8点左右，船员拿来了早餐，有色泽洁白的米饭，小块的猪肉、腌鸡蛋、腌鱼和其他各种各样的食物，味道都挺不错。

吃完早饭，有个中国人指着前方，告诉他们舟山到了，战俘们向前瞭望，顿时兴奋起来——他们看到了一些英国船只的桅杆。

大约10时，战俘们的帆船绕过岬角，进入了一个海湾，那里停泊着几艘英国战舰和运输船。有一艘军舰迅速迎上前来，发现是被释放的英国战俘，马上发出信号。

其他军舰立即发出了相同的信号，不久，运输船上的乐队奏起了欢乐的乐曲。

此时，斯科特难以形容自己的心情，他写道："我当时的心情

---

① Anne Noble. Loss of the Ship Kite[G]//The Chinese Repository: Vol.X. Canton: The Proprietors, 1841:203-204.

是怎样的，也许是想象出来的，而不是形容出来的。我被关5个月以后，又被释放，交在自己人的手里。我身无分文……但我和英国人在一起，那时我并不为将来担心。"①

战俘们都被带到"布朗底号"上，他们和船长夫人安妮、大副维特相遇，劫后余生，那种感慨也是无法形容的。

安妮当天就离开了船员们。之后她乘坐一艘运输船离开，在澳门待了段时间。当斯科特及其他船员抵达澳门时，还专程去看过她。安妮的经历，牵动了无数英国人的心，在她被释放后，捐款从各个地方而来，以抚慰这颗悲惨至极的心灵。但是，她最亲爱的丈夫和儿子，无论如何也无法重回人世了。

……

张禧对此次定海之行，记录格外详细。

上午7点左右，船载着张禧驶入定海港，他发现英国舰船散布于蟹峙港螺头一带，隐隐然仍有御敌之势。见到清方船只，立即有小艇驶来查看，并将他们带到了东岳宫山下。张禧等人来到英副将胞祖船上，将"释俘还地"来意说明，并将公文呈与对方阅看。

正在双方交涉之间，事情突然发生了戏剧性的变化：安突德等英俘突然到来。

> 众夷齐问安突德来否。
> 禧云："未来"。
> 又问来与不来。
> 禧云："你们叫他来，他就来，不叫他来，他就不来。"

① John Lee Scott. Narrative of a Recent Imprisonment in China after the Wreck of the Kite[M]. London: W.H.Dalton, 1841:123-124.

该夷不解所说，禧云："晏哪拿布业已释放，是我中堂宽宏大度，并不失信，尔若即刻交城，安突德即刻到此，若不交城，我们将安突德杀了，就与尔等打仗。"

该夷甚有难色。正在商议间，众夷齐言："安突德来矣。"

禧随众夷登船顶，见安突德、的吉利吐等，坐杉板船至。禧心中焦急，望去并不见自己人船，不知其何以到此。

安突德等上船，与胞祖互握手慰问之后，留禧吃饭。

罗伯聃向禧言，安突德业已收到，即请回去销差。禧向其索城，彼云："尚有布定邦未至，故不能交城。"

禧云："此间寸土皆属大清，即不放安突德，尔等亦不得不能交城。我中堂体上天好生之德，不肯起杀戮之端，先将安突德释放，正是格外施恩，尔等何不知进退，是得陇望蜀也。若不交城，岂不叫我从中为难。"

彼云："要我还城，必须还了我布定邦。"

禧云："布定邦是夷人，是汉人？"

彼云："是汉人。"

禧云："既是汉人，又何意言还。"

彼云："布定邦是我们买什物的，故少不得他。"

禧云："交人还城，是两国交好之处。若在尔处，须交还我们方是正理。现今既在我处，又何须交与尔等？"

罗伯聃云："此时只讲要人，不与尔辩理。"

禧闻此言，怒气直冲，复思裕大人指日即要行至镇海即替，此事万不容缓，益思愈怒，遂拔佩刀，左手拉住罗伯聃云："我以礼相待，汝反不讲理性，休怪我一时卤莽之间不知谁生谁死。"

……

罗伯聃云："请息怒，有话且慢讲。"

禧遂放手，回自己船上，与谢辅陞、陈志刚等说明："该夷因要布定邦，不肯交城之事，如果不肯交城，我必死于此地，你们速回去报信。"

陈志刚云：死则大家同死，为国捐躯，亦是千古留名。①

张禧闻言胆壮，随即再上胞祖之船，谢辅陞大约担心他的安全，跟在了身后。在张禧与英国人反复交涉过程中，署守备陆昌方、千总包成等来到了张禧的船旁，安突德突然到来的谜底也就此解开：

……此时署守备陆昌方、千总包成俱至，言系葛镇台派送安突德来，行至竹山门，被夷人多已截去。

禧问带多少兵来，陆昌方等云："未带兵来。"

禧心中焦急，遂又入舱，与该夷言交城之事。

随后，张禧等被请至布耳利船上，直接与布耳利等人交涉，此后详情，张禧的《探夷说帖》均有记录，自不必絮言。

……

英舰缓缓驶离定海，与英国人多次打交道的张禧不知作何感想。

1840年7月5日，中英双方于此上演了两国历史上第一场战役，堪称史上首次血战；

时隔8个月不到，定海重回大清手中。

---

① 齐思和，林树惠，寿纪瑜. 鸦片战争（第5册）[G]//中国史学会. 中国近代史资料丛刊. 上海：上海人民出版社，1957：349-350.

天，还是那片天，却不再是原来的天了；海，还是那片海，却留下了英国无敌舰队的航行轨迹。

不少人明白了：我大清的天外，原来另有一片天。

但很多人依旧不明白，依然认为"寰宇之内，唯我为尊"。

那远去的异国帆影，似乎带走了什么，又似乎留下了什么。

尾 声

　　1841年3月29日，斯科特乘船驶离澳门，途经毛里求斯返回英国。

　　没有文献表明安妮和斯科特同船，斯科特的回忆录里，曾提到在澳门期间他去看望过诺布尔夫人。但离开澳门前往英国时，他只提到特维泽尔、佩尔·韦伯、沃姆威尔等人与他同船，并未出现安妮的名字。

　　但按常理来推断，"鸢号"上的幸存船员，应该会乘同一条船回国。

　　他们远离了中国，但在途中、在回到英国后，斯科特间断地从不同渠道，获得了许多关于中国的最新消息。

　　比如，道格拉斯和安突德重新加入了他们的部队，在1841年10月的第二次定海战役中，安突德率领他的弟兄们冲锋在前，甚至在占领宁波后，将曾经关押他们的牢舍夷为平地。

　　出来迎接他们的，却是和斯科特等人相处很好的老狱卒。

　　这是什么滋味？

　　不知斯科特作何感想，至少，他不认为在监狱里受到过多大的磨难，中国人总体上对他们是好的，尤其是那位老人。

　　老狱卒眼睁睁地看着英国人动武，又不知作何感想。英国人侵略了他的国家，屠杀了他的同胞，而他之前在狱中却对英军俘虏关怀备至。

英国人，是不是有些不厚道？

再比如，斯科特还听说，钦差大臣伊里布因为释放了战俘，最终被铁链锁着送到了首都。

中国人的政治，他不太关心，他只是觉得，伊里布这位老人，也是挺和善的，如果没有他，所有英国人的魂，可能就要永远游荡在中国的大海里。

可能是英国人认为伊里布宅心仁厚，在1841年10月第二次占领定海后，他们拒绝清方派其他人员谈判的要求，坚持要伊里布和他们会谈。

伊里布，在历史中有些让人看不透。

局势，他了然于胸，尤其对于中英双方实力，他多次派心腹赴定海打探消息，整个大清朝，比他更清楚双方军事差距的，恐怕还真没几个人。然而，他坚持不向清帝说出"打不过"三个字。不说，并不意味着他不想说，他在奏折的字里行间反复暗示。

然而，清帝置之不理。

如果历史可以重来，伊里布奉清帝之命全力进攻定海英军，结局会怎样？

或许，定海会被收复。

但历史不会被改变。

就像此后的裕谦，几乎举全省之力守护定海，又能怎样？

有人说，伊里布是投降派；也有人说，伊里布是洞察者。

孰是，孰非，只有伊里布最清楚。可是，他至死也没有吐露他的真实用意，任由后人痛骂、唾弃。

或许，你所见的很多历史真相，其实并非真相。

……

斯科特等人返回英国，途经毛里求斯。

一年半的时间，物是，人非。

那时的"鸢号"船员在毛里求斯身心愉悦，充满了欢声笑语。

而今，身边少了的那些兄弟，都永远地沉睡在了异国的土地上。

他们的灵魂，还能回到大不列颠吗？如果回不去，岂不成了永久的游魂？

安妮，这位船上唯一的女性，那一刻，又在想些什么呢？

来时，依偎着丈夫，怀着即将出生的孩子；

归时，唯有手里丈夫、孩儿的遗物。

泪，已不再是泪，是苦涩的海水。

在澳门候船期间，整个英国社会都已闻知这位可怜女士的悲惨故事，捐款纷至沓来，达1万多元。

在当时，这是一笔巨款。

可是，就算把整个世界的财富都堆到她面前，又有何用？

她的丈夫，她心爱的儿子，再也踏不上英国的土地。

战争，撕裂了安妮全部的世界。

余生，怎度？

……

来也此地，去亦此地。

带着满腹感伤，斯科特一行离开毛里求斯。绕过好望角，便是大西洋直通英国的航线。

他们未必知道，如同他们一年多前远赴东方时，虎门销烟那个震惊世界的消息正传递在由中国至英国的航线中那样，此时此刻，另一条震惊世界的消息，也正传递在英国至中国的航线中。

那是英国外交大臣巴麦尊写给义律的一封信。1月20日，义律发布《给英国女王陛下臣民的通知》，擅自宣布清政府把香港岛和港口割让给英国，清政府赔偿英国600万元等4项条件。

消息传到英国，巴麦尊于5月3日写了一封回信，言简意赅："女王陛下政府不赞成您在同中国钦差谈判中背离您所奉指示的方式。因此，我已接奉女王的谕令向您表示，女王陛下已决定把处理对华事务交给另一位全权大臣……"①

一场更猛烈的风暴，已经从大西洋海域刮起。

它，将会吞噬整个大清帝国。

---

① 胡滨.英国档案有关鸦片战争资料选译（上）[M].北京：中华书局，1993：845.

参考文献

一、英文文献

[1] Armine S.H.Mountain.Memoirs and Letters of the Late Colonel Armine S.H.Mountain[M].London:Longman,Brown,Green,Longmans,& Roberts,1858.

[2] Bulletins of State Intelligence[G].London:F. Watts,1841.

[3] Demetrius Boulger.The Asiatic Quarterly Review[M]. London:T.Fisher Unwin,1887.

[4] Demetrius Boulger.The Asiatic Quarterly Review[M]. London:T.Fisher Unwin,1887.

[5] Henry Taylor.Autobiography of Henry Taylor[M]. New York: Harper & Brothers,1885.

[6] John Lee Scott.Narrative of a Recent Imprisonment in China after the Wreck of the Kite[M] .London:W.H.Dalton,1841.

[7] John Ouchterlony.The Chinese War[M].London:Saunders and Otley, 1844.

[8] Jocelyn.Six Months with the Chinese Expedition[M]. London:John Murray,1841.

[9] J.R.Morrison.A Chinese Commercial Guide[M].Canton: The Office of The Chinese Repository,1848.

[10] John Francis Davis. China During the War and Since the Peace[M].London:Longman,Brown,Green,and Longmans,1852.

[11] Leslie Stephen.Dictionary of National Biography[Z]. London:Smith,Elder,& Co,1888.

[12] Markman Ellis,Richard Coulton,Matthew Mauger.Empire of Tea[M].London:Reaktion Books Ltd.,2015.

[13] P.J.Begbie.History of the Services of the Madras Artillery[M]. Madras:D.P.L.C.Connor,1852.

[14] Robin Bridge.Chusan's Position in the China Trade[J]. Journal of the Royal Asiatic Society Hong Kong Branch, 2009(49):219.

[15] R.Montgomery Martin.China; Political,Commercial,and Social[M].London:James Madden,1846.

[16] Robert Kerr.A General History and Collection of Yages and Travels:Vol.IX[M].Edinburgh: James Ballantyne and Company,1813.

[17] S.Bell.China being a Military Report on the North-Eastern Portions of the Provinces:Vol.II[M].Calcutta:Office of the Superintend of Government Printing,India,1884.

[18] The Annual Register,or a View of the History,and Politics,of the Year 1840[G].London: J. G. F. & J. Rivington, 1841.

[19] The Chinese Repository: Vol.IX[G]. Canton:The Proprietors,1840

[20] The Chinese Repository: Vol.X[G].Canton:The Proprietors,1841.

[21] The Chinese Repository: Vol.XI[G].Tokyo: Maruzen Co.,Ltd.1842.

[22] The United Service Journal 1841, Part I[M].London: Henry Colburn,1841.

[23] The Asiatic Journal and Monthly Register for British and Foreign India,China,and Australasia:Vol.XXXIV[M].London:Wm. H.Allen and Co.,1841.

[24] W.H.Medhurst.China: Its State and Prospects[M]. London:John Snow,1838.

二、中文文献

[1] 冯国福. 中国茶与英国贸易沿革史[J]. 东方杂志，1913（3）.

[2] 龚缨晏. 浙江早期基督教史[M]. 杭州：杭州出版社，2010.

[3] 顾春.《海国图志》与日本[J]. 河北民族师范学院学报，2017（3）：45-54.

[4] 胡滨. 英国档案有关鸦片战争资料选译（上、下）[M]. 北京：中华书局，1993.

[5] 韩琦. 17、18世纪欧洲和中国的科学关系[J]. 自然辩证法通讯，1997（3）：47-54.

[6] 亨利·莱昂斯. 英国皇家学会史[M]. 陈先贵，译. 昆明：云南省机械工程学会，年份不详.

[7] 军事科学院战理部三处. 中国近代战争史资料选辑：第一次鸦片战争（第1卷）[M]. 1978.

[8] 李章鹏. 鸦片战争中张朝发所犯"罪行"辨析[J]. 中国国家博物馆馆刊，2014（6）：119-132.

[9] 刘东. 近代名人文库精萃：林则徐 魏源[M]. 西安：太白文艺出版社，2012.

[10] 刘鸿亮. 第一次鸦片战争时期中英双方火炮的技术比较[J]. 清史研究. 2006（3）：31-42.

[11] 刘鉴唐，张力. 中英关系系年要录（公元13世纪—1760年）：第1卷[M]. 成都：四川省社会科学院出版社，1989.

[12] 马士. 东印度公司对华贸易编年史（1635—1834年）[M]. 区宗华，译. 广州：广东人民出版社，2016.

[13] 马士.中华帝国对外关系史（第1卷：1843—1860年冲突时期）[M].张汇文，等，译.北京：商务印书馆，1963.

[14] 麦天枢，王先明.昨天：中英鸦片战争纪实[M].北京：中央编译出版社，1996.

[15] 茅海建.天朝的崩溃[M].北京：生活·读书·新知三联书店，2017.

[16] 齐思和，林树惠，寿纪瑜.鸦片战争（第3册）[G]//中国史学会.中国近代史资料丛刊.上海：上海人民出版社，1957.

[17] 齐思和，林树惠，寿纪瑜.鸦片战争（第4册）[G]//中国史学会.中国近代史资料丛刊.上海：神州国光社，1954.

[18] 齐思和，林树惠，寿纪瑜.鸦片战争（第5册）[G]//中国史学会.中国近代史资料丛刊.上海：神州国光社，1954.

[19] 秦国经，高换婷.乾隆皇帝与马戛尔尼：英国遣使首次访华实录[M].北京：紫禁城出版社，1998.

[20] 邱好玥，邱波彤.英国最早的茶叶标本自浙东海岛采集并传入[J].中国茶叶，2019（6）：73-76.

[21] 邱好玥，俞瑾.1701年，英国皇家学会会员在舟山的调查[N].舟山日报，2018-10-24（6）.

[22] 瞿巍.另一只眼看鸦片战争[M].桂林：广西师范大学出版社，2015.

[23] 全国公共图书馆古籍文献编委会.夷匪犯境闻见录·鸦片战争史料集[M].北京：中华全国图书馆文献缩微复印中心，1995.

[24] 特拉维斯·黑尼斯三世，弗兰克·萨奈罗.鸦片战争：一个帝国的沉迷和另一个帝国的堕落[M].周辉荣，译.北京：生活·读书·新知三联书店，2005.

[25] 汪熙. 约翰公司：英国东印度公司[M]. 上海：上海人民出版社，2007.

[26] 王和平. 从中外档案史料看浙江在鸦片战争中的地位[J]. 浙江档案，1991（10）：39-41.

[27] 王化文. 马礼逊和《中国丛报》[J]. 兰台世界，2011（1）：18-19.

[28] 王建富. 群岛老街巷记忆[M]. 杭州：浙江古籍出版社，2016.

[29] 吴义雄. 医务传道方法与"中国医务传道会"的早期活动[J]. 中山大学学报论丛，2000（3）：174-185.

[30] 夏燮. 中西纪事[M]. 长沙：岳麓书社，1988.

[31] 小横香室主人. 清朝野史大观[M]. 上海：上海书店，1981.

[32] 炎明. 浙江鸦片战争史料（上、下）[M]. 宁波：宁波出版社，1997.

[33] 俞强. 鸦片战争前传教士眼中的中国[M]. 济南：山东大学出版社，2010.

[34] 云无心. 不产茶的英国为何爱喝茶[N]. 羊城晚报，2019-02-12.

[35] 张晓生. 中国近代战策辑要（上）[M]. 北京：军事科学出版社，1993.

[36] 张燕清. 略论英国东印度公司对华茶叶贸易起源[J]. 福建省社会主义学院学报，2004（3）：64-68.

[37] 中国第一历史档案馆. 鸦片战争档案史料（第1册）[M]. 上海：上海人民出版社，1987.

[38] 中国第一历史档案馆. 鸦片战争档案史料（第3册）[M]. 天津：天津古籍出版社，1992.

[39] 中国第一历史档案馆，等. 鸦片战争在舟山史料选编[M]. 杭州：浙江人民出版社，1992.

1839年

10月16日　"鸢号"驶离法国波尔多。

10月18日　巴麦尊向义律寄送密件，英国决定对华动武。

11月4日　巴麦尊再向义律寄送密件，详述军事部署；同日，巴麦尊向海军部各长官下达远征指令。

1840年

1月18日　海军少将懿律被任命为英全权代表、远征军总司令。

5月初　　主要来自印度军事基地的英军各兵种于新加坡集结完毕。

5月30日　英军主力舰队驶离新加坡，朝中国进发。

6月5日　　道光上谕："调浙江定海镇总兵官张朝发，为福建海坛镇总兵官。"

6月9日　　英舰"短吻鳄号"出现于离澳门不远的急水门海域。

6月21日　英主力舰队抵达澳门外海。

6月22日　英海军司令伯麦准将颁布两项通告：第一项通告确定"自本月28日起封锁江面和海口"；第二项通告指定急水门与澳门间的水路作为准许商船停泊的地点。

6月24日　英海军司令伯麦、陆军司令布耳利率领主力舰队和3艘武装汽艇、20余艘运输船离开广州海口，北犯舟山。

6月28日　英军正式封锁广州海口。

懿律乘坐74门炮的"麦尔威厘号"，和其他舰船一同抵达澳门。

6月30日　英舰"康威号"等最先驶抵牛鼻山（今象山东屿山岛）集结点。

7月1日　懿律和义律于凌晨挥师北上。

7月2日　伯麦率领英舰队朝定海内港进发。

　　　　懿律途经厦门，派"布朗底号"向清当局投送外交照会，被拒收。

7月3日　伯麦派分遣队前去侦察舟山防卫情况、勘测航道。

　　　　"布朗底号"再次向厦门清当局投送外交照会，再次被拒收，双方发生炮击。

7月4日　伯麦指挥"威里士里号"在汽船拖引下驶入定海港。

　　　　下午，英舰"威里士里号"舰中校军官弗莱彻、英远征军军事秘书乔斯林、翻译郭士立登清军定海镇总兵师船投递招降书。随后，定海总兵张朝发、署定海知县姚怀祥等上英舰"威里士里号"交涉。

　　　　晚上，定海县城开始疏散妇孺。

7月5日　英舰于上午逼近道头一带，清军严阵以待。

　　　　下午，英舰发炮攻击，清军还击，张朝发伤重落水。随后英军登陆，占领东岳宫山，逼近至定海城墙四五百米远处。清军在城内坚守还击、城外游击抗敌。

7月6日　英军占领定海。姚怀祥投井身亡，典史全福等人不屈被杀。

　　　　懿律乘坐英远征军旗舰"麦尔威厘号"进入定海内港，但旗舰触礁被废，遂改"威里士里号"为旗舰。

　　　　"鸢号"抵达定海。

7月10日　英舰出现于镇海甬江口，向清方投递外交照会。

7月11日	浙江巡抚乌尔恭额向道光奏报定海失守，并自请议处。
	英军第26团司令、远征军陆军副司令奥格兰德上校安葬于定海城郊，清人认为此人系被"冥诛"。
7月14日	义律根据懿律命令，于"麦尔威厘号"上发布公开声明，擅自作出管理舟山群岛的规定。
	英军封锁甬江口。
7月17日	英军"心腹实仆"布定邦被擒，英军展开全岛大搜救。此时，疫病已在英军中蔓延，搜救队因病减员严重。
7月23日	英军犯乍浦。
7月24日	道光谕令将张朝发、罗建功革职拿问，乌尔恭额、祝廷彪革职暂留本任，戴罪立功。
7月30日	英"威里士里号""布朗底号""窝拉疑号""摩底士底号""卑拉底士号"等军舰，"马达加斯加号"汽艇，武装运输船"戴维马尔科姆号"和"厄纳德号"前往牛鼻山集结，准备驶往天津，途中"卑拉底士号"遭遇袭击，致英方2人死亡。
7月31日	英舰队北赴天津。
8月6日	道光任命伊里布为钦差大臣，前往浙江查办。
8月7日	晚间，英舰队驶抵白河口外停留。
8月11日	英军向清当局投送外交照会。
8月23日	伊里布抵达宁波。
8月25日	负责封锁长江口的英"康威号"等舰船员登崇明岛采购食物，与当地驻军发生武装冲突，实习军官哈维和一名船员被击毙。此地因此被英军命名为"哈维角"。
8月30日	义律与琦善在大沽口首次会晤。
8月底	由英美等国组建的中国医疗传教士协会派英国皇家医学

院士洛克哈特赴定海，开展医务传教实验，此为西医由广州、澳门传入内地之肇始。

9月13日　医疗传教士协会在舟山正式运营。

9月15日　"鸢号"在钱塘江余姚江面搁浅倾覆，幸存船员先后被捕。北赴白河的英舰队司令官起航返回舟山，"布朗底号"等舰前往辽东海岸调查。

9月16日　英军马德拉斯炮兵连上尉安突德在外出测量期间被捕，英军再派精锐搜救，但得知安突德已被解送往宁波。随后，其被捕山谷被英军命名为"安突德山谷"。

9月19日　伯麦致信伊里布，要求释放英俘。

9月29日　懿律致函伊里布，提出以被英方扣留在定海港的30余艘中国商船交换战俘的要求。

10月2日　义律亲赴镇海清军军营，和伊里布、余步云交涉战俘事宜。

10月22日　伊里布派心腹家仆张禧以六品官员身份前往定海刺探英军虚实。

10月24日　乔斯林因病重离开定海返印度，在由澳门至孟加拉途中写下《在华六月记》(此书由英远征军核心层成员所写，离战争最近，极具参考价值)。

9—10月间　魏源审讯安突德等英战俘，"师夷之长技以制夷"理念由此萌芽。

11月1日　伊里布发布休战告示。

11月15日　懿律率"麦尔威厘号""威里士里号"等舰离开舟山前往澳门。

11月20日　懿律等人抵达澳门参与清英谈判。

11月30日　懿律因病宣布辞职，指挥权交给伯麦。

12月7日　懿律乘坐"窝拉疑号"从澳门返回英国。

1841年

1月6日　　英方宣称因清帝违背协议，谈判停止。

1月16日　　义律致信琦善，同意接受香港，退还舟山等地。

1月20日　　义律发布《给英国女王陛下臣民的通知》，擅自宣布清政
　　　　　　府把香港岛和港口割让给英国，清政府赔偿英国600万
　　　　　　元等4项条件。

1月26日　　英方宣称正式由英国人接管香港。

2月10日　　道光任命裕谦为钦差大臣，赴浙江接替伊里布。

2月11日　　道光敕令拒绝接受琦善所订的条约。

2月23日　　被伊里布释放的战俘回到定海。
　　　　　　英方宣称对中国的敌对行动将会重新开始。

2月24日　　英军撤离舟山，清官员接管定海城。

名称
中英文对照

● 人名：

Adams	亚当斯
Allen Catchpoole	艾伦·卡奇普尔
Anne Noble	安妮·诺布尔
Anstruthe	安突德
Armine S. H.Mountain	阿米恩·S. H. 芒廷
Auckland	奥克兰
Bethune	贝休恩
Bingham	宾汉
Bontecoes	邦迪克
Charles Elliot	查理·义律
Douglas	道格拉斯
Emil Bretschneider	埃米尔·布雷特施奈德
Francis Drake	弗郎西斯·德雷克
Gaspard Bauhin	加斯柏·鲍欣
George Elliot	乔治·懿律
George Burrell	乔治·布耳利
George Macartney	乔治·马戛尔尼
Gordon Bremerr	戈登·伯麦
Gutzlaff	郭士立
Hans Sloane	汉斯·斯隆
Harry Darell	哈里·达雷尔
Harry Parkes	哈利·帕克斯
Harvey	哈维
Henry Pottinger	亨利·璞鼎查

Henry Rouse	亨利·劳斯
Henry Taylor	亨利·泰勒
Henry Twizell	亨利·特维泽尔
James Cunninghame	詹姆斯·坎宁安
James Petiver	詹姆斯·佩蒂弗
Jocelyn	乔斯林
John Lee Scott	约翰·李·斯科特
John Noble	约翰·诺布尔
John Ouchterlony	约翰·奥克特洛尼
John Roberts	约翰·罗伯茨
John Vernon Fletcher	约翰·弗农·弗莱彻
Jonathan Swift	乔纳森·斯威夫特
Kaempfer	坎普费尔
Kuper	库珀
Le Compte	勒·孔特
Leonard Plukenet	伦纳德·普拉肯内特
Lockhart	洛克哈特
Marco Polo	马可·波罗
Martino Martini	卫匡国
Medhurst	麦都思
Montgomerie Martin	蒙哥马利·马丁
Morrison	马礼逊
Oglander	奥格兰德
Palmerston	巴麦尊
Pears	皮尔斯
Pellew Webb	佩尔·韦伯
Robert	罗伯聃
Samuel Burdon Ellis	塞缪尔·伯顿·埃利斯
Witt	维特

William John Napior   威廉·约翰·律劳卑

Wombwell   沃姆威尔

● 船名：

Algerine	阿尔杰琳号
Alligator	短吻鳄号
Atalanta	亚特兰大号
Blenheim	布伦海姆号
Blonde	布朗底号
Columbine	哥伦拜恩号
Conway	康威号
Cruise	巡洋号
Druid	都鲁壹号
Enterprise	进取号
Hyacinth	海阿新号
Kite	鸢号
Kroeinar	克罗伊纳号
Larne	拉呢号
Madagascar	马达加斯加号
Marion	马里恩号
Melville	麦尔威厘号
Pylades	卑拉底士号
Rattlesnake	响尾蛇号
Rohomany	罗霍曼尼号
Wolage	窝拉疑号
Wellesley	威里士里号

● 地名：

Amsterdam	阿姆斯特丹

Andaman Islands	安达曼群岛
Bangkok	曼谷
Bantam	班塔姆
Bay of Bengal	孟加拉湾
Bay of Biscay	比斯开湾
Bordeaux	波尔多
Buffaloe's Nose Hill	牛鼻山（即今东屿山岛）
Calcutta	加尔各答
Canton	广东
Cape of Good Hope	好望角
Cape Town	开普敦
Chapu	乍浦
Chinhai	镇海
Chuenpe	穿鼻洋
Chusan	舟山
Islas Canarias	加那利群岛
Josshouse Hill	东岳宫山
Kalimantan Island	婆罗洲（即今东南亚的加里曼丹岛）
Kintan Peak	金塘岛
Kitto	崎头（也称岐头、旗头）
Leiden	莱顿
Liampo	双屿港
London	伦敦
Madras	马德拉斯（1996 年改称 Chennai，金奈）
Malacca	马六甲
Maluku	马鲁古
Manila	马尼拉
Mauritius	毛里求斯
Moscow	莫斯科

Mumbai	孟买 (1995 年以前称 Bombay)
Ningpo	宁波
Novgorod	诺夫哥罗德
Peho	白河
Pooto	普陀山
Quebec	魁北克
Quesan Island	韭山列岛
Ryazan	梁赞
Shields	希尔兹
Singkamong	沈家门
Sunda Strait	巽他海峡

后　记

　　鸦片战争在浙江的史实，历经各方专家、学者数十年研究，在我们眼里，其成果已是令后人仰止的高山。2019 年初，在本书起草写作大纲时，我们就浙东军民抗英问题前去拜访、请教浙江海洋大学鸦片战争研究中心主任王和平先生，他介绍的一些研究情况令我们肃然起敬。在史料搜集不易的条件下，前人们抱着对地方历史文化高度的责任感，北上京城、西赴英伦，衔草结窝，汇涓成河，将舟山鸦片战争研究推向了高峰。

　　作为这段历史的爱好者，我们是阅读着他们的成果一步步成长的。这些已有的研究，是我们丰厚的植土，是不竭的营养，它激发了我们的创作灵感，并为我们提供了极多的线索。当我们动笔写下这本书的第一行时，突然有一种感慨：我们幸运地站在前人的肩膀上，才得以眺望远方，或许看到了些微新的角度，但不足以感到自得，因为有前人替后学垫脚，我们得以少走很多弯路。

　　所以，必须感谢前人们默默的付出，是他们开辟了大道。那些厚重的积累，成为后人行而不辍的坚实基础。

　　而我们所做的，如果能被看作这座高峰之下的一些细壤，那便是我们的荣幸。

　　在资料搜集、主题确定、内容组织的过程中，我们得到了许多专家学者的帮助和指导。浙江海洋大学人文学院院长韩伟表先生为本书顺利出版提供了极大帮助；浙江海洋大学鸦片战争研究中心主任王和平先生不厌其烦地解答了我们的许多难题；舟山市作家协会主席来其先生就本书的文学性提出了许多独特的见解；海岛地名专家、中国地名研究所客座研究员王建富先生为我们提供了丰富的海岛地名等资料，并帮助我们了解古今地名演变的过程；浙江国际海运职业技术学院研究员孙峰先生一直在关注本书写作进程，热心地提供了不少帮助；《档案春秋》前编辑、上海档案局张爱平先生在资料搜集等多方面均提出了宝贵的意见和建议；上海浦东新区税务局俞瑾女士在英文文献翻译过程中，给予我们非常多的指导；还有夏志刚、翁源昌、郑剑峰、刘浩等专家学者和同人给予我们大力支持……在这里，向所有关心本书出版和提供帮助的专家学者、朋友表示最真诚的感谢。

囿于学识和水平，书中缺失错漏难免，恭请方家指正。

夏　重　邱妤玥

2019 年 12 月